国家社会科学基金（教育学）重大项目（VDA200004）阶段性研究成果
北京外国语大学"双一流"建设标志性项目（BW202018）阶段性研究成果

"一带一路"国家文化教育大系　　　　　总主编　王定华

越南
文化教育研究

Văn hóa và Giáo dục
Việt Nam

刘捷　罗琴　著

外语教学与研究出版社
FOREIGN LANGUAGE TEACHING AND RESEARCH PRESS
北京 BEIJING

图书在版编目（CIP）数据

越南文化教育研究 / 刘捷，罗琴著. —— 北京 ：外语教学与研究出版社，2023.6
（2023.10 重印）
（"一带一路"国家文化教育大系 / 王定华总主编）
ISBN 978-7-5213-4644-2

Ⅰ. ①越… Ⅱ. ①刘… ②罗… Ⅲ. ①教育研究－越南 Ⅳ. ①G533.3

中国国家版本馆 CIP 数据核字 (2023) 第 122984 号

出 版 人　王　芳
项目负责　孙凤兰　巢小倩
责任编辑　杜晓沫
责任校对　王　菲　夏洁媛
封面设计　李　高　锋尚设计
版式设计　李　高
出版发行　外语教学与研究出版社
社　　址　北京市西三环北路 19 号（100089）
网　　址　https://www.fltrp.com
印　　刷　北京盛通印刷股份有限公司
开　　本　787×1092　1/16
印　　张　23.5　彩插 1 印张
版　　次　2023 年 6 月第 1 版 2023 年 10 月第 2 次印刷
书　　号　ISBN 978-7-5213-4644-2
定　　价　170.00 元

如有图书采购需求，图书内容或印刷装订等问题，侵权、盗版书籍等线索，请拨打以下电话或关注官方服务号：
客服电话：400 898 7008
官方服务号：微信搜索并关注公众号"外研社官方服务号"
外研社购书网址：https://fltrp.tmall.com

物料号：346440001

"一带一路"国家文化教育大系编写委员会

"一带一路"国家文化教育大系编审委员会

世界自然遗产——下龙湾

河内越南国家主席府

河内胡志明纪念堂

胡志明市大剧院（西贡歌剧院）

越南呱剧表演

幼儿园庆祝教师节活动

一所小学大门

一所中学外观

中学生参加足球比赛

胡志明市人文社科大学教学楼

河内国家大学体育场

职业学校开学典礼

职业学校电子修理实践课

职业学校厨师专业实训课

一所综合技术技能终身教育学校外观

越南教师节庆祝活动

河内大学孔子学院

越语汉语教学研讨会

本书作者刘捷（左一）2003年随团访问越南教育和培训部

本书作者罗琴（前排右一）2012年随团赴河内看望云南师范大学在越留学生

出版说明

2013 年 9 月 7 日，国家主席习近平提出共建"丝绸之路经济带"重大倡议。2013 年 10 月 3 日，习近平主席提出共建"21 世纪海上丝绸之路"重大倡议。两者合称"一带一路"倡议。以 2013 年金秋为起点，"一带一路"倡议作为构建人类命运共同体的伟大设想，在开拓和平、繁荣、开放、绿色、创新、文明之路的非凡征程中，孕育生机和活力，汇聚信心和期待，在世界范围内广受欢迎和响应。

文化交流、文明互鉴是构建人类命运共同体的人文基础。文化发展，教育先行。作为"共和国外交官的摇篮"、文化教育的主动践行者、"一带一路"倡议的踊跃响应者和构建人类命运共同体的积极参与者，北京外国语大学在党委书记王定华教授的带领下，放眼世界，找准坐标，勇于担当，主动作为，深耕文化教育相关领域，研究、策划并组织编写了"一带一路"国家文化教育大系（以下简称大系）。国内相关高校和研究机构的众多专家学者献计献策，踊跃参加，形成了一个范围广泛、交流互动、共同进步的"一带一路"国家文化教育学术研究共同体。大系旨在填补国内相关研究领域的学术空白，实现"一带一路"国家教育研究全覆盖，为中国教育"走出去"和相关国家先进教育理念"请进来"提供科学理论和实践指导，具有重要的学术价值。同时，大系服务国家重大战略，通过分期分批出版，形成规模和品牌，向中国共产党建党一百周年和"一带一路"倡议提出十周年献礼，具有深远的意义。

作为国家社会科学基金（教育学）重大项目"新时代提升中国参与全球教育治理的能力及策略研究"、北京外国语大学"双一流"建设标志性项目"'一带一路'国家文化教育研究"的课题研究成果和北京外国语大学党委的"奋进之举"，大系秉承学术性与可读性兼顾的原则，对"一带一路"国家文化教育理论与实践问题展开深入研究，从国情概览、文化传统、教育历史、学前教育、基础教育、高等教育、职业教育、成人教育、教师教育、教育政策、教育行政、教育交流等方面，全景擘画"一带一路"国家的教育风貌，帮助读者了解"一带一路"国家教育的历史与现状、经验与特点，为我国教育的发展和对外交流合作提供有益的借鉴、思考与启迪。

肆虐全球的新冠肺炎疫情严重影响了各国人民的生产生活，带来了二战以来人类面临的最严重的全球性危机，同时也再次阐述了人类命运共同体深刻内涵的世界性意义。在疫情防控常态化背景下，大系所有专家学者不畏困难，齐心协力，直面挑战，守望相助，化危为机，切实履行了响应和支持"一带一路"倡议的承诺。在此，特别感谢大系总策划、总主编王定华教授，以及所有顾问、编委和作者的心血倾注、智慧贡献和努力付出。

外语教学与研究出版社对大系的编写和出版工作给予了高度重视。自2019年项目启动以来，外研社抽调精锐力量成立大系工作组，多次组织相关部门和人员召开选题论证会，商建编委会，召开全体作者大会，制订周密、科学的出版计划，以保证项目的顺利开展和图书的优质出版。目前，大系的出版工作已取得阶段性成果，预计在2023年"一带一路"倡议提出十周年前后，将分期分批推出数量和规模可观的、具有相当科研价值和学术价值的系列专著。期望大系的编写和出版能为"一带一路"建设、中外教育交流及我国文化教育发展发挥基础性、服务性、广远性的作用。

外语教学与研究出版社

2021 年 4 月

总　序

王定华

　　改革开放以来，中国各项事业取得了巨大成就。中国经济和世界经济高度关联，中国一以贯之地坚持对外开放的基本国策，构建全方位开放新格局，深度融入世界经济体系。2013 年 9 月和 10 月，习近平主席在出访中亚和东南亚国家期间，先后提出共建"丝绸之路经济带"和"21 世纪海上丝绸之路"的重大倡议（以下简称"一带一路"倡议），得到国际社会的高度关注。其中，"丝绸之路经济带"东边牵着亚太经济圈，西边系着发达的欧洲经济圈，是世界上最长、最具发展潜力的经济大走廊；"21 世纪海上丝绸之路"串起连通东盟、南亚、西亚、北非、欧洲等各大经济板块的市场链，发展面向南海、太平洋和印度洋的战略合作经济带，以亚欧非经济贸易一体化为发展的长期目标。

一、精准把握"一带一路"倡议的时代意蕴

　　"经济带"概念是对地区经济合作模式的创新。其中经济走廊涵盖中蒙

俄经济走廊、新亚欧大陆桥、中国–中亚–西亚经济走廊、孟中印缅经济走廊、中国–中南半岛经济走廊等，以经济增长极辐射周边，超越了传统发展经济学理论。"丝绸之路经济带"概念不同于历史上所出现的各类"经济区"与"经济联盟"，同后两者相比，经济带具有灵活性高、适用性广以及可操作性强的特点，各国都是平等的参与者，本着自愿参与、协同推进的原则，发扬古丝绸之路兼容并包的精神。

"一带一路"倡议是我国在新时代推进全方位对外开放的重要举措，为当今世界提供了一个充满东方智慧、实现共同发展的中国方案，也是对历史文化传统的高度尊重，凝聚了世界各国利益的最大公约数。丝绸之路是起始于古代中国，连接亚洲、非洲和欧洲的古代陆上商业贸易路线，最初的作用是运输古代中国出产的丝绸、瓷器等商品，后来成为东方与西方之间在经济、政治、文化等方面进行交流的主要通道。1877年，德国地质、地理学家李希霍芬（F. P. W. Richthofen）在其著作《中国》一书中，把公元前114年至公元127年，中国与中亚、中国与印度间以丝绸贸易为媒介的这条西域交通道路命名为"丝绸之路"，这一名词很快为学术界和大众所接受，并正式运用。其后，德国历史学家赫尔曼（A. Herrmann）在20世纪初出版的《中国与叙利亚之间的古代丝绸之路》一书中，根据新发现的文物考古资料，进一步把丝绸之路延伸到地中海西岸和小亚细亚，并确定了丝绸之路的基本内涵，即它是中国古代与中亚、南亚、西亚以及欧洲、北非的陆上贸易交往通道。进入21世纪，海上丝绸之路也被纳入丝绸之路的涵盖范围，即从中国沿海港口过南海到印度洋并延伸至欧洲，从中国沿海港口过南海到南太平洋。随着时代的发展，"丝绸之路"成为古代中国与西方所有政治经济文化往来通道的统称。

推进"一带一路"建设既是中国扩大和深化对外开放的需要，也是加强和世界各国互利合作的需要，中国愿意承担更多责任和义务，为人类和平发展做出更大的贡献。文明交流互鉴是构建人类命运共同体的重要途径，是推动人类文明共同进步、实现世界和平发展的重要动力。共建"一带一路"要顺应世界多极化、经济全球化、文化多样化、社会信息化的潮流，秉持开放的区域合作精神，致力于推动"一带一路"各国实现经济政策协调，开展更大范围、更高水平、更深层次的区域合作，共同打造开放、包容、均衡、普惠的区域经济合作架构，维护全球自由贸易体系和开放型世界经济格局。

"一带一路"贯穿亚欧非大陆，一头是活跃的东亚经济圈，一头是发达的欧洲经济圈，中间广大腹地国家经济发展潜力巨大。根据"一带一路"走向，陆上依托国际大通道，以中心城市为支撑，以重点经贸产业园区为合作平台，共同打造新亚欧大陆桥以及中蒙俄、中国-中亚-西亚、中国-中南半岛等国际经济合作走廊；海上以重点港口为基点，共同建设通畅安全高效的运输大通道。

"一带一路"建设是有关国家开放合作的宏大经济愿景，需要各国携手努力，朝着互利互惠、共同安全的目标相向而行：努力实现区域基础设施更加完善，安全高效的陆海空通道网络基本形成，互联互通达到新水平；投资贸易便利化水平进一步提升，高标准自由贸易区网络基本形成，经济联系更加紧密，政治互信更加深入；人文交流更加广泛深入，不同文明互鉴共荣，各国人民相知相交、和平友好。

"一带一路"倡议是具有开放性和包容性的友好建议。当今世界是一个开放的世界，开放带来进步，封闭导致落后。中国认为，只有开放才能发现机遇、抓住并用好机遇、主动创造机遇，才能实现国家的奋斗目标。"一带一路"倡议就是要把世界的机遇转变为中国的机遇，把中国的机遇转变为世界的机遇。正是基于这种认知与愿景，"一带一路"倡议以开放为导向，冀望通过加强交通、能源和网络等基础设施的互联互通建设，促进经济要素有序自由流动、资源高效配置和市场深度融合，开展更大范围、更高水平、更深层次的区域合作，打造开放、包容、均衡、普惠的区域经济合作架构，以此来解决经济增长和平衡问题。"一带一路"倡议的开放包容性是区别于其他区域性经济倡议的一个突出特点。

"一带一路"倡议是超越地缘政治的务实合作的广阔平台。"和平合作、开放包容、互学互鉴、互利共赢"的丝路精神是人类共有的历史财富，"一带一路"倡议就是秉承这一精神与原则提出的新时代重要倡议，通过加强相关国家间的全方位多层面交流合作，充分发掘与发挥各国的发展潜力与比较优势，形成互利共赢的区域利益共同体、命运共同体和责任共同体。在这一机制中，各国是平等的参与者、贡献者、受益者。因此，"一带一路"倡议从一开始就具有平等性、和平性特征。平等是中国坚持的重要国际准则，也是"一带一路"建设的关键基础。只有建立在平等基础上的合作才能是持久的合作，也才会是互利的合作。"一带一路"倡议平等包容的合作特征为其推进减轻了阻力，提升了共建效率，有助于国际合作真正"落地生根"。同时，"一带一路"建设离不开和平安宁的国际环境和地区环境，和平是"一带一路"建设的本质属性，也是保障其顺利推进所不可或缺的重要因素。这些就决定了"一带一路"倡议不应该也不可能沦为大国政治较量的工具，更不会重复地缘博弈的老路。

"一带一路"倡议是政府、企业、团体共同发力的项目载体。"一带一路"建设是在双边或多边联动基础上通过具体项目加以推进的，是在进行充分政策沟通、战略对接以及市场运作后形成的发展倡议与规划。2017年5月发布的《"一带一路"国际合作高峰论坛圆桌峰会联合公报》强调了建设"一带一路"的合作原则，其中就包括市场运作原则，即充分认识市场作用和企业主体地位，确保政府发挥适当作用，政府采购程序应开放、透明、非歧视。可见，"一带一路"建设的核心主体与支撑力量并不是政府，而是企业，根本方法是遵循市场规律，并通过市场化运作模式来实现参与各方的利益诉求，政府在其中发挥构建平台、创立机制、政策引导等指向性、服务性功能。

"一带一路"倡议是与现有相关机制对接互补的有益渠道。参与"一带一路"建设的国家要素禀赋各异，比较优势差异明显，互补性很强。有的国家能源资源富集但开发力度不够，有的国家劳动力充裕但就业岗位不足，有的国家市场空间广阔但产业基础薄弱，有的国家基础设施建设需求旺盛但资金紧缺。我国目前经济总量居全球第二，外汇储备居全球第一，优势产业越来越多，基础设施建设经验丰富，装备制造能力强、质量好、性价比高，具备资金、技术、人才、管理等综合优势。这就为我国与其他"一带一路"建设参与方实现产业对接与优势互补提供了现实可能与重大机遇。因而，"一带一路"倡议的核心内容就是要加强基础设施建设和促进互联互通，对接各国政策和发展战略，以便深化务实合作，促进协调联动发展，实现共同繁荣。由此可见，"一带一路"倡议不是对现有地区合作机制的替代，而是与现有机制互为助力、相互补充。实际上，"一带一路"建设已经与俄罗斯主导的欧亚经济联盟、印尼全球海洋支点发展规划、哈萨克斯坦光明之路经济发展战略、蒙古国草原之路倡议、欧盟欧洲投资计划、埃及苏伊士运河走廊开发计划等实现了对接与合作，并形成了一批标志性项目，如中哈（连云港）物流合作基地。作为新亚欧大陆桥经济走廊建设成果之一，中哈（连云港）物流合作基地初步实现了深水大港、远洋干线、中欧班列、物流场站的无缝对接。该项目与哈萨克斯坦光明之路经济发展战略高度契合。

　　"一带一路"倡议是促进人文交流的沟通桥梁。"一带一路"倡议跨越不同区域、不同文化、不同宗教信仰，但它带来的不是文明冲突，而是各文明间的交流互鉴。"一带一路"倡议在推进基础设施建设、加强产能合作与发展战略对接的同时，也将"民心相通"作为工作重心之一。民心相通是"一带一路"建设的社会根基。民心相通就是要传承和弘扬丝绸之路友好合作精神，广泛进行文化交流、学术交流、人才交流往来、媒体合作、青年和妇女交往、志愿者服务等，为深化双边和多边合作奠定坚实的民意基础。一是扩大相互间留学生规模，开展合作办学；国家间互办文化年、艺术节、电影节、电视周和图书展等活动，深化国家间人才交流合作。二是加强旅游合作，扩大旅游规模，联合打造具有丝绸之路特色的国际精品旅游线路和旅游产品。三是强化与周边国家在传染病疫情信息沟通、防治技术交流、专业人才培养等方面的合作，提高合作处理突发公共卫生事件的能力。四是加强科技合作，共建联合实验室（研究中心）、国际技术转移中心、海上合作中心，促进科技人员交流，合作开展重大科技攻关，共同提升科技创新能力。五是整合现有资源，开拓和推进参与国家在青年就业、创业培训、职业技能开发、社会保障管理服务、公共行政管理等共同关心领域的务实合作。六是充分发挥政党、议会交往的桥梁作用，加强国家之间立法机构、主要党派和政治组织的友好往来，互结友好城市。七是加强各国民间组织的交流合作，重点面向基层民众，广泛开展教育、医疗、减贫开发、生物多样性和生态环保等主题的各类公益慈善活动，改善贫困地区生产生活条件；加强文化传媒领域的国际交流合作，积极利用网络平台，运用新媒体工具，塑造和谐友好的文化生态和舆论环境；通过强化民心相通，弘扬丝绸之路精神，开展智力丝绸之路、健康丝绸之路等建设，在科学、教育、文化、卫生、民间交往等领域广泛合作，使"一带一路"建设的民意基础更为坚实，社会根基更加牢固。"一带一路"建设就是要以文明交流超越文明隔阂，以文明互鉴超越文明冲突，以文明共存超越文明优越，为相关国家人民加强交流、增进理解搭起新的桥梁，为不同文化和文明加强对话、交流互鉴织就新的纽带，推动各国相互理解、相互尊重、相互信任。

"一带一路"是促进共同发展、实现共同繁荣的友谊之路。共建"一带一路"旨在促进各国发展战略的对接和耦合，有利于发掘区域市场的潜力，推动经济要素有序自由流动、资源高效配置和市场深度融合，促进投资和消费，创造需求和就业，增进各国人民的人文交流与文明互鉴，从而让各国人民相逢相知、互信互敬，共享和谐、安宁、富裕的生活。共建"一带一路"符合国际社会的根本利益，彰显了人类社会的共同理想和美好追求，是国际合作及全球治理新模式的积极探索，将为世界和平发展增添新的正能量。中国政府倡议秉持和平合作、开放包容、互学互鉴、互利共赢的理念，全方位推进务实合作，打造政治互信、经济融合、文化包容的利益共同体、命运共同体和责任共同体。

"一带一路"倡议已经得到世界上众多国家和地区的积极响应，成为维护全球自由贸易体系和开放型世界经济的重要支撑。截至 2021 年 1 月 30 日，中国已经同 171 个国家和国际组织签署 205 份共建"一带一路"合作文件。[1] 特别是 2017 年 5 月第一届"一带一路"国际合作高峰论坛、2019 年 4 月第二届"一带一路"国际合作高峰论坛和 2019 年 5 月亚洲文明对话大会的成功举办，充分彰显了我国开放、包容的大国外交风范。在此背景下，我们一方面应致力于向世界介绍中国，推动中国文化"走出去"，讲好中国故事；另一方面也应加强对"一带一路"国家的历史、文化、语言、教育、艺术等方面的介绍和研究，让中国人民更多地了解"一带一路"国家的具体国情，特别是文化传统和教育体系。

"一带一路"倡议合作范围不断扩大，合作领域愈加广阔。它不仅给参与各方带来了实实在在的合作红利，也为世界贡献了应对挑战、创造机遇、强化信心的智慧与力量。

当今世界，新冠肺炎疫情带来诸多挑战，局部战争风险依然存在，经济增长动能不足，"逆全球化"思潮涌动，地区动荡持续，恐怖主义蔓延。和平赤字、发展赤字、治理赤字带来的严峻问题，已摆在全人类面前。这充分说明现有的全球治理体系面临结构性问题，亟须找到新的破解之策与应对方略。作为一个新兴大国，中国有能力、有意愿同时也有责任为完善全球治理体系贡献智慧与力量。面对新挑战、新问题、新情况，中国给出

---

[1] 中国一带一路网. 我国已签署共建"一带一路"合作文件 205 份 [EB/OL].（2021-01-30）[2021-02-23]. https://www.yidaiyilu.gov.cn/xwzx/gnxw/163241.htm.

的全球治理方案是：构建人类命运共同体，实现共赢共享。"一带一路"倡议正是朝着这个目标努力的具体实践。"一带一路"倡议强调各国的平等参与、包容普惠，主张携手应对世界经济面临的挑战，开创发展新机遇，谋求发展新动力，拓展发展新空间，共同朝着人类命运共同体方向迈进。正是本着这样的原则与理念，"一带一路"倡议针对各国发展的现实问题和治理体系的短板，创立了亚洲基础设施投资银行、丝路基金等新型国际机制，构建了多形式、多渠道的交流合作平台。这既能缓解当今全球治理机制代表性、有效性、及时性难以适应现实需求的困境，在一定程度上扭转公共产品供应不足的局面，提振国际社会参与全球治理的士气与信心，又能满足发展中国家尤其是新兴市场国家变革全球治理机制的现实要求，大大增强了新兴国家和发展中国家的话语权，是推进全球治理体系朝着更加公正合理方向发展的重大突破。

"一带一路"倡议涵盖了发展中国家与发达国家，实现了"南南合作"与"南北合作"的统一，有助于推动全球均衡可持续发展。"一带一路"建设以基础设施建设为着眼点，促进经济要素有序自由流动，推动中国与相关国家的宏观政策的对接与协调。对于参与"一带一路"建设的发展中国家来说，这是一次搭中国经济发展"快车""便车"，实现自身工业化、现代化的历史性机遇，有利于推动"南南合作"的广泛展开，同时也有助于增进"南北对话"，促进"南北合作"的深度发展。不仅如此，"一带一路"倡议的理念和方向同联合国《2030 年可持续发展议程》也高度契合，完全能够加强对接，实现相互促进。联合国秘书长古特雷斯表示，"一带一路"倡议与《2030 年可持续发展议程》都以可持续发展为目标，都试图提供机会、全球公共产品和双赢合作，都致力于深化国家和区域间的联系。

二、深入推动"一带一路"国家的教育交流

2020 年 6 月印发的《教育部等八部门关于加快和扩大新时代教育对外开放的意见》指出，教育对外开放是教育现代化的鲜明特征和重要推动力，要以习近平新时代中国特色社会主义思想为指导，坚持教育对外开放不动摇，主动加强同世界各国的互鉴、互容、互通，形成更全方位、更宽领域、更多层次、更加主动的教育对外开放局面。

教育为国家富强、民族繁荣、人民幸福之本，在共建"一带一路"中具有基础性和先导性作用。教育交流为各国民心相通架设桥梁，人才培养为各国政策沟通、设施联通、贸易畅通、资金融通提供支撑。各国间教育交流源远流长，教育合作前景广阔，大家携手发展教育，合力共建"一带一路"，是造福各国人民的伟大事业。推进"一带一路"国家教育共同繁荣，既是加强与各国教育互利合作的需要，也是推进中国教育改革发展的需要，中国愿意在力所能及的范围内承担更多责任和义务，为区域教育大发展做出更大的贡献。

（一）教育合作的原则

"一带一路"国家教育合作应遵循四个重要原则。

一是育人为本，人文先行。加强合作育人，提高区域人口素质，为共建"一带一路"提供人才支撑。坚持人文交流先行，建立区域人文交流机制，搭建民心相通桥梁。

二是政府引导，民间主体。政府加强沟通协调，整合多种资源，引导教育融合发展。发挥学校、企业及其他社会力量的主体作用，活跃教育合作局面，丰富教育交流内涵。

三是共商共建，开放合作。坚持共商、共建、共享，推进各国教育发

展规划相互衔接，实现各国教育融通发展、互动发展。

四是和谐包容，互利共赢。加强不同文明之间的对话，寻求教育发展最佳契合点和教育合作最大公约数，促进各国在教育领域互利互惠。

（二）教育合作的重点

"一带一路"各国教育特色鲜明、资源丰富、互补性强、合作空间巨大。中国将以基础性、支撑性、引领性三方面举措为建议框架，开展三方面重点合作，对接各国意愿，互鉴先进教育经验，共享优质教育资源，全面推动各国教育提速发展。

1. 开展教育互联互通合作

一是加强教育政策沟通。开展"一带一路"国家教育法律、政策协同研究，构建各国教育政策信息交流通报机制，为各国政府推进教育政策互通提供决策建议，为各国学校和社会力量开展教育合作交流提供政策咨询。积极签署双边、多边和次区域教育合作框架协议，制定各国教育合作交流国际公约，逐步疏通教育合作交流政策性瓶颈，实现学分互认、学位互授联授，协力推进教育共同体建设。

二是助力教育合作渠道畅通。推进"一带一路"国家间签证便利化，扩大教育领域合作交流，形成往来频繁、合作众多、交流活跃、关系密切的携手发展局面。鼓励有合作基础、相同研究课题和发展目标的学校缔结姊妹关系，逐步深化和拓展教育合作交流。举办校长论坛，推进学校间开展多层次、多领域的务实合作。支持高等学校依托优势学科和专业，建立"产学研用"相结合的国际合作联合实验室（研究中心）、国际技术转移中心，共同应对各国在经济发展、资源利用、生态保护等方面面临的重大挑战与机遇。打造"一带一路"国家学术交流平台，吸引各国专家学者、青年学生开展研究和学术交流。推进"一带一路"国家优质教育资源共享。

三是促进语言互通。研究构建语言互通协调机制，共同开发语言互通开放课程，逐步将国家语言课程纳入各国的学校教育课程体系。拓展政府间语言学习交换项目，联合培养、相互培养高层次语言人才。发挥外国语院校人才培养优势，推进基础教育多语种师资队伍建设和外语教育教学工作。扩大语言学习国家公派留学人员规模，倡导各国与中国院校合作在华开办本国语言专业。支持更多社会力量助力孔子学院和孔子课堂建设，加强汉语教师和汉语教学志愿者队伍建设，全力满足不同国家的汉语学习需求。

四是推进民心相通。鼓励学者开展或合作开展中国课题研究，增进各国对中国发展模式、国家政策、教育文化等各方面的理解。建设国别和区域研究基地，与对象国合作开展经济、政治、教育、文化等领域研究。逐步将理解教育课程、丝路文化遗产保护纳入各国中小学教育课程体系，加强青少年对不同国家文化的理解。加强"丝绸之路"青少年交流，注重通过志愿服务、文化体验、体育竞赛、创新创业活动和新媒体社交等途径，增进不同国家青少年对其他国家文化的理解。

五是推动学历学位认证标准联通。推动落实联合国教科文组织《亚太地区承认高等教育资历公约》，支持联合国教科文组织建立世界范围学历互认机制，实现区域内双边、多边学历学位关联互认。呼吁各国完善教育质量保障体系和认证机制，加快推进本国教育资历框架开发，助力各国学习者在不同种类和不同阶段教育之间进行转换，促进终身学习社会的建设。共商、共建区域性职业教育资历框架，逐步实现就业市场的从业标准一体化。探索建立各国教师专业发展标准，促进教师流动。

2．开展人才培养培训合作

一是实施"丝绸之路"留学推进计划。设立"丝绸之路"中国政府奖学金，为各国专项培养行业领军人才和优秀技能人才。全面提升来华留学人才培养质量，把中国打造成为深受各国学子欢迎的留学目的地。以国家公派留学为引领，推动更多中国学生到"一带一路"其他国家留学。坚持"出国留学和来华留学并重、公费留学和自费留学并重、扩大规模和提高质量并重、依法管理和完善服务并重、人才培养和发挥作用并重"，完善全链条的留学人员管理服务体系，保障平安留学、健康留学、成功留学。

二是实施"丝绸之路"合作办学推进计划。有条件的中国高等学校开展境外办学要集中优势学科，选好合作契合点，做好前期论证工作，构建科学的人才培养模式、运行管理模式、服务当地模式、公共关系模式，使学校顺利落地生根、开花结果。发挥政府引领、行业主导作用，促进高等学校、职业院校与行业企业深度产教融合。鼓励中国优质职业教育配合高铁、电信运营等行业企业"走出去"，探索开展多种形式的境外合作办学，合作设立职业院校、培训中心，合作开发教学资源和项目，开展多层次职业教育和培训，培养当地急需的各类"一带一路"建设者。整合资源，积极推进与各国在青年就业培训等共同关心领域的务实合作。倡议国家之间开展高水平合作办学。

三是实施"丝绸之路"师资培训推进计划。开展"丝绸之路"教师培训，加强先进教育经验交流，提升区域教育质量。加强"丝绸之路"教师交流，推动各国校长交流访问、教师及管理人员交流研修，推进优质教育模式在各国的互学互鉴。大力推进各国优质教学仪器设备、教材课件和整体教学解决方案的输出，跟进教师培训工作，促进各国教育资源和教学水平均衡发展。

四是实施"丝绸之路"人才联合培养推进计划。推进国家间的研修访学活动。鼓励各国高等院校在语言、交通运输、建筑、医学、能源、环境工程、水利工程、生物科学、海洋科学、生态保护、文化遗产保护等国家发展急需的专业领域联合培养学生，推动联盟内或校际教育资源共享。

3．共建丝路合作机制

一是加强"丝绸之路"人文交流高层磋商。开展国家间的双边、多边人文交流高层磋商，商定"一带一路"教育合作交流总体布局，协调推动各国建立教育双边和多边合作机制、教育质量保障协作机制和跨境教育市场监管协作机制，统筹推进"一带一路"教育共同行动。

二是充分发挥国际合作平台作用。发挥上海合作组织、东亚峰会、亚太经合组织、亚欧会议、亚洲相互协作与信任措施会议、中阿合作论坛、东南亚教育部长组织、中非合作论坛、中巴经济走廊、孟中印缅经济走廊、中蒙俄经济走廊等现有双边、多边合作机制的作用，增加教育合作的新内涵。借助联合国教科文组织等国际组织力量，推动各国围绕实现世界教育发展目标形成协作机制。充分利用中国-东盟教育交流周、中日韩大学交流合作促进委员会、中阿大学校长论坛、中非高校20+20合作计划、中日大学校长论坛、中韩大学校长论坛、中俄综合性大学联盟等已有平台，开展务实的教育合作交流。支持在共同区域、有合作基础、具备相同专业背景的学校组建联盟，不断延展教育务实合作平台。

三是实施"丝绸之路"教育援助计划。发挥教育援助在"一带一路"教育共同行动中的重要作用，逐步加大教育援助力度，重点投资于人、援助于人、惠及于人。发挥教育援助在"南南合作"中的重要作用，加大对相关国家尤其是最不发达国家的支持力度。统筹利用国家、教育系统和民间资源，为相关国家培养培训教师、学者和各类技能人才。积极开展优质教学仪器设备、整体教学方案、配套师资培训一体化援助。加强中国教育培训中心和教育援外基地建设。倡议各国建立政府引导、社会参与的多元化经费筹措机制，通过国家资助、社会融资、民间捐赠等渠道，拓宽教育经费来源，做大教育援助格局，实现教育共同发展。

三、精心组织"一带一路"国家文化教育大系的编著出版

在编写"一带一路"国家文化教育大系过程中，应当全面了解国内外对"一带一路"倡议的响应情况，关注进展，总结做法；应当在新冠肺炎疫情得到控制后到对象国去走一走，看一看，实地感受其教育情况和发展变化；应当广泛收集对象国一手资料，认真阅读，消化分析，吐故纳新；应当多方检索专家学者已经开展的相关研究，虚心参阅已有的研究成果。肆虐全球的新冠肺炎疫情，给人类身体健康和生命安全带来了巨大威胁，对世界格局和世界治理体系产生了重大影响，给全球各行各业带来巨大挑战。教育置身其间，影响十分明显。因而，对"一带一路"国家文化教育进行研究时，必须观察分析疫情对相关国家文化教育和全球教育治理的深刻影响。

"一带一路"倡议提出后，中外已形成多个"一带一路"多边大学联盟。2015 年 5 月 22 日，由西安交通大学发起的新丝绸之路大学联盟成立，迄今已吸引 38 个国家和地区的 150 余所大学加盟。该联盟是海内外大学结成的非政府、非营利性的开放性、国际化高等教育合作平台，以"共建教育合作平台，推进区域开放发展"为主题，推动"新丝绸之路经济带"国家和地区大学之间在校际交流、人才培养、科研合作、文化沟通、政策研究、医疗服务等方面的交流与合作，增进青少年之间的了解和友谊，培养具有国际视野的高素质、复合型人才，服务"新丝绸之路经济带"及欧亚地区的发展建设。

2015 年 10 月 17 日，丝绸之路（敦煌）国际文化博览会筹委会文化传承创新高端学术研讨会在敦煌举行。中国的复旦大学、北京师范大学、兰州大

学和俄罗斯乌拉尔国立经济大学、韩国釜庆大学等 46 所中外高校在甘肃敦煌成立了"一带一路"高校战略联盟，以探索跨国培养与跨境流动的人才培养新机制，培养具有国际视野的高素质人才。46 所高校当日达成《敦煌共识》，联合建设"一带一路"高校国际联盟智库。联盟将共同打造"一带一路"高等教育共同体，推动"一带一路"国家和地区大学之间在教育、科技、文化等领域的全面交流与合作，服务"一带一路"国家和地区的经济社会发展。

2016 年 9 月，中国、中亚及丝绸之路经济带沿线 7 个国家的 51 所高校共同发起成立了中国–中亚国家大学联盟，旨在打造开放性、国际化互动平台，深化"一带一路"科教合作。

此外，高等教育合作研讨会也日渐增多，既有官方推动形成的研讨会，也有民间自发举办的研讨会。比如，中外大学校长论坛、新加坡–中国–印度高等教育论坛、"一带一路"教育对话论坛，以及北京师范大学举办的"一带一路"国家教育交流与合作高端研讨会，北京外国语大学举办的"一带一路"与行业国际化人才培养高峰论坛，北京理工大学主办的"一带一路"高等教育研究国际会议，浙江大学举办的"一带一路"背景下的工程科技人才培养国际研讨会等。这些多边研讨会的召开，不仅吸引了大量"一带一路"沿线国家的教育研究者与实践者参会，推动了研究与实践合作，而且创新了教育合作模式，促进了国际化高端人才培养，为"一带一路"建设奠定了民意基础。

"一带一路"倡议提出之后，中国学术界迅速开展了关于"一带一路"的研究活动，有关"一带一路"主题的图书主要有以下五类。第一类是倡议解读类图书，一般是梳理"一带一路"倡议的提出、发展及其理论内涵与外延。第二类是经济贸易类图书，专业性较强，主要为理论研究型图书。第三类是国情文史类图书，多为介绍"一带一路"国家国情概览、历史情况、发展概况的工具书，语言平实，部分图书学术性较强。第四类是丝路历史类图书，一般回顾古代丝绸之路的形成与发展、丝绸之路上的人物和大事记等，追古溯源，以便更好地开启"一带一路"新篇章。第五类是法律税收类图书，多为法律指引、税务规范手册等。

可以看出，国内对"一带一路"国家的研究已有一定基础，但是囿于语言翻译的障碍，已经出版的"一带一路"图书，大多是政策解读、数据报告、概况介绍等，对对象国的研究广度和深度还很不够，尤其是针对"一带一路"国家文化教育的系统研究还比较少。

在"一带一路"国家中，遴选具有代表性的对象，对其文化、教育进行系统性的研究，并在此基础上编写"一带一路"国家文化教育大系，分期分批出版，对于帮助中国普通读者和研究人员了解"一带一路"国家的文化教育情况，以及对于拓展我国比较教育研究领域、丰富比较教育研究文献，乃至对于促进中外文明互通、更好地参与推进"一带一路"建设，都具有重要意义。基于对选题背景与意义、相关出版产品调研和北京外国语大学比较优势的分析，"一带一路"国家文化教育大系坚持学术性、可读性兼顾原则，分批次推出，不断积累，以形成规模和品牌。

大系在内容上，一方面呈现"一带一路"国家的文化概貌，展示"一带一路"国家教育发展的文化背景和社会依托。大系采用专题形式，力求用简洁平实的语言生动活泼地介绍"一带一路"国家的自然地理、人文景观、历史发展、风土人情、文化遗产等内容，重点呈现对象国独有的文化现象和独特风貌，集中揭示其民族文化内涵、民族精神、人文意蕴。另一方面，大系重点研究、评价、介绍"一带一路"国家教育的基本情况、发展历史、发展战略、政策法规、现存体系、治理模式与师资队伍等，这方面内容占较大篇幅，是全书的重点和主要内容。

"一带一路"倡议正在成为我国参与全球开放合作、改善全球治理体系、促进全球共同发展繁荣、推动构建人类命运共同体的中国方案。作为国家社会科学基金（教育学）重大项目"新时代提升中国参与全球教育治理的能力及策略研究"的部分研究成果和北京外国语大学"双一流"建设重大标志性成果，"一带一路"国家文化教育大系计划在 2021 年中国共产党建党 100 周年和北京外国语大学建校 80 周年之际，推出首批图书。2023 年"一带一路"倡议提出 10 周年时，推出该项目二期成果。同时积极参与党和国家相关主题纪念活动，以及国家重大图书项目的申报评选工作。

北京外国语大学以外语见长，国际交往活跃，被誉为"共和国外交官的摇篮"，先后培养了 400 多位大使、2 000 多位参赞，以及更多的外交外事外贸工作者。凡是有五星红旗飘扬的地方，都能看到北外人的身影。北外不仅承担着培养各类国际化人才的任务，更担负着向中国介绍世界、向世界介绍中国的历史使命。迄今为止，北外已获批开设 101 种外国语言，成立了 37 个区域与国别研究中心，丰富的涉外资源正在助力"一带一路"国家的研究。

大系由外研社具体组织实施。外研社隶属北外，多年来致力于"一带一路"国家的合作交流，服务讲好"中国故事"，在中华思想文化传播、打造中外出版联盟、推动中外学术互译等方面积累了丰富经验，对于协助研究、编著、出版"一带一路"国家文化教育大系具有良好的工作基础。这也是北外及外研社的使命和担当之所在。

大系编著者以北外教师为主。服务国家重大战略，北外人责无旁贷。同时，国内有研究专长和研究意愿的专家学者也踊跃参与，他们或独自撰著一书，或与北外同仁合作。大系还邀请了驻外使领馆的同志和对象国的学者参加撰写或审稿，他们运用一手资料，开展实地调研，力图提升大系的准确性。

四、结语

"一带一路"倡议植根历史，更面向未来；源于中国，更属于世界。"一带一路"作为文明互鉴的桥梁，从亚欧大陆延伸到非洲、美洲、大洋洲，与世界各国发展战略及众多国际和地区组织的发展实现对接联通，在通路、通航的基础上更好地通商，进而开展文化教育交流与沟通，加强商品、资金、技术、文化、教育流通，达成互学互鉴的文明愿景。"一带一路"倡议的目标是中国与"一带一路"国家在互联互通基础上分享优质产能，共商项目投资，共建基础设施，共享合作成果，内容包括政策沟通、设施联通、贸易畅通、资金融通、民心相通"五通"。"一带一路"倡议肩负重大使命，它要探寻经济增长之道，将中国自身的产能优势、技术与资金优势、经验与模式优势转化为市场与合作优势，实行全方位开放，共享中国改革发展红利；它要实现全球化再平衡，鼓励向西开放，带动西部开发以及中亚、蒙古等内陆国家和地区的开发，在国际社会推行全球化的包容性发展理念，主动向西推广中国优质产能和比较优势产业，惠及沿途、沿岸国家，避免西方国家所开创的全球化造成的贫富差距和地区发展不平衡情况，推动建立持久和平、普遍安全、共同繁荣的和谐世界；它要开创地区新型合作，强调共商、共建、共享原则，超越了马歇尔计划和传统的对外援助活动，给21世纪的国际合作带来了新的理念。所以，新时代中国的教育学者应当将"一带一路"国家文化教育研究作为比较教育新的增长点，全面深入开展研究，以自己的聪明才智丰富学术，为国出力，服务国家重大发展战略；在加强与"一带一路"国家的交流合作中，推动"一带一路"建设高质量发展，努力建设高质量的中国教育体系，并积极参与后疫情时代全球教育治理体系改革，加快构建以国内大循环为主体、国内国际双循环相互促进的新发展格局。

2023 年春
于北京外国语大学

（王定华，北京外国语大学党委书记、博士、教授、博士生导师，国家督学。历任河南大学教师、中国驻纽约总领事馆教育领事、教育部基础教育一司司长、教育部教师工作司司长等。）

本书前言

越南社会主义共和国，简称越南，是亚洲的一个社会主义国家，也是当今世界上五个社会主义国家之一。越南位于东南亚的中南半岛东部，与中国、老挝、柬埔寨交界，国土狭长，呈 S 形。历史上，越南的北部和中部曾长期处在中国封建王朝的直接统治之下。公元 968 年越南独立建国，进入自主、自治时期，成为中国的藩属国，采用中国中央集权的封建政治制度，此后丁朝、前黎朝、李朝、陈朝、胡朝、后黎朝、莫朝、南北朝、西山朝、阮朝等多个封建王朝相继建立。19 世纪中叶，法国开始武装侵略蚕食越南。1883 年、1884 年，法国迫使越南两次签订了越法《顺化条约》，确立了对越南的殖民统治，越南逐步沦为法国的殖民地和保护国。1885 年，中法战争（1883—1885 年）结束后，中法正式签订《中法会订越南条约》（《中法新约》），清政府承认法国与越南订立的条约，被迫放弃对越南的宗主权，越南完全沦为法国殖民地。1930 年，越南共产党成立，越南各民族同胞在越南共产党的带领下浴血奋战，不断取得胜利。1945 年，越南民主共和国成立，但法国和美国并没有放弃对越南的觊觎，相继对越南发动战争，越南人民在越南共产党的带领下继而进行了艰苦卓绝、旷日持久的抗法战争和抗美救国战争。1954 年，越南取得了奠边府大捷。1975 年，越南南方全部解放。1976 年，选出统一的国会，宣布全国统一，定国名为越南社会主义共和国。1986 年，开始施行革新开放政策。2001 年，越南共产党第九次全国代表大会确定建立社会主义市场经济体制。2021 年，越南共产党第十三次全国代表大会和越南第十五届国会代表大会先后召开，顺利完成党政领导集体换届，并制定了面向越南建党建国两个百年的奋斗目标，明确了未来发展方向。越南是东南亚国家联盟、亚太经济合作组织、世界贸易组织成员，也是亚欧会议的创始成员。

越南是中国山水相连的社会主义邻邦，也是"一带一路"沿线重要国家。中越两国是唇齿相依的好邻居、好朋友，是志同道合、命运与共的好同志、好伙伴。两国山水相连、血统相通、文化相通、理想相同、利益相关。中国和越南于1950年建交。双方在争取民族独立和国家解放的事业中长期并肩战斗、相互支持，在政治、军事、经济、文化等领域进行了广泛的合作，结下了"同志加兄弟"的特殊情谊。20世纪70年代后期，中越关系恶化。自1991年两党两国关系实现正常化以来，中越关系得到全面恢复并深入发展。两国领导人保持频繁互访和接触，双方在各领域的友好交往与互利合作不断深化，政治互信不断加强，经贸合作日益扩大。中国已成为越南第一大贸易伙伴，越南也成为中国在东盟最大的贸易伙伴。2015年11月和2017年11月，中共中央总书记、国家主席习近平应邀对越南进行了国事访问。两党两国领导人在友好坦诚的气氛中，就进一步深化两党两国关系及共同关心的国际和地区问题深入交换意见，并就新形势下进一步深化中越全面战略合作伙伴关系达成了重要共识，发表了《中越联合声明》。

随着中国"一带一路"倡议与越南"两廊一圈"发展规划的对接，中国与越南之间交流与合作日趋频繁，不仅政治、经济、文化、军事、外交方面的来往更加密切，教育领域的交流也在不断加深，中越两国的教育合作有了重大的突破和发展。中越已有多所高等学校建立起合作办学的关系，每年互派大量的学生到对方国家进行学习交流。教育对越南社会发展的作用尤其是对经济增长的作用不断增强，日益成为越南国家发展战略的重要部分。发展教育是越南宪法规定的基本国策，越南党和政府都把发展教育、提高国民素质放在第一要务的基本位置。对越南教育的历史、现状、未来及政策法规进行分析研究，可以使我们较为直观地了解越南教育的发展脉络、改革方向及政策导向，对预测两国未来教育合作的方向与模式，促进两国教育的共同进步与发展具有十分重要的现实意义。

目前，我国出版的有关越南研究的著作主要集中在概况或政治、经贸、外交、军事、历史等领域，聚焦越南教育领域的著作还有待补充。本书综合运用文献研究法、历史研究法、比较研究法、案例研究法等方法，通过文献整理、数据搜集、资料分析，兼顾学术性与可读性，对越南教育进行了全方位的介绍和研究。本书第一章首先从自然地理（地理位置、地形地貌、气候特征、自然资源）、国家制度（政党社团、国家标志、国体政体、行政区划、军事外交）和社会生活（人口与民族、宗教与信仰、经济与贸易、民生与保障、交通与旅游、新闻与出版）三个维度概述越南的国情概貌，展示越南教育所处的自然、政治、社会背景。第二章通过对历史人文（国家历史、文化遗产）、风土人情（服饰、饮食、社交、婚姻、节日）、语言文字（历史上的汉字和喃字、越南语的由来和使用、方言和外来语）以及文学戏剧的介绍，系统梳理越南的发展历史，呈现其文化传统和文化特色。第三章按照历史发展的脉络，描述了越南北属时期、自主时期、殖民时期、1945 年至今的教育历史沿革及发展特点，介绍了李乾德、朱文安、阮廌、黎思诚、阮秉谦、黎贵惇、潘佩珠、胡志明等教育名家及其重要教育活动、教育观点。本书第四章至第九章聚焦越南的各级各类教育，详细介绍和深入分析学前教育、基础教育、高等教育、职业教育、成人教育和教师教育的发展历程、发展现状、特点经验，以及面临的挑战和发展对策。立足于越南教育发展的现实和教育国际化大背景，第十章、第十一章介绍越南教育政策、教育行政的相关内容，描述和分析越南在教育发展中的政策规划和行政管理。第十二章在叙述中越两国教育交流历史、现状、模式与原则的基础上，分析两国教育合作的成功经验，展望两国在"一带一路"

倡议下开展更为深入的合作交流的未来图景。最后，结语部分对全书的内容做了简要的概括和总结。本书的推出不仅可以在一定程度上填补越南教育研究的空白，同时也契合"一带一路"建设和构建人类命运共同体的时代发展需求，对深化中越两国教育交流合作具有一定的参考价值和实践指导意义。

本书综合考虑两位作者的学术兴趣以及编写体量，做出如下写作分工：前言、第一章、第二章、第三章、第四章、第五章、第六章由刘捷撰写，第七章、第八章、第九章、第十章、第十一章、第十二章、结语由罗琴撰写，参考文献由刘捷、罗琴整理汇总，书中收录的照片也主要由罗琴、刘捷提供。

本书系国家社会科学基金（教育学）重大项目"新时代提升中国参与全球教育治理的能力及策略研究"（VDA200004）、北京外国语大学"双一流"建设标志性项目"'一带一路'国家文化教育研究"（BW202018）的阶段性研究成果。笔者在写作过程中得到了北京外国语大学党委书记、中国教育学会国际教育分会理事长、"一带一路"国家文化教育大系总主编王定华教授，北京外国语大学国际教育学院院长秦惠民教授，教育部国别与区域研究基地北京外国语大学东南亚研究中心主任米良教授，北京外国语大学亚洲学院越南语教研室讲师钟珊博士等多位专家学者的热心鼓励和悉心指导，外语教学与研究出版社孙凤兰编审、巢小倩副编审、杜晓沫副编审等给予了大力的专业支持，谨致特别的谢意。人民教育出版社资深主管姚达先生，北京外国语大学国际教育学院硕士研究生许航，云南师范大学华文学院高屹娇副教授、张敏老师、李丽娟老师、阮雅年老师（越南外教），红河学院马艳娟老师，云南师范大学博士研究生罗音，云南大学博士研究生王恩明，越南河内国家大学硕士研究生陈偲婕等在搜集资料和拍摄图片方面提供了大力帮助，在此一并表示衷心的感谢。本书参考和借鉴了国内外有关越南教育研究、东盟教育研究、"一带一路"区域国别教育研究等方面的专著、译著和重要学术刊物，中国外交部、中国驻越南大使馆、越南教育和培训部等机构发布的最新的、权威的资料信息、政策文件和数据统计，以及联合国教科文组织、联合国儿童基金会等国际组织发布的重要教育报告。在此也谨向其作者、编者、译者表达诚挚的谢意。

随着"一带一路"倡议的不断深化推进，中越两国签署了一系列双边合作文件，越南与中国的教育交流往来越来越密切，越南十分重视与中国的联系与合作，并从中国吸取和借鉴经验。中国也欢迎越南的学者、留学生到中国进行交流、培训与学习，促进双方的稳定与繁荣。"亲仁善邻，国之宝也"这句中国古代的至理名言，不仅适合中越教育的过去，也适合中越教育的现在和未来。落实和丰富"长期稳定、面向未来、睦邻友好、全面合作"的十六字方针，使两国和两国人民永远做"好邻居、好朋友、好同志、好伙伴"，这是中越关系发展的大势和主流。在"一带一路"倡议的大框架下，增进中越两国的教育理解，加强两国的教育交流，促进两国的教育合作，前景广阔，潜力巨大，大有作为。

本书的撰写依托了"一带一路"国家文化教育大系宏大开阔的研究视角以及严谨科学的撰写框架，但越南教育专题研究作为一个新颖、独立的领域，相关信息层出不穷、十分庞杂，再加上笔者学力和知识不足，书中可能有内容错误和要点遗漏之处。敬请各位专家、读者批评指正。我们将虚心接受，并以之作为我们未来修订、完善的重要参考。

刘捷

2023 年 6 月于北京外国语大学

目　录

第一章 国情概览

越南社会主义共和国（越南语：Cộng hòa Xã hội Chủ nghĩa Việt Nam，英语：The Socialist Republic of Viet Nam），简称越南（Viet Nam），是亚洲的一个社会主义国家。

第一节 自然地理

一、地理位置

越南位于东南亚的中南半岛东部，地理坐标为北纬8°10′—23°24′、东经102°09′—109°30′，北与中国广西、云南接壤，边界线长1 347千米；西与老挝、柬埔寨交界，东面和南面临南海。越南海岸线漫长，全长3 260多千米。越南从最北端的同文到最南端的金瓯角直线距离为1 650千米，跨15个纬度，东西最宽处大约500千米、最窄处大约50千米。陆地面积32.95万平方千米。[1] 越南时区为东七区，比格林尼治时间早7小时，比北京时间晚1小时。

---

[1] 滕成达，潘艳勤. 越南 [M]. 大连：大连海事大学出版社，2019：3.

1

二、地形地貌

越南地势西高东低，地形由西北向东南倾斜，形状狭长，呈 S 形，境内四分之三为山地和高原。北部和西北部为高山和高原。越北山地包括黄连山和东北山地两部分。红河由西北向东南方向奔流，将越南北部山区分为两半。河东称东北山区或红河以北山区，河西称西北山区或黄连山。东北山区的地形特点是山地和丘陵交错，喀斯特地貌明显，高山之间有或宽或窄的山谷或平地，形成中越边境地区天然的通道。西北山区黄连山主峰的番西邦峰海拔 3 142 米，不仅是越南最高峰，也是中南半岛第一高峰，被称为"越南屋脊"。越南西部的长山山脉，长 1 000 多千米，绵延起伏，纵贯南北，是越南地形的主要骨干，也是越南和老挝、柬埔寨的天然边界。[1] 在长山山脉西南部，地形平缓，形成广阔的西原高原。西原高原森林茂密，土壤肥沃，有大面积的橡胶、咖啡和茶叶种植园。粮食作物以旱稻、薯类为主。

红河平原是由上千年来数量庞大的红河冲积物堆积而成的平原，也是越南北方最大的平原。红河是发源于中国云南境内的一条重要的国际性河流，也是越南北部最大的河流；因河流大部分流经热带红土地区，水中夹带着大量的红色泥沙，从而使河水略呈红色，故名红河。红河呈西北—南流向，在中国境内有干流红河（在中国境内称为元江）及其最大的支流李仙江（在中国境内称为把边江），两江在越南境内越池汇合，之后经北部湾流入南海。红河全长 1 149 千米，其中越南境内有约 500 千米，是越南境内最长的一条河流。[2] 红河在雨季高峰期经常洪水泛滥，在一些地方洪水高水位的标志超过周围乡村十几米。许多世纪以来，控制洪水一直是红河三角洲经济文化的重要内容。越南建造了庞大的堤防和运河系统以牵制红河，

---

[1] 滕成达、潘艳勤. 越南 [M]. 大连：大连海事大学出版社，2019：4.

[2] 古小松. 越南：历史　国情　前瞻 [M]. 北京：中国社会科学出版社，2016：33.

并灌溉富饶的红河三角洲农作物。红河平原土地肥沃，水田占耕地面积的90% 左右，是世界上著名的谷仓之一。红河平原开发较早，人口密度也很高，越南首都河内市就位于红河平原的中部。

九龙江平原又称湄公河三角洲，地处越南南部，是越南最大的平原。湄公河发源于中国唐古拉山的东北坡，在中国境内叫澜沧江，流入中南半岛后的河段称为湄公河。澜沧江和湄公河总长 4 688 千米，流域面积 79.5 万平方千米，其中在越南境内长 222 千米，流域面积约 5 万平方千米。[1] 澜沧江和湄公河是亚洲最重要的跨国水系之一，流经中国、老挝、缅甸、泰国、柬埔寨和越南，于越南胡志明市南部流入南海。"湄公"意为众水汇聚之河，引申为"幸福之母"。湄公河下游三角洲在越南境内，因流入南海有 9 个出海口，故在越南被称为九龙江。湄公河在越南河段的长度仅是它全长的二十分之一，但这一流域却是湄公河流域中最肥沃、最利于耕种的地区。湄公河三角洲地势极为低平，所有地方的海拔高度都不超过 3 米，无数的河流和运河纵横交错，水势平稳，沼泽遍布，不易造成灾害。湄公河从上游河中广大地区带来的大量腐殖质，不断地充实到三角洲的土地上，等于不间断地给土地施肥。再加上气候炎热，雨水充足，使之成为世界著名的大粮仓、大果园和大渔场，是富庶的鱼米之乡。湄公河三角洲的最南端称为金瓯半岛，覆盖着密集的灌木丛和红树林沼泽。

三、气候特征

越南地处北回归线以南，处于北半球热带地区，除高山地区以外，大部分地区属于热带气候，全年高温天气较多，降水量充足。年平均气温

---

[1] 古小松. 越南：历史　国情　前瞻 [M]. 北京：中国社会科学出版社，2016：33.

24℃左右，年平均降雨量为 1 500—2 000 毫米，湿度大。[1] 不过，由于越南南北狭长，纬度差异较大，加上地形地貌差异显著，以及同时受大陆、海洋季风的影响，各地的温度和降雨量差别巨大，气候也存在着相当大的差异。以越南中部的海云关为分割线，越南气候可以分为两大不同的气候地区。北方地区，即海云关以北的省份，由于受亚洲内陆东北季风及东南季风的影响，湿度高，春、夏、秋、冬四季明显。南方地区，即海云关以南的省份，由于受季风的影响较小，气候比较温和，全年高温，有旱季与雨季之分。大部分地区 5—10 月为雨季，11 月至次年 4 月为旱季。在雨季，季风将潮湿的空气从西南方印度洋吹向内陆，带来丰沛的降雨；在旱季，季风通常从东北方沿着中国海岸穿越北部湾吹来，赶走许多湿气。

四、自然资源

越南人常把他们的国土和海域形容为"金山银海"，足以说明其自然资源种类之丰富，储量之巨大。

越南的土地资源不算丰富，人均土地面积不大，但越南有一南一北两大"谷仓"，即南部的九龙江平原和北部的红河三角洲平原，盛产稻谷，是世界上重要的大米出口地。位于南部的西原和东南部的红土地带是热带作物，如橡胶、胡椒、咖啡等的种植基地。越南盛产黄麻、蒲草、橡胶、椰子、胡椒、咖啡等经济作物，拥有香蕉、菠萝、柠檬、柑橘、杧果、龙眼、荔枝、木瓜等热带水果，味美可口，四季不断，享有国际声誉。越南的甘蔗生长快，糖分多，全国到处都可以种植。

---

[1] 中华人民共和国外交部. 越南国家概况 [EB/OL]. [2022-12-19]. https://www.mfa.gov.cn/web/gjhdq_676201/gj_676203/yz_676205/1206_677292/1206x0_677294/.

越南山体构造复杂，矿产资源丰富，种类多样。主要矿产资源有石油、天油气、煤、铁、铝、铜、镍、稀土、锰、铬、锡、钛、磷、铅、锌、宝石等，其中煤、铁、铝储量较大。越南的煤主要是无烟煤，热量高，含硫量低，杂质少，非常适合用作火力发电厂的燃料。越南的矿产资源主要分布在北部和中部地区，南部矿产资源则零星散布。越南石油资源集中分布在北部的红河沉积带，南部的九龙江沉积带和中部的顺化、岘港沉积带上。目前越南已经投产的有好几个油田，都位于大陆架之上。越南的天然气资源主要分布在南部的九龙江平原和北部的红河三角洲平原。

越南有漫长的海岸线和诸多海岛，沿海地区处于太平洋和印度洋之间，同时位于热带和亚热带海流的交汇点，拥有众多的河流出海口。越南有 6 845 种海洋生物，其中鱼类 2 000 种、蟹 300 种、贝类 300 种、虾类 75 种。[1]越南海域多处于浅海大陆架，在海底向深海延伸得很远，海底多为沙质或珊瑚礁，十分有利于海洋生物生存；而且越南从北到南有众多的河流注入大海，河流带来许多有机物质，有利于浮游生物的生长，因此鱼类和各种海产比其他热带海洋密度要大得多。

越南雨量充沛，可以说是世界上水能资源最丰富的国家之一，不仅总量大，分布密度也高。越南多山多水，而且山高坡陡，兴建水电站的条件得天独厚，且成本低廉。

越南为热带季风气候，高温多雨，降雨量大，非常适合森林的繁育，形成了丰富多样的森林生态系统，森林面积约 1 000 万公顷。[2]越南的森林覆盖率高，林木储量大，种类多。越南的贵重木材有铁木、玉桂木、花梨木、柚木、樟木、榛木、丁香、格木、朴树、红木、乳香树、椴树、绛香

---

[1] 中华人民共和国外交部. 越南国家概况 [EB/OL]. [2022-12-19]. https://www.mfa.gov.cn/web/gjhdq_676201/gj_676203/yz_676205/1206_677292/1206x0_677294/.

[2] 中华人民共和国外交部. 越南国家概况 [EB/OL]. [2022-12-19]. https://www.mfa.gov.cn/web/gjhdq_676201/gj_676203/yz_676205/1206_677292/1206x0_677294/.

木、黄檀等。铁木、红木、花梨木等木质韧度高，不易腐烂、不生虫、不怕水浸，是不可多得的优质木材。多年来越南的铁木砧板、红木家具颇受青睐，足以说明越南木材产品的品质和竞争力。

第二节 国家制度

一、政党社团

越南共产党是越南社会主义共和国唯一合法政党。《越南社会主义共和国宪法》规定："越南共产党是越南工人阶级的先锋队，同时也是越南劳动人民和越南民族的先锋队，是工人阶级、劳动人民和全民族利益的忠诚代表，以马克思列宁主义和胡志明思想作为思想基础，是国家和社会的领导力量。"[1]此外，越南还有一些在共产党领导下的社会团体和群众组织，在国家政治生活中发挥积极作用。

1930 年 2 月 3 日，在胡志明的直接领导下，印度支那共产党、安南共产党和新越共产主义联盟在中国香港九龙召开会议，一致同意合并组成越南共产党。同年 10 月，越南共产党改名为印度支那共产党。1935 年 5 月，印度支那共产党召开第一次全国代表大会，选出了中央委员会，通过了党纲。1945 年 8 月，印度支那共产党领导"八月革命"，建立了越南民主共和国。1951 年 2 月，印度支那共产党召开第二次全国代表大会，将党的名称更名为越南劳动党，胡志明当选为越南劳动党中央委员会主席。1976 年 12 月，越南劳动党四大将越南劳动党改名为越南共产党。1986 年 12 月，越南

---

[1] 越南社会主义共和国宪法（2013）[J]. 米良，译. 南洋资料译丛，2014（1）：23-43.

共产党召开第六次全国代表大会。大会认真总结了 1976 年以来社会主义建设中的经验教训，决定把党的工作重点转移到经济建设上来，提出了全面革新开放的路线。从此，越南逐渐走上了建设越南社会主义定向的革新道路。1991 年 6 月召开的越共七大重申，越南共产党是越南社会主义建设的领导者，是工人阶级的先锋队，最能代表工人阶级、劳动人民和全民族的利益，走社会主义道路不能没有共产党的领导。这次大会的新内容是，在强调马列主义的同时，突出了胡志明思想。这是越共第一次正式提出胡志明思想，并把它作为越共的思想基础和行动指南。

越南共产党一直强调要将越南国家和民族利益置于最高地位，坚持民族独立和社会主义目标，坚持党的革新路线，坚定党建原则，加强越南社会主义国家建设与保卫事业。2021 年 1 月 25 日至 2 月 1 日，越共十三大在河内召开，越共中央总书记阮富仲向大会做报告。报告不仅确定了越共第十三届任期的具体目标，而且定下了越南国家发展的未来目标：到 2025 年发展成为工业朝着现代化方向发展的发展中国家，超过中等偏下收入国家水平；到 2030 年，即越南共产党建党 100 周年时，成为工业朝着现代化方向发展的中等偏上收入发展中国家；到 2045 年，即越南建国 100 周年时，成为高收入发达国家。为了实现上述目标，根据越南实际情况以及世界发展趋势，报告还提出了 2021—2030 年越南国家发展战略的 12 个方向，并通过专题报告进一步具体化。报告特别强调，要重视人的全面发展和先进且带有浓郁民族特色的越南文化建设，在教育与培训方面要实现新的突破，促进高素质人力资源开发，吸收和重用人才。越共十三大充分体现了越南全党全民全军的高度共识，彰显了越南继续促进国家强劲发展的高度决心。2021 年 1 月 26 日，中国共产党中央委员会致电祝贺越南共产党第十三次全国代表大会召开。贺电说：越南共产党第十三次全国代表大会是事关越南党和国家各项事业发展的一次重要会议，是越南党和人民政治生活中的大事，对开启越南社会主义现代化建设新征程具有重要意义。中国党和政府高度重视发展中越两党两国关系，愿同越方一道，秉持"长期稳定、面向未来、睦邻友好、全面合作"方针和"好邻居、好朋友、好同志、好伙伴"精神，继承和发扬两国老一辈领导人亲手缔造和精心培育的中越传统友谊，贯彻落实好两党两国最高领导人达成的重要共识，推动中越全面战略合作伙伴关系不断取得新的发展，更好造福两国和两国人民，为实现地区和平稳定与发展繁荣做出新的积极贡献。[1] 2022 年 10 月 16 日，在中国共产党第二十次全国代表大会胜利召开之际，越南共产党中央委员会向中国共产党中央委员会致贺电。贺电表示，越中两国是友好邻邦。越南共产党和中国共产党都在领导推进革新和改革开放事业，坚持社会主义发展道路。越南党、国家、人民始终铭记中国党、国家、人民在越南过去争取民族解放的革命斗争和当前国家建设事业中给予的巨大、宝贵帮助，一贯重视并愿同中国党、国家、人民一道，不断巩固并推动越中睦邻友好和全面战略合作伙伴关系迈向新发展阶段。[2] 越南共产党现有党员约 540 多万人，基层组织近 5.6 万个，同世界上 180 多个政党建有党际关系。[3]

越南祖国阵线是越南的统一战线组织，是越南政治体制中的重要成员。其地位仅次于越南共产党、政府和国会。越南祖国阵线成立于 1955 年 9 月，南北方统一后于 1977 年同越南南方民族解放阵线和越南民族、民主及和平力量联盟合并。越南祖国阵线现有 44 个组织成员，包括越南共产党、人民军、胡志明共产主义青年团、总工会、妇女联合会、农民协会、红十字会、佛教协会、天主教团结委员会、律师协会、盲人协会、针灸协会、记者协会等。越南共产党既是阵线的成员，又是其领导者。

[1] 新华社. 中共中央致电祝贺越南共产党第十三次全国代表大会召开 [N]. 人民日报，2021-01-27（1）.

[2] 中华人民共和国驻越南社会主义共和国大使馆. 越共中央热烈祝贺中共二十大召开 [EB/OL]. [2022-12-19]. http://vn.china-embassy.gov.cn/sghkt/202210/t20221016_10784432.htm.

[3] 中华人民共和国外交部. 越南国家概况 [EB/OL]. [2022-12-19]. https://www.mfa.gov.cn/web/gjhdq_676201/gj_676203/yz_676205/1206_677292/1206x0_677294/.

二、国家标志

国家标志是国家的象征，对外代表着国家的主权及独立、民族的尊严和国家的形象，对内代表着本民族人民的光荣传统和斗争历史，蕴含着人民的追求和希望。为了对人民进行历史传统和爱国主义教育，陶冶人们的情操，激发民族自豪感和优越感，增强民族的凝聚力，越南宪法明确规定越南的国旗、国徽、国歌、首都和国庆日都是国家标志。

越南国旗为长方形，长宽比例为3：2。国旗底面为红色，旗中心为一枚五角金星，越南人民习惯称之为金星红旗。红色象征革命和胜利，五角金星象征越南共产党对国家的领导，五个角分别代表知识分子、农民、工人、商人和士兵。

越南国徽为圆形、红底。国徽的正上方是一个金黄色的五角星，红底下面是半个齿轮。五角金星象征越南共产党对国家的领导，四周的稻穗和金色齿轮代表农民阶层及工人阶层。两边环绕的稻束上缠绕着红色缎带，缎带下部打结处有用越南文写的"越南社会主义共和国"的字样。

越南的国歌是《进军歌》，由越南音乐家阮文高（1923—1995）作词、作曲。《进军歌》1945年"八月革命"前产生于越北解放区。1946年召开的越南第一届国会第二次会议正式确定《进军歌》为国歌。1955年第一届国会第五次会议根据政府建议对《进军歌》的歌词做了一些小修改。1976年7月2日，越南国会通过决议，确定《进军歌》为全国统一后的越南社会主义共和国国歌。《进军歌》歌词如下。

《进军歌》[1]

越南军团，

---

[1] 兰强，徐方宇，李华杰. 越南概论 [M]. 广州：世界图书出版公司，2012：201-202.

同心救国，

崎岖路上奋勇前进。

鲜血染红胜利旗，

枪声伴着进军歌。

敌尸铺平光荣路，

披荆建立根据地。

永远战斗为人民，

飞速上前方。

向前！

齐向前！

保卫祖国固若金汤。

越南军团，

旗标金星，

指引民族脱离火坑。

奋起建设新生活，

打破枷锁一条心。

多年仇恨积在胸，

为幸福不怕牺牲。

永远战斗为人民，

飞速上前方。

向前！

齐向前！

保卫祖国固若金汤。

　　越南的首都是河内市，位于越南北部的红河三角洲平原中部，是全国政治、文化、交通中心，也是全国面积最大、人口第二的城市。

越南国庆日是9月2日。1945年9月2日，胡志明在河内的巴亭广场宣布成立越南民主共和国，结束了法国对越南80多年的殖民统治，在越南历史上写下了新的篇章。9月2日因此被定为越南国庆日。每年国庆日，越南都会举行隆重的庆祝活动。为了庆祝这一天，国家规定全国放假一天。

越南民间把莲花作为国花，以它作为力量、吉祥、平安、光明的象征，还把莲花比喻成英雄和神佛。越南是一个崇尚佛教的国度，千年佛教的深远影响已经散布到越南的每一个角落，象征佛教的莲花在越南大受欢迎。

三、国体政体

国家性质就是国家的阶级本质或阶级性质，通常称为"国体"，指的是社会各阶级在国家中的地位，即国家政权掌握在哪个阶级手中。国家性质直接决定着国家的政权形式，决定着国家发展的总方向，是国家各项基本制度的核心。越南现行宪法是第五部宪法，于2013年11月在第十三届国会第六次会议上通过，2014年1月1日正式生效，是1946年、1959年、1980年、1992年宪法的继承和发展，体现了越南社会主义过渡时期的国家建设纲领。宪法规定，越南是一个独立、拥有主权、统一和领土完整的国家，是属于人民、由人民所组成、一切为了人民的社会主义国家，国家的一切权力属于以工人阶级、农民阶级和知识分子队伍联盟为基础的人民。[1]由此可见，越南国体为社会主义共和制人民共和国，是人民民主专政的国家。

---

[1] 越南社会主义共和国宪法（2013）[J]. 米良，译. 南洋资料译丛，2014（1）：23-43.

国会是越南人民的最高代表机关，是越南最高国家权力机关。国会行使立宪权、立法权，决定国家的各种重大事项和对国家的活动进行最高的监督。国会每届任期五年，通常每年举行两次例会。国会主席主持国会会议，签署宪法、法律、国会决议，领导国会常务委员会的工作，组织协调国会的对外关系，保持与国会代表的联系。国会常务委员会是国会的常设机关，包括国会主席、国会副主席若干人和委员若干人，其组成人员由国会决定。国会常务委员会的组成人员不得同时担任政府机关的职务。国会专门委员会审查法律草案，就有关法律、其他草案提出建议，并且向赋予该任务的国会或者国会常务委员会报告，行使法律规定的职责、权限范围内的监督权，对属于委员会活动范围内的事项提出建议。

越南国家主席是国家元首，在对内和对外方面代表越南社会主义共和国。越南国家主席具有实际职权，包括：公布宪法、法律、法令；建议国会选举、任免、罢免国家副主席、政府总理；根据国会的决议，任免政府副总理、部长及政府的其他组成人员；建议国会选举、任免、罢免最高人民法院院长、最高人民检察院检察长；决定特赦，公布大赦决定；决定授予国家的勋章、奖章、各种奖励、国家荣誉称号；统率人民武装力量，担任国防与安全委员会主席的职务；任免越南人民军队的总参谋长、总政治局主任；根据国会的决议或者国会常务委员会的决议，公布、撤销宣布战争状态的决定；根据国会常务委员会的决议，下达总动员或者局部动员命令，公布、撤销紧急状态；接见外国的全权大使；根据国会常务委员会的决议，决定选派、召回越南全权大使；决定谈判、以国家的名义缔结国际条约；等等。[1]国家主席由国会在全体国会代表中选举，对国会负责并且向国会报告工作，任期与国会的任期相同。

越南政府是越南最高国家行政机关，行使执法权，是国会的执行机关。

[1] 越南社会主义共和国宪法（2013）[J]. 米良，译. 南洋资料译丛，2014（1）：23-43.

政府包括政府总理、政府副总理若干人、部长和部级机关首长若干人。政府总理是政府首脑，由国会在全体国会代表中选举产生，在政府的活动中和被赋予的任务方面对国会负责；政府总理向国会、国会常务委员会、国家主席报告政府工作。政府副总理按照分工协助政府总理工作并对政府总理负责。部长、部级机关首长是政府组成人员，同时也是所在部门和机关的首脑，领导所在部门和机关的工作；对分工负责的行业、领域方面的国家管理负责；组织施行和跟踪掌握全国范围内与行业、领域相关的法律施行的情况。部长、部级机关首长向政府、政府总理报告工作，落实向人民报告属于管理职责范围内的有关重大事项的报告制度。政府每届任期五年。

人民法院是越南的审判机关，行使司法权。人民法院包括最高人民法院和法律规定的其他各级法院。人民法院具有捍卫公理，保护人权、公民权，捍卫社会主义制度，捍卫国家利益及组织、个人合法权益的职责。最高人民法院院长对国会负责并且向国会报告工作；在国会闭会期间，对国会常务委员会、国家主席负责并且向国会常务委员会、国家主席报告工作。其他各级法院院长的工作报告制度由法律规定。最高人民法院院长每届任期五年。其他人民法院院长的任免和任期由法律规定。

人民检察院行使公诉权，对司法活动行使检察权。人民检察院包括最高人民检察院和法律规定的其他各级人民检察院。人民检察院具有捍卫法律，保护人权、公民权，捍卫社会主义制度，捍卫国家利益及保护组织、个人合法权益，为保障法律得以严格和统一执行贡献力量的职责。最高人民检察院检察长对国会负责并且向国会报告工作；在国会闭会期间，对国会常务委员会、国家主席负责并且向国会常务委员会、国家主席报告工作。其他各级检察长、检察员的工作报告制度由法律规定。最高人民检察院检察长每届任期五年。其他各级检察院检察长的任用、任免、任期和检察员的任用、任免、任期由法律规定。

四、行政区划

（一）政区概况

行政区划是国家为便于行政管理而分级划分的区域。因此，行政区划亦称行政区域。越南的行政区划由省级行政区、县级行政区、乡级行政区组成。

自 1975 年南北统一以来，越南行政区划变动频繁。经过数次行政区划的重大调整，2008 年，越南将全国行政划分调整为 63 个一级行政区，包括 58 个省和 5 个直辖市。这 58 个省分别是安江省、北江省、北泸省、薄寮省、北宁省、巴地–头顿省、槟椥省、平定省、平阳省、平福省、平顺省、金瓯省、高平省、多乐省、多农省、奠边省、同奈省、同塔省、嘉莱省、河江省、海阳省、河南省、河静省、和平省、后江省、兴安省、庆和省、坚江省、昆嵩省、莱州省、林同省、谅山省、老街省、隆安省、南定省、义安省、宁平省、宁顺省、富寿省、富安省、广平省、广南省、广义省、广宁省、广治省、朔庄省、山萝省、西宁省、太平省、太原省、清化省、承天–顺化省、前江省、茶荣省、宣光省、永隆省、永福省、安沛省。5 个直辖市是河内市、胡志明市、海防市、岘港市、芹苴市。

越南的二、三级行政区划规模较小，数量更多。越南的二级行政区有县、郡、市社、省辖市四种。其中的郡为直辖市的市辖区，市社为直辖市下属的远郊城镇，相当于中国的地级市，省辖市一般为省会和省内较大城市。越南三级行政区有社（乡）、市镇、坊。社（乡）相当于中国以农业为主的乡，市镇相当于中国的镇，坊大致相当于中国的街道办。

（二）主要城市

河内市，越南首都，2021 年位列"全球城市 500 强"第 258 名。河内是一座拥有 1 000 多年历史的古城，从 11 世纪起成为越南历史上多个朝代的都城，原名大罗，又称升龙、龙渊、龙编、中京、京都、东郡、东京、中都、上京、北城等，1831 年更名河内，享有"千年文物之地"的美称。1945 年"八月革命"以后，胡志明在河内巴亭广场发表《独立宣言》，宣布河内为越南民主共和国（北越）的首都。南北越于 1976 年 7 月 2 日完全统一，河内正式成为了国家的首都。河内地处亚热带，属于热带季风气候，因临近海洋（北部湾），气候宜人，四季分明，降雨丰沛，花木繁茂。河内历史文物丰富，名胜古迹居全国之冠，有巴亭广场、胡志明纪念堂、胡志明故居、越南历史博物馆、河内文庙、还剑湖、西湖、独柱寺等。河内地理位置十分重要，拥有北方最大的河港，多条铁路在这里交汇，是北方公路的总枢纽，郊区有内排机场和嘉林机场，水、陆、空交通便利。

胡志明市，原名西贡，在湄公河三角洲东北、西贡河右岸。2021 年位列"全球城市 500 强"第 122 名。19 世纪末发展成为东南亚著名港口和米市。1932 年西贡与堤岸合并成西堤联区。第二次世界大战后，又与嘉定市联合组成西贡–嘉定市，或称大西贡。1975 年 4 月 30 日，西贡解放后，为纪念越南共产党的主要创立者胡志明，西贡改名为胡志明市。现在的胡志明市已成为越南最发达的城市，是全国经济、贸易和旅游中心。胡志明市属热带季风气候，全年分为雨季和旱季。5 月—10 月为雨季，11 月—次年 4 月为旱季，气候温和，年降雨量多，平均湿度较大。历史遗址和名胜古迹很多，主要有红教堂、统一宫、西贡市政厅、西贡歌剧院、西贡邮局、古芝地道等。胡志明市是越南南方的重要交通枢纽，有越南最大的内河港口和国际航空港。铁路可通往河内及其他大中城市，公路可通往全国各地，经公路或水路可通往柬埔寨和老挝。北郊新山一国际机场有良好的国际航空港，乘机可达世界各地。

海防市位于红河三角洲东北端，京泰河下游，东临北部湾，是越南北部最大的港口城市，也是越南第三大城市，为越南军事要地和海上门户。2021年位列"全球城市500强"第251名。在100多年前，海防市还只是一个居住着数十户人家的小渔村。1870—1873年，阮氏王朝在这里修建了一个港口，并设立海防衙，海防之名即始于此。法国占领期间是商港和中国昆明至河内的铁路运输终点站，后成为工业中心。海防市的城区建筑基本以法国园林式为主，外墙颜色以黄白相间为特色，街道两旁绿树成荫，街心花园比比皆是。海防市海岸线长，气候宜人，风景秀丽，有众多名胜古迹和旅游景点，如避暑胜地涂山、国家森林公园吉婆岛和著名古刹仁寿祠等，每年都有大批国内外游客来游览度假。

岘港市是越南中部海滨城市，也是越南中部最大城市、全国第四大城市。岘港市重点发展旅游服务业、高新工业、信息技术、物流业以及海洋经济等，设有工业区、高新技术产业开发区和信息产业园区。岘港市是越南中部地区重要交通枢纽，拥有全国第三大国际机场——岘港国际机场和中部最大海港——仙沙港。岘港有"东方夏威夷"的美誉，附近知名景点有顺化古城、会安古镇、美山遗址、巴拿山、山茶半岛、占婆雕刻博物馆等。另外，海云关被称为"天下第一关"，站在海云关上可以俯瞰岘港全貌。

芹苴市是越南5个中央直辖市之一，离胡志明市约160千米，是南部湄公河三角洲农产品集散地和轻工业基地，是九龙江平原重要的经济、政治、文化中心，也是越南人口稠密、经济发达的地区。芹苴市因热闹非凡的水上市场、精美的糯米纸、风景如画的运河风光而知名。湄公河三角洲被誉为"越南的谷仓"，全国一半以上的大米产自于此，芹苴市为此做出了巨大的贡献。芹苴市乡村有多种多样的果树，游客可以品尝到当地以柚子、龙眼、波罗蜜、杧果、橘子、榴梿等不同水果所做成的风味餐。芹苴博物馆建立于1976年，为湄公河三角洲最大的博物馆，收藏了丰富的历史物品。

五、军事外交

（一）军事

越南人民军于1944年12月22日建军，实行主力部队、地方部队和民兵组成的三结合"全民国防"体制。越南宪法规定，国家主席统帅各人民武装力量，并兼任国防与安全委员会主席。但实际上越共中央军委是最高军事决策机构，越共中央总书记兼任中央军委书记，通过国防部对全国武装力量实行统一领导和指挥。国防部既是越共中央军事党委的办事机构，又是越南人民军的最高军事行政机关，下辖总参谋部、总政治局、总后勤局、总技术局、国防工业总局和情报总局。六大总部（局）分别负责全军的军事指挥、政治思想教育、后勤供应、技术保障、军工及生产经营、情报搜集与服务。国防部机关设有办公厅、政策局、物资局、财政局、外事局、刑事调查局、科技与环境管理局、经济局、计划投资局、车辆局、武器弹药局、计量局、科学工艺环境通信中心、监察委员会等，直属单位有军事战略院、军事历史研究院等。国会设有国防与安全委员会负责审查和监督国防安全政策的执行，国家机关设有国防与安全会议协助国家主席统帅武装力量。越南《义务兵役法》规定越南实行义务兵役制度。服役人员年龄18—27岁。服役年限，士官和士兵2年，士官指挥员、军队培训的专业技术士官和士兵、海军舰艇士官和士兵均为3年，需要时可延长半年。越南军队重要的节日有：建军节，12月22日；海军节，5月7日；防空—空军节，7月14日。2019年，越南发布《2019年越南国防白皮书》，通过新修订的《民兵自卫队法》和《预备役部队法》，进一步强调坚持和确保越南共产党对军队的领导，培养年轻化干部队伍，加速武器装备现代化，推动与其他国家和国际组织的多元防务合作，拓展在联合国维和行动中的参与规模与范围。

（二）外交

1986 年实施革新开放以来，越南对外奉行独立、自主、多样化、多边化的外交政策，贯彻以经济外交为中心、以维护国家主权为主线、以提高国际地位为目标的外交方针，重视发展同周边国家和大国的关系，积极参与地区和国际事务。其对外工作重点是融入国际社会、搞好周边关系、妥善处理大国关系。通过多样化、多边化的外交，越南为自身经济社会发展谋求良好的国际环境和外部政策支持，外交关系不断向深度和广度拓展，国际地位和声誉也日趋提高。越共十三大决议指出，越南将秉持独立、自主、和平、合作、发展以及多元多边的外交政策，将党际外交、国家外交和民间外交作为对外政策的三大支柱，深化双边、多边关系，推动外交事业进一步发展。目前，越南已提升与诸多国际合作伙伴之间的合作层次和水平，战略伙伴和全面伙伴数量有所增加，包括所有联合国安理会常任理事国以及世界上大多数政治和经济组织的成员。更重要的是，越南在解决边境问题上取得了积极成效。对于长达 5 000 多千米的陆地边界线，越南与中国、老挝、柬埔寨三个国家已完成陆地边界全线划定工作，陆地边界勘界立碑工作大部分也已经完成。同时，越南利用融入世界进程带来的机会大力推动经济社会向前发展，吸引投资流入，推动经贸、旅游业发展，促进科技成果转化，并有效维护包括经济自主权在内的国家独立自主。越南还着力促进文化外交，在向世界推广越南风土人情的同时汲取世界文化精髓。越南已与 189 个国家建交，并同 20 个国际组织及 480 多个非政府组织建立合作关系。[1]

---

[1] 中华人民共和国外交部. 越南国家概况 [EB/OL]. [2022-12-19]. https://www.mfa.gov.cn/web/gjhdq_676201/gj_676203/yz_676205/1206_677292/1206x0_677294/.

第三节 社会生活

一、人口与民族

越南宪法规定:"越南社会主义共和国是共同生活在越南土地上的各个不同民族的统一国家","各民族平等、团结、相互尊重和互相帮助共同发展,禁止一切民族歧视、民族分裂行为"。[1]

(一)人口

越南统计总局公布的数字显示,2010—2018 年,越南人口总数逐年有所增加,由 2010 年的 8 694.74 万人增加至 2018 年的 9 466.60 万人;男女人口比例大体相当,女性人口稍多于男性人口,2018 年男性人口占比为 49.42%、女性人口占比为 50.58%;农村人口占比较大,但城镇人口占比逐年增加,城镇人口占比由 2010 年的 30.50% 增长至 2018 年的 35.74%。2010—2018 年越南人口变化情况见表1.1。[2]

表 1.1 2010—2018 年越南人口变化情况

单位:万人(%)

年份	总数	性别及占比		城镇、农村及占比	
		男	女	城镇	农村
2010	8 694.74	4 299.35（49.45）	4 395.39（50.55）	2 651.59（30.50）	6 043.15（69.50）

---

[1] 越南社会主义共和国宪法（2013）[J]. 米良,译. 南洋资料译丛,2014（1）:23-43.

[2] 解桂海. 越南国情报告（2020）[M]. 北京:社会科学文献出版社,2021:349-350.

续表

年份	总数	性别及占比		城镇、农村及占比	
		男	女	城镇	农村
2011	8 786.04	4 344.68（49.45）	4 441.36（50.55）	2 771.93（31.55）	6 014.11（68.45）
2012	8 880.93	4 390.82（49.44）	4 490.11（50.56）	2 826.92（31.83）	6 054.01（68.17）
2013	8 975.95	4 436.49（49.43）	4 539.46（50.57）	2 887.49（32.17）	6 088.46（67.83）
2014	9 072.89	4 475.81（49.33）	4 597.08（50.67）	3 003.54（33.10）	6 069.35（66.90）
2015	9 170.98	4 522.40（49.31）	4 648.58（50.69）	3 106.75（33.88）	6 064.23（66.12）
2016	9 269.22	4 575.34（49.36）	4 693.88（50.64）	3 192.63（34.44）	6 076.59（65.56）
2017	9 367.76	4 626.63（49.39）	4 741.13（50.61）	3 282.31（35.04）	6 085.45（64.96）
2018	9 466.60	4 678.52（49.42）	4 788.08（50.58）	3 383.00（35.74）	6 083.60（64.26）

截至 2020 年年底，越南全国人口达 9 734 万人。其中，男性占 49.8%，女性占 50.2%。全国人口平均年龄为 32 岁，平均寿命 73.7 岁。15 岁以上劳动力 5 460 万人，其中具有初中及以上学历的人占 24.1%。越南人口总数居世界第 15 位，人口密度为每平方千米 290 人。人口密度最大的是红河平原，每平方千米 1 060 人；人口密度最小的是西原地区，每平方千米 107 人；人口密度最大的城市是胡志明市，每平方千米 4 363 人；人口密度最小的省份

是北泮省，每平方千米仅 65 人。[1]

（二）民族

越南是一个多民族国家，政府认定的有 54 个民族。京族（越族）是其主体民族，约占越南总人口的 86%，是狭义上的越南人，人口众多，分布在全国 63 个省市，最集中的是分布在各大平原和河流流域。京族过去称为交趾人，简称为交人。历史上的岭南大体上包括今中国广东、广西、海南和福建的部分地区及今越南中北部地区。从公元前 3 世纪开始，古代中国开始开拓岭南，大量华夏人口迁移至今越南中北部地区。到 10 世纪末越南独立建国的时候，越南在红河三角洲及周边地区到清化、乂安一带的汉化居民成为这个国家的主体族群。[2] 由于居住在京畿，人们后来称之为京族或越族。除主体民族京族外，岱依族、傣族、芒族、高棉族、华人、侬族等少数民族人口也都超过 50 万。[3] 各少数民族在 51 个省 463 个县的 5 453 个乡居住，同时也在与中国、老挝和柬埔寨接壤的长近 5 000 千米的边界线分散居住，主要住在北部山区、中部沿海、西原和西南部地区。[4] 少数民族社群是越南民族密不可分的一部分。

越南每个民族都有自己的语言、生活方式以及文化个性，为民族文化的多样性和统一性奠定了基础。岱依族又称岱族，主要分布在越南北方的高平、谅山、太原、广宁等省的河谷和山麓地带，是越南最大的少数民

---

[1] 商务部国际贸易经济合作研究院，中国驻越南大使馆经济商务处，商务部对外投资和经济合作司. 对外投资合作国别（地区）指南：越南（2021 年版）[EB/OL]. [2023-01-16]. http://www.mofcom.gov.cn/dl/gbdqzn/upload/yuenan.pdf.

[2] 古小松. 越南文化的特点、发展趋势与中越文化交流 [J]. 文化软实力，2018（2）：58-67.

[3] 中华人民共和国外交部. 越南国家概况 [EB/OL]. [2022-12-19]. https://www.mfa.gov.cn/web/gjhdq_676201/gj_676203/yz_676205/1206_677292/1206x0_677294/.

[4] 资料来源于越南通讯社网站。

族，人口仅次于越南主体民族京族。傣族又译泰族，主要分布在莱州、山萝、和平、清化和义安等省，人数仅次于岱依族，是越南第二大少数民族。芒族主要分布在越南西北部，集中于和平省以及清化省的山区，是越南第三大少数民族。京族与芒族的直接祖先都是骆越，所以他们的语言文化最相近。高棉族是柬埔寨的主要民族，一些高棉人生活在相邻的越南，因此高棉族也是越南少数民族之一。华人是越南对中国汉族的称呼，即对在越华人的通称，主要分布在越南南方，以胡志明市和越南西南部地区为主。1986 年 10 月，越南政府颁布新的政策，确认华人为越南公民，拥有与其他越南人一样的权利，同时强调华人是越南民族大家庭的一员。依族主要分布在越南北部内陆山区，包括谅山省、高平省、太原省、河江省、老街省、宣光省等。依族与岱依族亲缘关系密切，在中国，这两个民族都被划为壮族。

越南宪法明确规定：越南政府实行各民族平等、团结和相互帮助的政策，严禁一切民族歧视和分裂行为；各民族有权使用自己的语言、文字，有权保持自己的民族本色和传承自己的良好风俗、习惯、传统与文化；政府实行全面发展政策，逐步提高少数民族同胞的物质和文化生活水平。2020年 6 月 19 日，越南国会批准对 2021—2030 年少数民族地区和山区经济社会发展的国家目标计划的投资决议。其核心目标是 2025 年基本解决住房、住宅用地、生产用地、生活用水的缺乏状况，妥当安排特困区、自然灾害频发地区的民居问题，助推农业、林业发展，确保群众从森林保护与发展中获得稳定收入，确保可持续生计，注重发展教育、提高人力资源质量，增进人民健康福祉。[1]

---

[1] 资料来源于越南通讯社网站。

二、宗教与信仰

越南是一个多民族、多宗教的国家，各个民族都有自己的宗教信仰。越南宪法规定，越南公民享有宗教信仰自由、信奉或者不信奉任何一派宗教的权利。各宗教在法律面前一律平等。国家尊重和保护宗教信仰自由的权利。任何人均不得侵犯宗教信仰自由或者利用宗教信仰从事违法活动。[1]越南宗教主要有佛教、天主教、高台教、和好教、伊斯兰教等。

佛教是越南信奉人数较多的宗教。佛教最开始是从印度传入，大约在1世纪，印度商人已经经由海路进入越南了，其中就有许多信佛教的商人。佛教因此传入了越南。大约在2世纪末，大乘佛教从中国传入越南，越南人称之为"北宗"。在4—5世纪时获得广泛传播，成为越南的主要宗教。10—14世纪，越南佛教进入兴盛时期，被尊为国教。越南的佛教以大乘佛教占优势，受中国大乘佛教影响极深，至今一直使用汉字大藏经，诵读中国的佛教读本，受戒仪式也与中国的相同。小乘佛教从泰国和柬埔寨传入，被称为"南宗"。小乘佛教主要在南部高棉族中流行。13世纪末，儒教曾受朝廷重视，影响深远。越南僧人还将佛、道、儒三教结合，形成了三教合一的独特现象。1976年越南全国统一后，南北各佛教组织在河内正式成立了越南佛教联合会。越南全国有佛教徒数千万人，其中又以信大乘佛教者居多。

天主教是越南的又一大宗教。1533年罗马天主教传教士曾到越南传教，但未成功。16世纪末葡萄牙、西班牙等国传教士再次来传教，并通过拉拢统治阶级的政策将天主教传入越南，尔后发展迅速。1862年，越南封建王朝被迫与法国签订条约，明文规定法国传教士可以在越南传教，天主教势力迅速扩大，逐渐垄断了在越南的传教权。越南天主教在全国分布广泛。

---

[1] 越南社会主义共和国宪法（2013）[J]. 米良，译. 南洋资料译丛，2014（1）：23-43.

南方的同奈省是越南天主教教友最多的地区，教堂林立。位于胡志明市中心的哥特式圣母大教堂是该市的重要旅游景点，教堂前的广场上竖立着一尊手捧地球的巨大圣母像。海滨度假城市头顿的耶稣山上，矗立着32米高的巨型耶稣像。越南现在通用的拼音文字，就是法国耶稣会传教士亚历山大·德·罗德（1591—1660）发明的。

高台教是糅合了佛教、基督教、道教、儒教等多种宗教教义而创立的越南本土宗教，20世纪30年代出现在越南南方。高台教迎合各种信仰者的需要，信奉释迹（佛道）、老子（仙道）、孔子（人道）、姜太公（神道）、耶稣（圣道），容纳多种信仰，诸神共处。越南南部的西宁、坚江等地的京族农民大部分信仰高台教，每日要焚香诵经。

和好教是20世纪30年代从佛教分出来的另一个越南本土教派，流行于越南南方湄公河平原西部。和好教信奉简单化了的佛教，不建寺庙，用一块红布代替神像，供品为鲜花和清水，教人寻求清净境域，废除烦琐的祭献习俗。

伊斯兰教经阿拉伯和波斯商人传入，后受马来人影响较大。越南信仰伊斯兰教的主要是占族，分布在南部的胡志明市、西宁省、安江省等地。

三、经济与贸易

越南宪法规定，越南的经济基础是多种所有制形式、多种经济成分并存的社会主义定向市场经济，国有经济占据主导地位。各种经济成分都是国民经济基础的重要组成部分。属于各种经济成分的各个主体平等、合作、依法竞争。国家鼓励、创造条件以便经营人员、企业和其他个人、组织从事投资、生产、经营，稳步发展各种经济领域，为国家建设做出贡献。[1] 越南系发展中国家。1986 年开始实行革新开放。贫困率由 1993 年的 58% 降至 2020 年的 2.8%，提前 10 年完成联合国提出的消除贫困目标。[2] 2021 年 1 月召开的越共十三大通过了《十三大政治报告》《2011—2020 年经济社会发展战略实施总结及制定 2021—2030 年经济社会发展战略报告》《2016—2020 年经济社会发展任务实施评估和 2021—2025 年经济社会发展方向、任务的报告》，提出 2025 年南方解放和国家统一 50 周年摆脱中等偏低收入国家行列，2030 年建党 100 周年跨入中等偏高收入国家行列，2045 年建国 100 周年成为高收入发达国家。

革新开放以来，越南经济保持较快增长，经济总量不断扩大，三产结构趋向协调，对外开放水平不断提高，基本形成了以国有经济为主导、多种经济成分共同发展的格局。至 2021 年，主要经济数据如下。①国内生产总值 3 500 亿美元，人均国内生产总值 3 680 美元，国内生产总值增长率 2.58%，消费品价格上涨指数 1.84%，货币名称越南盾（Dong），汇率：1 美元 ≈23 190 越南盾（2022 年 6 月）。②越南工业生产指数增长 4.82%。主要工业产品有煤炭、原油、天然气、液化气、水产品等。③越南是传统农业国，农业人口约占总人口的 75%。耕地及林地占总面积的 60%。粮食作物包括稻米、玉米、马铃薯、番薯和木薯等，经济作物主要有咖啡、橡胶、胡椒、茶叶、花生、甘蔗等。2021 年越南农林渔业总产值占国内生产总值的比重为 12.36%，其中农、林、渔业增长率分别为 3.18%、3.88%、1.73%。④越南服务业近年保持较快增长，2021 年服务业占 GDP 比重为 40.95%，增长率达 1.22%。⑤近年来，越南交通运输业经过重组，服务质量提高，取得了较好的经济效益。2021 年，因新冠肺炎疫情影响，越南运输业发展受阻，其中国际航空客运量约 50 万人次，同比下降 93%，货运量约 110 万

---

[1] 越南社会主义共和国宪法（2013）[J]. 米良，译. 南洋资料译丛，2014（1）：23-43.

[2] 资料来源于越南通讯社网站。

吨，同比增长 21.3%。⑥ 2021 年，越南国家财政预算收入约 674 亿美元，国家财政预算支出约 810 亿美元，均超出预期 10% 以上。⑦越南和世界上 150 多个国家和地区有贸易关系。近年来越南对外贸易保持高速增长，对拉动经济发展起到了重要作用。2021 年进出口总额 6 685 亿美元，同比增长 22.6%，其中出口额约 3 362.5 亿美元，同比增长 19%，进口额 3 322.5 亿美元，同比增长 26.5%。越南主要贸易对象为中国、美国、欧盟、东盟、日本、韩国。主要出口商品有原油、服装、纺织品、水产品、鞋类、大米、木材、电子产品、咖啡。主要出口市场为欧盟、美国、东盟、日本、中国。主要进口商品有汽车、机械设备及零件、成品油、钢材、纺织原料、电子产品和零件。主要进口市场为中国、东盟、韩国、日本、欧盟、美国。⑧外资的进入对越引进先进生产技术和管理经验、推动经济增长、解决就业起到了重要作用。2022 年前 5 个月，越南吸引外资 117.1 亿美元。⑨ 1993 年国际社会恢复对越援助。2021 年越南共签署 12 项外国官方发展援助和优惠贷款协议，总金额 9.582 7 亿美元。[1]

越南积极参与多双边和区域贸易机制。越南是东南亚国家联盟（ASEAN）和亚太经济合作组织（APEC）成员，是亚欧会议（ASEM）的创始成员。2007 年加入世界贸易组织（WTO），标志着越南全面融入全球经济。越南已分别与中国、日本、智利、韩国、英国、欧亚经济联盟、欧盟等国家和地区组织签署自贸协定，并作为东盟成员国与中国、韩国、日本、印度、澳大利亚、新西兰等签署了自贸协定。在经贸协定的框架下，越南辐射东南亚甚至全球市场，融入全球公平、开放、以规则为基础的多边贸易体系、产业链、价值链。世界银行发布的《2020 年营商环境报告》显示，越南在全球 190 个经济体中排名第 70 位。达沃斯世界经济论坛（WEF）发布的

---

[1] 中华人民共和国外交部. 越南国家概况 [EB/OL]. [2022-12-19]. https://www.mfa.gov.cn/web/gjhdq_676201/gj_676203/yz_676205/1206_677292/1206x0_677294/.

《2019 年全球竞争力报告》显示，越南排名第 67 位。[1]

受全球新冠肺炎疫情的影响，在全球经济萎缩、东盟整体经济负增长的背景下，越南经济不但实现正增长，还维持了宏观经济稳定，越南因此被《经济学人》评为最成功的 16 个新兴经济体之一。为了保证经济继续向好发展，越南继续提供大量公共投资资金作为促进经济增长的主要资源和应对外国直接投资下降的重要补充，推动越南进行经济结构调整以保证经济实现可持续发展，同时大力吸引外资，发展外向型经济。一是通过《关于推动辅助工业发展措施的决议》，提出大力发展辅助工业，建立完整产业链。二是鼓励本土企业扩大生产规模，促进国内企业健康发展。三是出台《国家数字化转型计划：2025 年远景和 2030 年展望》《2021—2025 年协助企业数字化转型计划》，大力发展数字经济。四是通过了《投资法》和《企业法》修订案，进一步简化投资程序，改善营商环境。五是继续加入各类自由贸易协定，批准《越南—欧盟自由贸易协定》《越南—欧盟投资保护协定》等，签署《区域全面经济伙伴关系协定》和《越南与英国自由贸易协定》等，推动经济增长。[2]

四、民生与保障

社会民生是越南社会政策体系的基本支柱之一。越南宪法规定，公民有权享有社会民生的保障。自 1986 年以来，随着革新开放和经济转型的不断深入，越南民生和社会公平问题日益凸显，尤其是经济发展不平衡、贫富差距拉大引发了大量的社会矛盾，利益分配不合理，社会公平失衡，影

---

[1] 商务部国际贸易经济合作研究院、中国驻越南大使馆经济商务处、商务部对外投资和经济合作司. 对外投资合作国别（地区）指南：越南（2021 年版）[EB/OL]. [2023-01-16]. http://www.mofcom.gov.cn/dl/gbdqzn/upload/yuenan.pdf.

[2] 聂慧慧. 越南：2020 年回顾与 2021 年展望 [J]. 东南亚纵横，2021（1）：81-89.

响了社会政治稳定。为把经济增长和社会发展有机结合起来，解决对社会进步和公平有明显作用的紧迫问题，越南党和政府采取了一系列切实有效的措施。[1] 一是在全国开展消饥减贫运动，推出"消灭贫困工程"，通过中央和地方财政补助以及银行发放低息贷款，帮助山区和少数民族贫困户发展生产，实现脱贫。二是通过调整产业结构，发展第三产业，创造就业形式，鼓励自主创业，创造就业条件，加强劳动培训，增加就业岗位，失业率有所降低。2020 年，越南适龄劳动人口失业率为 2.26%，其中，城市失业率为 3.61%，农村失业率为 1.59%。[2] 三是建立和完善社会保障制度，建立社会保障基金，对国有企业下岗职工实行社会保障制度，建立失业保险制度，优抚烈士家属、革命有功人员，帮扶孤儿、残疾人、孤寡老人，救济灾区、贫困户。四是注重保护普通工人的利益，不断提高工人的最低工资标准，改善工人的劳动环境，减少劳动环境污染，防止劳动事故和职业病发生。越南将全国分为四个类别区实施不同的最低工资标准。一类区为河内和胡志明市，二类区为河内和胡志明市的农村地区以及芹苴、岘港和海防市区，三类区为省级城市及北宁、北江、海阳和永福市区，四类区为其他区域。根据越南政府关于劳动者最低工资标准的有关规定，2021 年 1 月 1 日起，一至四类地区月最低工资标准分别调整为 442 万越南盾（约 190 美元）、392 万越南盾（约 169 美元）、343 万越南盾（约 148 美元）、307 万越南盾（约 132 美元）。[3] 五是鼓励发展庄园经济，推动农业规模化生产，减轻农民负担，调整农业结构，提高生产效率，增加农民的收入。六是大力

---

[1] 窦效民. 越南关注民生与促进社会公平的举措 [J]. 郑州大学学报（哲学社会科学版），2012，45（6）：21-24.

[2] 商务部国际贸易经济合作研究院、中国驻越南大使馆经济商务处、商务部对外投资和经济合作司. 对外投资合作国别（地区）指南：越南（2021 年版）[EB/OL].［2023-01-16］. http://www.mofcom.gov.cn/dl/gbdqzn/upload/yuenan.pdf.

[3] 商务部国际贸易经济合作研究院、中国驻越南大使馆经济商务处、商务部对外投资和经济合作司. 对外投资合作国别（地区）指南：越南（2021 年版）[EB/OL].［2023-01-16］. http://www.mofcom.gov.cn/dl/gbdqzn/upload/yuenan.pdf.

实施惠民工程、安居工程、投资未来工程，改善城乡居民住房条件，保障教育资源优先向贫困地区配置，积极推进医疗卫生事业。据统计，2020 年越南全国医疗卫生保险覆盖率达 90%。[1] 七是多措并举促进社会公平，调节税收，转移支付，保护劳动者利益，保护合法收入，处理好公平与效益的关系。越南的这些民生政策和措施，在保障弱势群体的基本生活、维护社会和谐稳定、促进经济社会健康发展方面发挥了重要作用，总体上实现了经济增长与社会发展均衡并重。

五、交通与旅游

（一）交通运输

革新开放以前，越南交通运输业十分落后，结构不协调，分布不合理。革新开放以来，交通运输业经过重组，提高了服务质量，取得了较好的社会效益和经济效益，但交通运输仍为越南经济社会发展的薄弱环节。越南铁路主要有河内—胡志明市统一铁路线、河内—海防线、河内—同登线、河内—太原管潮线、河内—老街线、壮街—汪秘线，其中河内—胡志明市统一铁路线最长，是越南交通最重要的铁路干线，为南北线，河内—老街线、河内—海防线为东西线。铁路总长 3 161 千米，其中正线 2 646.11 千米，站线和岔线 515.46 千米，道岔 2 260 个，有人看守的道口 652 个，自动报警道口 380 个，设置警示标志的道口 486 个，民众自发形成的道口 4 172 个。[2] 2021 年 11 月，"一带一路"倡议重点项目越南城铁吉灵—河东线路

---

[1] 商务部国际贸易经济合作研究院，中国驻越南大使馆经济商务处，商务部对外投资和经济合作司. 对外投资合作国别（地区）指南：越南（2021 年版）[EB/OL]. [2023-01-16]. http://www.mofcom.gov.cn/dl/gbdqzn/upload/yuenan.pdf.

[2] 解桂海. 越南国情报告（2020）[M]. 北京：社会科学文献出版社，2021：244.

正式投入运营。这是越南开通运营的首条城市轻轨，也是"一带一路"倡议的一大重要成果。截至 2020 年，越南有国道 154 条，总长 2.486 6 万千米，省道 2.814 3 万千米，县道 5.703 3 万千米，城市道路 2.75 万千米。各类公路总长约 29.7 万千米，其中有 5.125 8 万千米已铺设沥青，约占公路总里程的 17%。[1] 越南具备通航能力的河道、水道约 4.2 万千米。[2] 据越南航海局 2019 年的数据统计，越南共有 281 个海运码头，年吞吐总量超过 5.5 亿吨。海防、岘港、巴地–头顿、胡志明市等地区的枢纽港口大都具备了接纳 3 万载重吨船舶的能力。[3] 近十年来，越南航空业保持了两位数的增长率，是全球增长速度最快的航空市场之一。据国际航空运输协会的报告，越南航空运输市场增长速度排名世界第七。国际机场有内排国际机场（河内市）、岘港国际机场（岘港市）、新山一国际机场（胡志明市）、吉碑国际机场（海防市）、金兰国际机场（庆和省）、莲姜国际机场（林同省）、富牌国际机场（顺化市）等，已开通连接国内主要城市及中国、韩国、日本、美国、泰国、马来西亚、俄罗斯、德国、澳大利亚、法国、英国、印度等国家的多条航线。

（二）旅游景点

越南地处中南半岛东部、南中国海西岸，国土狭长，地形地貌多样，风光旖旎，山清水秀，蕴藏着丰富的自然景观、历史文化，旅游资源非常丰富。革新开放以来，旅游基础设施日益完善，旅游品质逐步提高，国际国内游客数量明显增长，旅游业发展迅速，经济效益显著，旅游产业已上升为越南的支柱产业之一。2019 年，越南全年接待国际游客约为 1 800 万人

---

[1] 解桂海. 越南国情报告（2020）[M]. 北京：社会科学文献出版社，2021：244.

[2] 解桂海. 越南国情报告（2020）[M]. 北京：社会科学文献出版社，2021：245.

[3] 解桂海. 越南国情报告（2020）[M]. 北京：社会科学文献出版社，2021：243.

次，比 2018 年增加 250 万人次，同比增加 16.2%。国内游客总数逾 8 500 万人次，同比增加 500 万人次，增长 6.25%。旅游营业总收入为 726 万亿越南盾（约合 313 亿美元），比 2018 年增长 16%，成为世界旅游增长最快的 10 个国家之一。[1]越南国际旅游的主要客源国为中国、韩国、日本、美国、俄罗斯、马来西亚、泰国、澳大利亚、英国等，主要旅游景点有巴亭广场、还剑湖、西湖、河内文庙、统一宫、西贡市政厅、西贡歌剧院、红教堂、古芝地道、芽庄、越南老街等。

巴亭广场位于越南首都河内市市中心，可容纳 20 万人。宽阔的巴亭广场是越南人民崇敬的领袖胡志明主席宣读《独立宣言》、宣布越南民主共和国成立的地方，是越南举行集会和节日活动的重要场所。广场有数条辐射状的林荫大道与河内市区其他部分相连。长 1 000 多米、宽 24 米的雄王大道贯通广场。巴亭广场西侧高耸着胡志明纪念堂，东靠巴亭会堂，四周绿树萦绕，建筑围拱如壁。纪念堂西北是胡志明在河内的故居，西南有胡志明博物馆。博物馆前有越南独具一格的古迹之一独柱寺。从胡志明纪念堂沿雄王大道往北，右边是越共中央机关办公驻地，中央领导人也在这里会见外宾。雄王路左侧是主席府，是越南国家领导人会见外宾和举行重大活动的地方。主席府广场是外国高级代表团来访时举行欢迎仪式的地方。

还剑湖是河内众多大小湖泊中最著名的一个，位于市中心，南北狭长，呈椭圆形。湖岸四周树木青翠，浓荫如盖。湖水清澈如镜，幽雅娴静，平均水深 1.5 米左右。岸边伴有笔塔、和风塔、水榭等古建筑，水中有玉山祠、栖旭桥、镇波亭和龟塔等胜迹点缀。

西湖位于河内市西北部，面积 500 多公顷，是河内最大的湖泊。湖畔有镇国寺、真武观、金莲寺等许多寺庙、宫殿以及十三别墅、胜利宾馆等现代大型宾馆。

---

[1] 解桂海. 越南国情报告（2020）[M]. 北京：社会科学文献出版社，2021：289.

河内文庙位于还剑湖西南部，建于 1070 年，用以供奉周公和孔子等历史贤人，同时也是皇亲国戚的子孙读书的地方。文庙见证了中越两国文化教育交流的历史，越南历史上建立的国子监、国学堂、国学院、太学堂都与之密切相关。

统一宫位于胡志明市中心。统一宫是法国殖民者为了加强其在越南的统治，由当时的越南南部总督拉格兰蒂耶于 1869 年开始兴建的，最初名为诺罗敦宫，实际上也是法国在整个印支地区的总督府，是一座法国古典主义建筑。1954—1975 年是南方政府的总统府，改名为独立宫。1975 年 4 月 30 日，北越人民军的战车长驱直入独立宫，插上人民军的旗帜，这标志着漫长的越南内战终告结束。南北统一后，独立宫又改名统一宫。统一宫楼高四层，除地上三层和两栋楼阁外，地下还有一层，顶层还有可供直升机起降的机坪。宫内有 100 个装饰华美、富丽堂皇的大小厅堂，可满足外交、宴会、娱乐、居住、军事指挥等各种需要。庭院设计和建筑采用左右对称的布局，互相呼应，浑然一体。

西贡市政厅也被称为胡志明市人民委员会大厅，位于胡志明市市中心第一郡。该建筑于 1908 年落成，是一座具有浓烈法国风情的建筑，淡黄色的墙体上雕刻了很多西方神话人物，十分精美。西贡市政厅只有两层，虽然不高，但占地面积很大，白色的外观和建筑的细节雕刻，都体现着法国工艺的细致与精巧，可以说是整个胡志明市最美丽的建筑。晚间时分装置灯会开启，整个大厅变得格外美丽灿烂。

西贡歌剧院又被称为胡志明市大剧院，位于胡志明市市中心。歌剧院属于典型的哥特式建筑，1900 年建成，是专门用于举办艺术表演的多功能剧院。其内部装饰和外部浮雕都是依照 19 世纪末法国的剧院风格修建，建筑外观装饰精美，外墙上有各式各样的浮雕和花纹，正面巨型的拱门顶端是两位背生双翼的天使手扶管风琴的姿态，而拱门下方的两个立柱前则是两位女神，她们似乎要用双手将大门托起。整个建筑，构思独特，凸显了浪漫的法式风情。

红教堂是胡志明市最著名的地标之一。它位于胡志明市市中心,是天主教胡志明市总教区的主教座堂,也是该市最大的教堂。教堂原名西贡王公圣母教堂,建于1877年,为殖民时期留下的建筑。因其使用红砖建造故而得名。建造所用红砖全部从法国运来,百余年过去,色泽依然鲜艳,没有褪色或损坏。大教堂仿照巴黎圣母院钟楼的设计,正面的钟楼尖塔高58米,两座塔楼高达40米,造型匀称,庄严雄伟,直入云霄。教堂前还有一座重达4吨的圣母玛利亚雕像。教堂外部门廊等地方布满精美雕饰,内部四周均为小祈祷室,每一间的神龛、雕塑及装饰不尽相同,于变化中尽善尽美。

古芝地道是位于胡志明市古芝县富美兴乡西的一个地道系统,全长200千米,现存主体部分是越南战争时期由越南南方民族解放阵线建造。古芝地道在越南历次战争中发挥了巨大作用。古芝地道内建有医院、会议室、睡房、作战室等,规划极为完备,俨然一座地下村落。但是在战争年代,地下生活实际异常艰难。因此,该景点也用来教育人们要珍惜今天来之不易的和平生活。

芽庄位于越南中南部沿海地区,是庆和省省会,也是一座迅速发展的现代化沿海城市。芽庄三面环山,一面环岛,是优良的天然避风港湾。这里沙滩雪白,四周树木郁郁葱葱,海水清澈透底,而且有美丽的珊瑚礁。芽庄以其质朴的海滩、秀丽的风景和卓越的潜水环境吸引着越来越多的海滩旅游爱好者,亦成为众多国际赛事的重要场地。每两年一次的海洋节、2008年环球小姐选美比赛、2010年地球小姐以及2016年的亚洲海滩运动会都在这里举办。

越南老街与中国云南省河口接壤,两地以河为界。这条河在中国境内称为元江,在越南境内称为红河。坐落在红河岸上的老街,是越南北部边境的重要城市,曾以出产香料八角而闻名。老街曾是当年输送援越物资的大动脉之一。现在，中国边民从这里运回蔬菜、水果，而越南边民推着满载中国服装和日用品的自行车回走到这里，双方互相问好。随着"一带一路"倡议的推进和中国—东盟贸易的升温，雄伟的中越大桥又成为中越贸易的"丝绸之路"，中国的许多货物通过这里运往东南亚各国。

六、新闻与出版

（一）新闻

越南通讯社简称越通社，1945 年创立，1976 年与越南南方解放通讯社合并，成为统一后的越南国家通讯社。越南通讯社在全国各省市均设有分社，在中国、美国、俄罗斯、法国、老挝、柬埔寨、泰国等许多国家和地区也设有驻外分社。1998 年 8 月，越南通讯社开设互联网站，使用的语种有越南文、英文、法文、西班牙文、中文、俄文等。

越南设有越南之声广播电台、胡志明市人民之声广播电台等。越南之声广播电台直属于越南政府，成立于 1945 年，对内用越南语及数种少数民族语言播音，对外广播用越南语、华语（中国普通话、广东话）、俄语、英语、法语、西班牙语、日语、泰语、老挝语、柬埔寨语、印尼语、马来语等。越南之声广播电台的主要职能是宣传越南党和政府的路线、方针、政策，丰富越南人民的精神生活，加强越南人民和世界各国人民的沟通和交流。

越南电视台成立于 1970 年，是越南国家电视台，设有政治、经济、文化、社会、科技、教育、体育、娱乐、少数民族、青少年、国际、外语等频道。

（二）出版

越南报刊业较为发达，越南中央、各部门、下属机构以及地方省市，包括群众团体、宗教团体、专业协会、大学等都办有报纸、杂志。《人民报》是越南共产党的中央机关报，于1951年3月11日创刊。1998年6月21日《人民报》网站创立，2012年8月30日，《人民报》正式开通中文网站。《共产主义》月刊是越共中央政治理论刊物，1956年创刊，2001年创设电子版。《人民军队报》是越南人民军总政治局的机关报，创办于1941年，是越南仅次于《人民报》的第二大报。《全民国防》月刊是越共中央军事委员会和越南国防部的政治理论刊物。《大团结报》是祖国阵线中央机关报。《经济时报》是越南最具影响力的经济类报纸，是越南经济协会的机关报。《劳动报》是越南劳动者总联合会机关报。《前锋报》是越南胡志明共产主义青年团机关报。《妇女报》是越南妇女联合会机关报。《新河内报》是越共河内市委机关报。《西贡解放报》是越共胡志明市委机关报。

越南出版社主要有国家政治出版社、文化信息出版社、文学出版社、教育出版社、体育出版社、科技出版社、社会科学出版社、世界出版社等。革新开放以来，越南的出版、印刷行业有了长足的发展，出版物的数量、质量以及印刷技术都有了显著的提升，出版产品的内容、形式和题材也更加丰富新颖。马列主义经典著作、胡志明著作等政治类图书，科技、文学、艺术等专业类图书的出版进一步丰富，中小学及高等教育教科书以及教育类图书的出版需求得到保障。图书发行和进出口行业已形成了全国发行网络，海外图书市场进一步扩大。其中，越南教育出版社是越南500强企业之一。越南教育出版社成立于1957年，位于首都河内市，隶属于越南教育和培训部。越南教育出版社按照"母公司＋子公司"的模式进行经营。除了在河内的母公司外，还有胡志明市、岘港市以及教育制图、印刷、教育图书、教育音像、教学设备、高等教育、杂志社等分公司，覆盖越南全国各地。越南教育出版社的主要职责有：组织编纂、编辑、出版、印刷和发行各级各类学校教科书、教师参考书、教师工作手册、教育学术专著、学生学习材料、学生读物、各类考试用书、词典、教育教学杂志、地图、录像带、录音带、电子图书、数字产品等，服务于全国所有的教育机构和部门；配合教育和培训部的有关机构对学校图书馆及教育部门的出版活动进行管理与监督工作；按照国家及教育和培训部的规定，与国内外的组织和个人开展出版、印刷和营销领域的合作与合资，进行教育出版物交流、信息交流、专家交流、人员培训和相关进出口商品的生产和经营活动。越南教育出版社占据了越南出版市场的绝大部分份额，是越南经济规模最大的出版社，其中教科书占图书市场的份额就超过80%，相当于其他所有出版社总收入的一半。[1] 2018年1月11日，越南教育出版社举行成立60周年（1957—2017年）庆祝活动，越南国家主席授予出版社二等劳动奖章，政府总理致信，国会主席送花篮，表示特别的祝贺。[2] 世界出版社成立于1957年，当时为越南外文出版社，1991年11月改名为世界出版社。世界出版社主要出版越南文、英文、法文、俄文、中文、德文、西班牙文、世界语等多语种的人文社科类图书，同时出版多语种的人文社科类期刊。

[1] 王以俊. 越南500强企业——教育出版社 [J]. 东南亚之窗，2009（2）：63-64.
[2] 资料来源于越南教育和培训部网站。

第二章 文化传统

　　越南党和政府倡导建设先进的、具有浓郁民族特色的越南文化，强调发展文学艺术、发展各种大众文化传播媒体，同时吸收人类文化的精华，旨在满足人民多样化和健康的文化需求，以文化人，造就有文化、富有爱国心、具有团结精神、具有当家作主意识、具有公民责任的越南人。

第一节　历史人文

　　由于地理位置和特殊的历史渊源，越南古代长期深受中国文化的影响，而在进入近代后，又深受以法国文化为代表的西方文化的影响。因此，几千年来越南文化的发展过程实际上是一个多种文化博弈的过程，既是摆脱一些历史习惯和负担，又是在新的历史条件下确认和吸收多种文化中的精髓部分的一个过程。[1]

---

[1] 钟珊. 近代越南文化的变迁 [J]. 东方论坛，2013（5）：52-57.

一、国家历史

（一）远古时代

越南境内在远古时代已有人类活动的痕迹，在谅山的平嘉发现猿人牙齿、清化的度山发现旧石器时期的工具。到中石器时期及新石器时期，北部地区出现过数种文化遗址，如"和平文化"（在和平省）、"北山文化"（在谅山省北山）等，当时的先民利用石器、竹木器、陶器等物品，从事狩猎及采集，但因这些文化的相关文物出土量少，未能全面反映当时状况。南部地区的东那江下游，曾于新石器时代后期与青铜器时代之间，出现聚落、作坊及墓葬遗址，被命名为"新石器时代后文化"，年代约在公元前4500年至公元前2400年。该文化使用大量石器，但主要是实用、装饰性不高的器物。越南北部发现了以铜鼓为主要特征的"东山文化"。"东山文化"的出土遗物数量多，种类繁多，有铜器、陶器、玉器、石器、水晶、铁器、木器等。东山文化大量使用铜，例如，用铜制作铜鼓和农具。东山文化也具有一定的航行技术，能制造较大型的船只，辅以天文知识远航。

（二）古代国家的雏形

传说中的文郎国和瓯雒国是越南古代国家的雏形。古代越南北部属于中国百越中的雒越之地（又作骆越，是越南主体民族京族的祖先）。根据越南的神话传说，越南最早的王朝是鸿庞氏王朝。鸿庞氏是中国神农氏的后代，获封为泾阳王，治理南方，号赤鬼国。泾阳王娶洞庭君龙王之女，生下雒龙君（名崇缆）。越南人称雒龙君为百越之祖，而其长子则称为雄王（又作骆王、雒王），继承王位，建立文郎国。传说中的鸿庞氏王朝历18代，时间从公元前 2879 年至公元前 258 年，共 2 622 年。[1] 因此，越南人自称是雄王子孙或龙子仙孙。公元前 257 年，中国蜀国末代王子蜀泮率领其族民，灭文郎国，建立瓯雒国，并自称为安阳王。安阳王在位约 50 年，至公元前 208 年，瓯雒国被中国秦朝兼并。[2] 关于文郎国和瓯雒国的说法都来自古代的传说，还有待于文字和史料的证实。

（三）北属时期

公元前 214 年，中国秦朝皇帝秦始皇派大军占领今日的广西、广东、福建，征服当地的百越诸部族，完成平定岭南的大业，整个岭南由此划入了秦朝的版图。秦朝在这一带设立了桂林郡、象郡、南海郡三个郡，象郡所辖范围包括现今越南北中部地区。秦朝末年天下大乱，公元前 207 年，秦朝南海尉赵佗（原籍恒山郡真定县，今河北省正定县）自立为南越武王（后改称"南越武帝"），并攻占了象郡和桂林郡，实行郡县制度，建立了南越国，首都在今广东广州番禺，今越南中北部是当时南越国的一部分。中国汉朝建立后，赵佗于公元前 196 年接受汉朝赐予的"南越王"封号，称臣于汉，南越国成了汉朝的藩属国。赵佗建立的南越国，实际上是汉族统治者建立的一个地方割据政权。赵佗仿效汉朝制度，在岭南引入中原农耕技术与先进文化，大力发展水稻种植，使岭南社会形态从原始社会分散的部落，一跃跨入农耕文明社会的有序发展。赵佗因此也受到了当地人民发自内心的尊敬。公元前 111 年，汉朝皇帝汉武帝灭南越国，设南越旧地为交州，并置南海、苍梧、郁林、合浦、九真、日南、珠崖、儋耳、交趾九个郡。其中的交趾、九真、日南三郡即是今越南的北部和中部。这些地区在中国先进文化的影响下，社会经济和文化迅速发展起来，由原始社会过渡到封建社

[1] 滕成达，潘艳勤. 越南 [M]. 大连：大连海事大学出版社，2019：14.

[2] 利国，徐绍丽，张训常. 越南 [M]. 3 版. 北京：社会科学文献出版社，2015：77.

会。汉武帝实行"罢黜百家，独尊儒术"的政策，对越南也产生了深远的影响。经两汉时期经略和治理交趾、九真的地方官吏的大力倡导，儒家学说得以在当地传播。例如，两汉时期交趾太守锡光、九真太守任延，教民礼仪，传播汉文化，成绩卓著。影响最大者，当推东汉末交趾太守士燮。士燮治理交州 40 年，精通《尚书》《左传》，颇有造诣，传播儒学，奠定了后来越南儒学发展的基础。越南旧史尊士燮为"士王"。679 年，唐朝把交州都督府改为安南都护府，辖 12 个州、59 县，越南称安南从此开始。10 世纪，中国进入五代十国时期，四分五裂，安南开始脱离中国封建王朝的控制。938 年，吴权在"白藤江之战"中击败中国南汉，于 939 年称王，史称前吴王，建立吴朝，这是越南（交趾）脱离中国封建王朝之始。但吴权只有称王没有建立国号，且未能有效统治越南北部。968 年，丁部领以武力征服安南境内的割据势力，建立丁朝，定国号为大瞿越。这是越南历史上第一个正式国号。从公元前 214 年至公元 968 年，在前后长达 1 182 年的时间里，今越南北中部一直是中国秦朝、汉朝、东吴、晋朝、南朝、隋朝、唐朝、南汉的一部分，处在中国封建王朝的直接统治之下。中原先进的生产工具、生产技术和政治制度、社会文化不断传入交趾，促进了当地社会经济的不断发展。越南独立后将这一时期称为"北属时期"或"郡县时代"。

（四）自主时期

968 年，大瞿越国建立，越南（交趾）正式独立，开启了越南历史上的自主封建时期。两年后（970 年），丁部领又自称先皇帝，定都华闾（今宁平省宁平市），后来接受中国皇帝宋太祖册封为交趾郡王。宋朝皇帝承认大瞿越是自治的藩属国而不再是宋朝直接统辖的领土。自主时期的越南成为中国的藩属国，但仍未脱离中华文化的影响，使用汉字，采用古代中国的政治制度，建立了多个封建王朝。越南诸朝表面上对中国称臣，对内则自称皇帝，历史上称之为"外王内帝"。980 年，黎桓建立前黎朝，并击退了中国北宋军队的进攻。993 年，宋朝册封黎桓为交趾郡王，后又加封其为南平王。1009 年，李公蕴夺取帝位，建立了李朝，次年把京都迁到大罗城并改大罗城名为升龙（今河内）。从此以后，升龙成为越南封建社会的政治、经济、文化中心。1010 年，李公蕴（李太祖）遣使奉贡，宋朝册封他为交趾郡王。李朝按照宋朝制度设置国家为多路的管理模式，每路有两三府和许多州，州下有县，县下有乡、峒、寨等。皇帝是中央政权机构的最高权力代表，其下是文官和武官，各为九品。文官有太师、太傅、太保、左右枢密使、左右参知政事、中书侍郎、左右谏义大夫等。武官有太尉、都统、上将军、大将军、左右金吾、诸卫将军、指挥使等。李朝有十分强烈的独立意识，希望摆脱中原封建王朝的控制和统治，因此加强军事力量建设，北侵宋朝、南侵占婆（又译占城，今越南中南部古国）。1054 年，李朝第三代皇帝李圣宗将国号由大瞿越改为大越，其后的陈朝、后黎朝等也都使用该国号，一直到 1804 年。大越是越南历史上使用最久的国号。1174 年，中国南宋王朝改称交趾郡为安南国，封李英宗为安南国王，进一步承认大越的独立地位。1225 年，陈朝取代李朝。1229 年，陈朝遣使入宋请封纳贡，宋朝封陈太宗为安南国王。1272 年，学者黎文休编撰完成首部越南正史典籍《大越史记》。《大越史记》采用编年体例，用汉语文言文写成，共 30 卷。该书虽已散佚，但开创了越南修本国史的先河。中国元朝建立后，进攻越南，被陈朝击败。战后，陈朝遣使向元朝朝贡修好，以示臣服。李朝、陈朝时期，大越多次与占婆、真腊（今柬埔寨）等邻国发生战争，逐步向南扩张了大片领土。1400 年，陈朝君主遭外戚胡季犛篡位，胡朝建立。1407 年，中国明朝应陈朝遗臣的请求推翻了胡氏政权。中国军队顺势收复了越南，改地名为交趾，设置交趾都指挥使司、承宣布政使司、提刑按察使司等官署，再次进行了直接统治，史称"安南属明时期"（1407—1427 年）。1428 年，黎利打败明军、承诺维持与明朝的宗藩关系之后，大越恢复了独立，建立了后黎朝（1428—1527年）。1431年，明朝册封黎利为安南国王。1446—1471年，后黎朝3次出兵占婆，吞并了占婆三分之二的国土，疆域进一步向南大举扩张。1479年，黎圣宗发兵18万攻打老挝，侵占了王都琅勃拉邦，设镇宁府。根据黎圣宗的旨令，学者吴士连在前人黎文休《大越史记》和潘孚先《史记续编》的基础上，于1479年撰成《大越史记全书》15卷。《大越史记全书》是越南的编年体通史，以汉语文言文编撰完成，收录了自鸿庞氏时代以来的传说及史实，是研究越南历史最重要的史书之一。该书最后于1697年，由黎僖负责增补至后黎嘉宗德元二年（1675年）的史事，为全书最后修订本。1527年，莫登庸篡夺后黎朝，建立莫朝。1531年，后黎朝在郑、阮两大家族的支持下复辟（又称中兴黎朝），与莫朝对峙，越南开始进入了南北分裂时期。1592年，后黎朝灭莫朝，名义上统一全国，但越南继续分裂，北部由郑氏家族控制，南部则由阮氏家族控制，两大家族不断发生战争，史称"郑阮纷争"。而名义上的共主——后黎朝皇帝则是傀儡，处于郑氏控制之下。1661年，南阮进一步侵略占婆，在占婆的土地上建立了富安府。1693年，南阮再次进攻占婆，活捉占婆国王，占婆国就此灭亡，它的全部领土都被大越吞并。占婆灭亡以后，真腊成为大越统治者进一步侵略的目标。1698年，南阮废黜了水真腊（湄公河三角洲一带，又称"下柬埔寨"）国王，设置了嘉定府（今胡志明市），驻兵镇守，真腊的半壁河山——富饶的湄公河三角洲成了大越的版图。1771年爆发西山起义，阮文惠三兄弟先后灭阮、郑，统一全国，建立西山朝。后黎朝末代君主黎维祁逃往中国，请求清军援助其复国。西山军在1789年击退了清朝援助军，后黎朝彻底灭亡。1802年，原阮氏家族的后代阮福映在法国的支持下灭西山朝，建立了越南最后一个封建王朝阮朝（1802—1945年），定都顺化。1803年（清嘉庆八年），阮福映遣使到宗主国中国，请求改国号"大越"为"南越"。清廷认为"南越"这个国号的字面含义与阮氏政权统治范围不符，因为在中国历史上曾有"南越"存在，那就是秦朝末年南海尉赵佗建立的南越国。南越国全盛时疆域包括今中国广东、广西（大部分地区）、福建（一小部分地区）、海南、香港、澳门和越南北部、中部的大部分地区。因此，嘉庆皇帝下赐国号"越南"，并于1804年册封阮福映为"越南国王"。越南国名由此得来并一直使用至今。阮朝进一步扩张，吞并了从嘉定到河仙的原属真腊和老挝东北部的大片土地，使越南的版图扩展到湄公河畔，南抵金瓯角，西部边界越过了长山山脉，基本确立了当今越南的版图。

（五）殖民时期

19世纪中叶，法国开始侵略、蚕食越南。1858年，法国以保护传教士和天主教徒的名义，炮轰越南中部的土伦港（今岘港），发动了对越南的殖民侵略战争。腐朽的阮朝抵抗不住洋枪、洋炮的进攻，节节败退，国土逐步沦陷。1862年，阮朝被迫签订第一个《西贡条约》，条约规定：割让南圻（越南南部）东部嘉定、定祥、边和三省和昆仑岛，开放土伦、巴喇、广安三港为商埠。条约还规定越南必须通过法国才能与其他国家进行交涉。第一个《西贡条约》是越南开始沦为法国殖民地的标志，使法国初步控制了越南的内政与外交大权。1867年，法国出兵占领了南圻的永隆、昭笃、河仙三省。同年6月，法国当局宣布南圻六省为法国领地，法国完全控制越南南圻，以西贡为中心形成武官军事统治，交趾支那殖民地建立。但法国并不满足于对越南局部的占领，继续挥师越南中圻（越南中部）和北圻（越南北部）。1873年，法国攻陷河内。1874年，法国迫使越南签订第二个《西贡条约》，规定由法国主持越南的外交，借以否认中国的"宗主权"和确立法国在越南的特权地位。越南进一步丧失了外交自主权，殖民地化的程度进一步加深。1882年，法国殖民者攻陷并强占河内城。1883年，法军迫使阮朝签订第一个《顺化条约》，规定越南受法国保护，外交权转让法国。

1884 年，法国又迫使阮朝签订《巴德诺条约》，即第二个《顺化条约》。条约规定：越南政府交出附属中国的大印，并当众销毁；越南所有的财政权、税收权、司法权、立法权和行政权转让给法国。就在阮氏朝廷向法国节节退让的同时，清朝与法国就越南问题展开正面较量，越南境内亦掀起激烈的反法斗争。1883 年中法战争爆发。当时中国虽有冯子材所率部队和刘永福所率黑旗军等援越抗法，在河内大败法军，使法军胆破心惊，但越南官员却态度消极，法军前进到什么地方，那里的阮朝官吏就望风归降。1885 年，中法战争结束，中国清政府与法国签订《中法会订越南条约》(《中法新约》)，放弃了对越南的宗主权。通过该条约，法国不仅获得了在越南的军事、政治、经济、外交主权，还彻底割断了越南同中国长达约 900 年的藩属关系。1887 年，以越南为主体的法属印度支那联邦建立，这标志着法国在越南统治地位的正式确立。至此，阮朝名存实亡，越南完全沦为法国的殖民地和保护国。法国的印度支那联邦总督则驻扎西贡（今胡志明市，1902 年后改驻扎河内），对越南、老挝、柬埔寨进行殖民统治。从 1904 年开始，越南的资产阶级民族主义革命家潘佩珠流亡海外成立维新会，试图推翻法国殖民政权，但遭遇失败。1930 年 2 月 3 日，越南无产阶级革命家胡志明受共产国际的委托，在中国香港九龙召开会议，将印度支那共产党、安南共产党和新越共产主义联盟三个组织合并为统一的越南共产党。政治纲领提出的革命目标是，打倒法国帝国主义和封建集团，使祖国完全独立。同年 10 月，越南共产党改名为印度支那共产党，并开始在北越领导反殖民斗争。第二次世界大战初期，法国被德国攻占，印支殖民政府亦力量薄弱，日本便趁机进军越南。1940 年，日军进袭谅山，击败法军，法国殖民政府不敌，只得让日本在印支据有支配地位。日本的入侵激起越南人民反抗，印度支那共产党于 1941 年组成越南独立同盟（简称"越盟"），领导越南人民掀起了反抗日本侵略者的革命高潮。1944 年 12 月 22 日，越南解放军宣传队在高平省密林中成立。

（六）民主共和国和社会主义共和国时期

越南人民经过抗法、抗日的长期艰苦斗争，于 1945 年取得"八月革命"胜利，将日本逐出越南，阮朝末代皇帝保大帝亦宣布退位。1945 年 9 月 2 日，胡志明在河内巴亭广场发表《独立宣言》，宣布越南从"日寇"手中夺回政权、废除君主制、脱离法国统治，建立越南民主共和国（即北越），并废除了与法国签订的所有旧约，取消了法国在越南的一切特权。1945 年 9 月 23 日，法国殖民军卷土重来，侵占西贡。9 月 26 日，胡志明致函号召南方同胞奋起抗战，号召全国支援南方。此后，越南人民又进行了历时 9 年的抗法战争。1949 年，越南南方在法国的扶持下建立"越南国"，由保大帝出任国家元首。新中国成立后，中越两国于 1950 年 1 月 18 日建交，中国开始向越南无偿提供资金和物资。1951 年 2 月，印度支那共产党更名为越南劳动党，越南军队正式定名为越南人民军。1954 年 3 月 13 日，北越与法国之间的奠边府战役打响。5 月 7 日，在中国的援助下战役以北越胜利结束。越南取得"奠边府大捷"后，1954 年 7 月 21 日，有关结束越南、老挝、柬埔寨战争的印度支那问题的《日内瓦协议》得以签署。《日内瓦协议》规定，越南以北纬 17 度为界，进行南北分治，北方由胡志明领导，南方由保大帝领导。1955 年 7 月 17 日，美国撕毁了《日内瓦协议》，取代法国在越南南方的地位。吴廷琰在美国支持下发动政变，废黜保大帝，自己当了总统，建立越南共和国（即所谓"南越"）。1961 年，越南战争爆发，美国与韩国、菲律宾、泰国、澳大利亚、新西兰等国组成联军，参加了这场战争。1964 年 8 月，美国制造了"北部湾事件"，开始轰炸越南北方。1965 年 3 月 8 日，美国海军陆战队在岘港登陆，引发大规模的越南战争。中国和苏联等国出动军方和大量民力、物资，援越抗美。1969 年 9 月 2 日，胡志明逝世，享年 79 岁。1973 年 1 月 27 日，《关于在越南结束战争恢复和平的协定》（即《巴黎协定》）签订，美国承认越南民主共和国在国际上的法律地位，退出越南战争，同年 3 月从越南南方（越南共和国）撤出全部军队及同盟者军队和军事人员。1975 年 4 月 30 日，西贡被北越与越南南方民族解放阵线占领，越南共和国灭亡。1976 年 7 月 2 日，越南南北宣布统一，越南社会主义共和国成立。1976 年 12 月，越南劳动党召开四大，决定改名为越南共产党。1977 年 9 月，越南加入联合国。20 世纪 70 年代末，因边境冲突，中越关系进入低潮。1986 年，越共领导人黎笋去世后，长征、阮文灵先后继任越共总书记，实行革新开放，对外调整与中国及东盟邻国的关系，对内进行经济体制改革，使越南走上正确的发展道路。1991 年，中越关系恢复正常化。1995 年，越南与美国建交。1995 年，越南加入东南亚国家联盟（简称"东盟"）。1998 年，越南加入亚太经合组织。1999 年，中越双方确认了两国"长期稳定、面向未来、睦邻友好、全面合作"的"十六字方针"。1999 年 12 月，中越签署《中越陆地边界条约》。2001 年，越共九大确定建立社会主义定向的市场经济体制。2006 年，越南加入世界贸易组织。2008 年，越南担任联合国安理会轮值主席。2020 年，越南首次同时担任东盟轮值主席国和联合国安理会非常任理事国。2021 年 1 月，越南共产党召开了第十三次全国代表大会，选举产生了新一届越共中央领导集体。2021 年 7 月，越南第十五届国会第一次会议选举产生了新一届越南国会主席、国家主席、政府总理等国家领导人。

二、文化遗产

（一）物质文化遗产

1987 年，越南加入《世界遗产公约》。1993 年，越南拥有了该国首项世界遗产——顺化古建筑群。目前，越南共有 8 项世界物质文化遗产，数量在东南亚国家中仅次于印度尼西亚，位居第二。其遗产类别在东南亚则是最为丰富的，包含了文化、自然、复合全部三种。

顺化是越南承天–顺化省的省会，位于越南中部，西依长山山脉，东距南海 8 千米，蜿蜒清澈的香江穿城而过。从 17 世纪到 20 世纪 40 年代的 300 多年间，顺化曾先后为越南旧阮、西山阮和新阮封建王朝的都城，是越南的三朝古都，具有悠久的历史文化和保存完好的古建筑。顺化古建筑群包含了防城、皇城和紫禁城、皇陵（嘉隆陵、明命陵、绍治陵、嗣德陵、育德陵、同庆陵、启定陵）、南郊坛、天姥寺塔、文庙及武庙、玉盏殿、虎圈及龙舟庙、镇平台（守城要塞）、镇海城（保护顺化免遭海上袭击）等众多的历史古迹。顺化京城面对香江，背靠御屏山，总体布局模仿中国都城形制，城池平面为方形。皇城参照北京紫禁城的建筑风格，是顺化京城最主要的部分，俗称"大内"。皇城按棋盘式样布置，按"男左女右，左文右武，前左后右，主中次侧"的原则排列。殿宇的高度受严格等级规定，并按功能划区，筑高墙隔离。虽然顺化皇城在数次战争中遭到严重破坏，但仍是越南现存规模最大的古建筑群。顺化古建筑群将东方哲理和越南传统结合在一起，与自然环境和谐地融合，其艺术与建筑、城市规划与景观布局是亚洲封建时代晚期城市的重要代表。金碧辉煌的宫殿、巍峨的城郭都使越南人引以为豪。1993 年，顺化古建筑群被联合国教科文组织作为文化遗产列入《世界遗产名录》。

下龙湾意为龙下海之处，是越南北方广宁省的一个海湾，是越南的国家旅游名片，也是该国第一项世界自然遗产。下龙湾由大量的石灰石岛屿和从海上升起的小岛组成，大小和形状各异，呈现出风景如画的自然景观，是大自然雕刻的杰作，也是世界上同类景观中的佼佼者。下龙湾与桂林山水有异曲同工之妙，因此到这里旅游的中国客人都亲切地称下龙湾为"海上桂林"。下龙湾比较有名的山峰有斗鸡山、诗山、青蛙山、马鞍山、蝴蝶山、香炉山、木头山等。下龙湾的美景最适合乘坐观光船在岛与岛之间来往参观，游客会发现每个岛都有不同的形状，像一座座天然的楼台，嶙峋的山石和幽暗的山洞是产生神话故事与优美传说的地方。海面上凸出来的奇形怪状的锯齿状石灰岩柱、无数变化多端的洞穴、洞窟和随处可见的舢板及帆船，更是增色不少。1994 年，下龙湾被联合国教科文组织作为自然遗产列入《世界遗产名录》；2011 年，被列入"世界新七大自然奇观"。

会安古城位于越南中部，属广南省，距岘港市约 30 千米，是一处保存极其完好的亚洲传统贸易港。5 世纪，在占婆国时期，会安曾是一座港口。发展到 16 世纪，这里演变成东南亚最重要的贸易交流中心之一。由于古代贸易交往的缘故，中国、日本、东南亚各国，甚至欧洲的商船经常出入会安港，故在会安经商的中国人及日本人很多。因此，当局允许在这里分别建立华人和日本人居住的单独街道。在会安，到处是中式、日式建筑，还有为数不少的带有越南民族特色的优美建筑和法式古典建筑，而且保存完整，既没有遭到战火的破坏，也没有因修建高楼大厦而被拆除。陈旧铺屋，小桥流水、百年会馆、古旧风韵，让游人对会安留下深刻的印象。1999 年，会安古城被联合国教科文组织作为文化遗产列入《世界遗产名录》。

美山圣地又名圣子修道院，修建于 500 年，位于越南中部广南省维川县维富乡美山村。该地区是曾经统治越南中南部地区长达 14 个世纪的占婆国的统治中心。圣子修道院因曾有多达 70 座塔庙林立而被当作一个神圣的地方，它囊括了现存的占婆国时期最古老、最庞大的建筑群。4—13 世纪，占婆国修建了以红砖和砂岩为主材的砌砖结构塔庙 70 余个，形成了独具一格的塔庙建筑群。尽管几经战火摧残变成了废墟，但美山圣地所遗存下来的雕塑和建筑物都富有占族美术史上各发展阶段的特色，一定程度上代表了占婆乃至东南亚地区建筑文化的全盛时期。塔庙建筑风格因历史时期而异，也因供奉神祇和朝代而异，但每一座塔庙都由塔基、塔身和塔顶三部分组成。塔基意味着凡尘世界，塔身象征着神灵世界，塔顶装饰多为花叶、草木、鸟类、大象、狮子等形状。圣子修道院是一处非同寻常的文化交流场所，是东南亚最重要的印度教寺庙建筑群之一，正是通过这里，印度教建筑结构被引进东南亚地区。1999 年，美山圣地被联合国教科文组织作为文化遗产列入《世界遗产名录》。

丰芽–格邦国家公园是越南面积最大的公园，位于越南广平省。丰芽–格邦国家公园的喀斯特地貌约从 4 亿年前开始形成，是亚洲最古老的喀斯特地貌之一。由于剧烈的地壳运动，其喀斯特地形异常丰富。公园面积广阔，一直延伸到老挝边界，沿途布满了岩洞和地下河。据说，游人在洞内如果遇到地下发出轰隆声，旋风呼啸，就应急速出洞，否则，水位上升，转眼洞口封闭，就会葬身洞中。公园中的岩洞深邃宽大，洞中套洞。洞口水色深黛，洞内溪流清澈。洞中景色奇妙，有的两侧石壁色彩缤纷，钟乳石光怪陆离，呈现出巨象、狮子、凤凰、麒麟、仙人弈棋、琼楼玉宇等千形万状的景物；有的钟乳石层层叠叠，犬牙交错，构成石林美景；有的形如洼地，周围石壁耸立，如入深幽山谷；并有岩壁水珠下滴和水波叩击岩岸所发出的音响，交织成天然乐曲。洞内还有古代占族人供祀的丰芽洞守门金刚的遗迹，岩壁刻满古代占族文字。2003 年，丰芽–格邦国家公园被联合国教科文组织作为自然遗产列入《世界遗产名录》；2015 年，遗产区进一步扩展。

升龙皇城位于首都河内市中心，是由李朝建造的皇城文化建筑群，后由陈朝、后黎朝和阮朝进行不同程度扩建，在部分华语地区又被称为河内故宫。1010 年，越南李朝的初代帝王李太祖迁都大罗城（今河内）。据说，当年李太祖看见红河上升起蛟龙，故将大罗命名为"升龙"。初时先利用这座城及其现成建筑，后来才修缮、增建新宫殿。升龙自李朝建都以来，曾长期是越南经济、文化、交通中心，也是陈朝、后黎朝、莫朝的首都。升龙城由外而内分为三层：外城称罗城或京城；中城为皇城，是朝廷命官住宿和办公之地；内城为紫禁城，只服务于皇帝。1 000 多年来，河内升龙城见证了越南历代封建朝代的变迁，许多历史时期的遗迹和文化在这里交叠，成为十分独特的人类文化、雕刻艺术、建筑艺术、建设技术和造景艺术的交汇之地。著名景点包括正北门、敬天殿、古旗台等。2010 年，河内升龙皇城被联合国教科文组织作为文化遗产列入《世界遗产名录》。

胡朝城堡位于越南中北部的清化省，是越南重要的文化、历史遗迹，也是东南亚最大的古石城。清化曾是越南胡朝和南北朝时期黎郑政权的首都，曾长期作为越南中部的政治、经济和文化中心。胡朝城堡由胡朝统治者于 1397 年所建，城堡建在连接长山与东山山脉的轴线上，位于马江与八里河之间的平原上一片风景秀丽之处。城墙和四道正门均以精巧雕刻的方形绿片岩建成。其特别之处是将数十吨重的巨型石块层层堆砌，不使用黏合剂。城堡吸收了越南的建筑成就，融合了东南亚和东亚特别是中国的建城传统，在越南的城市规划、建筑史上，尤其是石城技术史上占有重要位置。600 多年来，胡朝城堡屹立不倒，历经了时光的消磨、风吹雨打，依然保存得较为完好。2011 年，胡朝城堡被联合国教科文组织作为文化遗产列入《世界遗产名录》。

长安名胜群位于越南红河三角洲南部的宁平省，包括华闾古都国家级特别遗迹区、长安名胜–三谷–碧洞国家级特别遗迹区以及华闾特用林区三处主要保护区。华闾是 970—1010 年越南的都城，丁朝、前黎朝均在此建都。李太祖迁都升龙（今河内）后，改华闾为长安府。长安名胜群有寺庙、佛塔、稻田以及村庄和祠堂等各类人文景观。在长安地区形成过程中，高山、岛屿经海水冲刷侵蚀，形成了典型的喀斯特地貌。这里溶洞的种类及形态丰富多样，洞里的钟乳石千姿百态。考古工作者在位于不同海拔的洞穴中发现了持续时间超过 3 万年的人类活动痕迹，这些遗迹展示了从事季节性狩猎和采集的原始居民适应气候和环境变化的历程。长安名胜群地貌的特殊形成过程及丰富展现，反映了地貌变迁和人类活动的印迹，自然景观与人文景观和谐共存。2014 年，长安名胜群被联合国教科文组织列入文化与自然双重《世界遗产名录》，是越南唯一的世界文化和自然复合遗产。

（二）非物质文化遗产

越南共有 14 个非物质文化遗产被联合国教科文组织列入《世界人类非物质文化遗产代表作名录》，分别为顺化宫廷雅乐、西原锣钲文化空间、北宁官贺民歌、歌筹、荣圣（扶董天王）庙会、春曲、雄王祭祀信仰、南部才子弹唱、义静喻唱、拔河比赛和比赛仪式、三府祀母信仰、中部发牌唱曲艺术、岱侬傣三族天曲、傣族群舞等。这些遗产有助于丰富越南各民族的特色，提升越南文化在国际上的地位和影响力，也能为拥有遗产的各地实现可持续发展做出积极贡献。

顺化宫廷雅乐又名越南雅乐，是越南宫廷精品音乐。雅乐始于胡朝，阮朝继承已成型的升龙宫廷音乐艺术，并发展提升到一个崭新的顶点。顺化宫廷雅乐沿用升龙宫廷音乐的许多通用乐器，如月琴、古筝、琵琶、二弦、胡琴以及铁琴、云板筒、李朝的板鼓和编钟、编磬、陶埙、箫笛、竹琴等，并与后黎朝传入的中华八音乐相结合。在越南丰富的音乐形式中，顺化宫廷雅乐具有很大的影响力。2003 年，顺化宫廷雅乐被联合国教科文组织列入《世界人类非物质文化遗产代表作名录》，这是越南的首个世界非物质文化遗产。

西原锣钲文化空间覆盖了西原地区昆嵩、嘉莱、得乐、得农和林同 5 省。此种独特的文化类型的主人是生活在越南中部高原地区、属于南亚语系和其他南岛语系的一些少数民族。他们的主要信仰来源于对祖先的祭拜以及对萨满教和万物的信仰。这些信仰与日常生活和季节周期紧密相关，并组成了一个神秘的世界。锣钲在这个神秘的世界中被认为是人类、神和超自然的世界之间交流的桥梁。几乎每个家庭都有一面锣或钲，有的家庭甚至有几面。锣钲是家庭财富的象征，也是确认家族威望高低的标志，同时还是每个家庭的护卫者。2005 年，西原锣钲文化空间被联合国教科文组织列入《世界人类非物质文化遗产代表作名录》。

北宁官贺民歌是越南辽阔的北部三角洲最具有特色的民歌调子，是越南民歌宝库中旋律最丰富、婉转、抒情的一种民歌体门类，主要在今越南北部的北宁、北江省一带流行。官贺的产生源自"结义"这一习俗，这是越南先民的一种习俗。通过这一习俗，两个邻近的村子互相结义为兄弟村，世代相传，分忧享乐，互相帮助。每年，两村村民聚在村亭祠联欢，伴以唱祝歌、对歌、交缘歌，这种唱法统称唱官贺。至19世纪，北宁官贺民歌的名称才正式定下来。2009年，官贺民歌被联合国教科文组织列入《世界人类非物质文化遗产代表作名录》。

歌筹是越南北部一种复杂的唱诗形式，使用越南民族乐器进行伴奏。不同形式的歌筹可以实现不同的社会目的，其中包括为拜神而歌唱、为娱乐而歌唱、在皇宫歌唱以及竞技性歌唱。民间艺人通过口头和技术传播手段，传承歌筹作品中的音乐和诗词。歌筹自15世纪兴起，一直延续至今，对越南北部平原社会文化生活产生了巨大影响。2009年，歌筹被联合国教科文组织列入《世界人类急需保护的非物质文化遗产名录》。

荣圣庙会（扶董天王庙会）是纪念越南民间神话传说中的"四圣不死"中的荣圣（扶董天王）的盛大庙会，是越南北部三角洲影响巨大的庙会。每年，荣圣庙会在河内及其附近举行，其中的两个重要地点是荣圣飞回上天之地的朔庙（于农历正月初六至初八举行）和荣圣出生地的罜董庙（于农历四月初八至初九举行）。2010年，荣圣庙会被联合国教科文组织列入《世界人类非物质文化遗产代表作名录》。

越南春曲原是越南富寿省各乡村每年春天庙会在祠堂大院演出的民间歌曲，因此称为春曲，是一种包含音乐、唱咏和舞蹈的综合艺术表演形式。春曲起源于雄王时期，历史悠久。据传说，为了表达对各位雄王的诚敬之心，富寿省居民每年春天农历正月和二月某些固定的日子，都会在祭祀雄王的寺庙或祠堂大院演唱民歌，形成传统，流传至今。2011年，春曲被联合国教科文组织列入《世界人类急需保护的非物质文化遗产名录》；2017年，被联合国教科文组织列入《世界人类非物质文化遗产代表作名录》。

雄王祭祀信仰是与祭祀祖先息息相关的民间礼仪，是越南人精神生活中最重要的礼仪之一。雄王被越南人奉为"国祖"。每年农历三月初十的雄王节，人们在全国各地的雄王庙举行祭祀大典，缅怀有建国、卫国功劳的历代雄王。对越南人民来说，雄王祭祀信仰历史悠久且已成为一种特色文化。因此，雄王祭祀信仰在越南人民心中占有重要地位，成为团结历代越南人的黏合剂。雄王祭祀仪式规程详细、严格，充分体现了历朝历代人民对祖先的尊敬。2012年，雄王祭祀信仰被联合国教科文组织列入《世界人类非物质文化遗产代表作名录》。

南部才子弹唱是富有越南南部民间文化特征的一种民间艺术形式。一百多年前，起源于礼乐、顺化宫廷雅乐和民间文学的越南南部才子弹唱，正式走上了艺术舞台。其后，才子弹唱艺术日益丰富多彩，涵盖了越南九龙江平原居民的心声、感情与劳动生活，成为越南宝贵的传统音乐类型，也成为当地居民文化生活不可缺少的一部分。才子弹唱的独特之处是歌词即兴吟唱，朴实上口，通俗易懂，类似于美国的爵士音乐。艺人根据传统曲调随兴填词、演唱，具有强烈的个人风格。2013年，才子弹唱被联合国教科文组织列入《世界人类非物质文化遗产代表作名录》。

义静喻唱民歌是数百年前在越南中部义安省和河静省形成、流传下来的清唱演唱形式，当地居民在日常生活中哼唱。其韵律协调、意蕴深长、感动人心，易背、易学、易唱，并且带有浓郁的当地文化特色。喻唱民歌不仅在当地百姓精神文化生活中扮演重要角色，而且还是一种有特色的艺术形式，能充分表达人民思想、感情及加强团结等。2014年，义静喻唱被联合国教科文组织列入《世界人类非物质文化遗产代表作名录》。

拔河作为祈愿丰收的一种农耕游戏在东亚和东南亚各国广泛流行。在越南，拔河比赛往往在庙会期间举行，吸引众多群众参与。2015年，联合国教科文组织将越南、柬埔寨、菲律宾和韩国四国的"拔河比赛和比赛仪式"列入《世界人类非物质文化遗产代表作名录》。

三府祀母信仰起源于越南女神信仰文化,是祭祀各地山水化身的母神,包括统制天、地、水的诸位圣母以及为国家立下汗马功劳的历史人物和传奇人物。自 16 世纪以来,祀母信仰成为民众的重要信仰。越南人对诸位圣母充满敬意,并将其视为精神支柱。三府祀母信仰活动包括祭祀、跳神、唱筹文曲和庙会等。每月初一和十五,很多老百姓喜欢去寺庙烧香,为自己和亲人祈求幸福平安、身体健康、财源广进。2016 年,三府祀母信仰被联合国教科文组织列入《世界人类非物质文化遗产代表作名录》。

中部发牌唱曲艺术于 19 世纪末 20 世纪初诞生,在越南中南部地区广泛流行,是乡村社区重要的文化活动。发牌唱曲团的重要人物是"号哥"。为了满足观众对表演艺术的需求,"号哥"在草席上讲述、演唱。述演内容丰富,所述演的故事有人物、有事件、有情节。"号哥"不仅要高呼,他还要表演,展示人物的形象。发牌唱曲艺术是一门精彩的民间表演艺术,是中南部居民的"精神菜肴",能满足居民对休闲娱乐及欣赏艺术的需求。发牌唱曲中的每个故事都是一堂道德课,体现爱国之情,促进社区的团结并分享人民的生活经验。2017 年,发牌唱曲艺术被联合国教科文组织列入《世界人类非物质文化遗产代表作名录》。

岱依傣三族天曲主要在越南东北部、西北部和越其他一些岱依族、侬族和傣族居住的地方流行。天曲是越南岱依族、侬族和傣族拥有悠久历史的文化活动,同三族人民日常生活与娱乐活动息息相关。天曲礼仪是天翁和天婆派遣阴兵队从地芒到天芒(各位大神统治领地)献上供品之行,目的在于祈求平安、五谷丰收、温饱无忧、合家幸福。其歌词取自民族诗歌,曲调是各民族的民歌民乐。对越南岱依、侬、傣等民族来说,天曲既是一种信仰文化形式,又是一种富有特色的民间音乐类型。2019 年,岱依傣三族天曲被联合国教科文组织列入《世界人类非物质文化遗产代表作名录》。

傣族群舞主要在越南西北部安沛、莱州、山萝和奠边四省的傣族村庄演出。傣族群舞用象征着人类的各种仪式、文化活动、生活、劳动中的动作来跳舞，经常在仪式、婚礼、节日和社区文化活动中表演。群舞是傣族人民文化活动和精神生活中不可或缺的活动。傣族群舞包含着舞蹈、音乐、歌唱、服饰、饮食等艺术的价值，体现了傣族人民的文化行为，反映了傣族的艺术成就和文化底蕴。2021 年，越南傣族群舞被联合国教科文组织列入《世界人类非物质文化遗产代表作名录》。

第二节　风土人情

越南是一个有着 54 个民族的多民族国家，每个民族都有自己的风土人情，在服饰、饮食、社交、婚姻、丧葬、节日等方面各有差异。京族（越族）作为越南的主体民族，历史悠久，文明程度较高。因此，在越南各民族中，京族的风土人情具有一定的代表性。

一、服饰

越南人的衣着经历了一个演变的过程。古代时，越南人穿各种套头的衣服和长裙。进入封建社会后，平民穿褐色布衣，官吏穿蓝色葛衣。法国人进入越南后，平民的衣着更加简单朴素，妇女穿结纽上衣和裤子。进入现代，越南乡村男女平时穿褐色、黑色或白色窄袖无领对襟上衣，下穿宽裤脚长裤和橡胶拖鞋。城市男性平时穿休闲裤和衬衣，年轻人喜欢穿 T 恤衫，正式场合穿西装；城市女性一般穿裤子和衬衣。丝绸质地的长衫裙及宽腿长裤是越南女性的国服——"奥黛"礼服。长衫裙上衣的上半段酷似中国的旗袍，长及脚踝，只是胸部勒紧，两侧腰收紧，从腰部开叉，有一定的收腰效果。上衣的下半段分前后两片裙摆，走路时前裙摆随风而动。长衫裙里面配一条白色或是同花色的长达腰际的阔脚长裤，不论蹲、坐、骑车都很方便。越南女子穿着裹身的长衫裙能够恰到好处地衬托出其身体的曲线、柔美的体态；走起路来，前后裙摆随身而动，如行云流水一般，显得婀娜多姿、含蓄端庄。长衫裙采用黄金比定位，强调与女性身体曲线吻合，既适合女性的体型特征，又符合人们的审美倾向，体现了独特的东方魅力与越南民族的文化内涵。经过长期的发展与演变，长衫裙已成为越南妇女独特和富有魅力的传统服装，在越南社会生活中逐渐确立了自己的地位，并进入了越南的诗、歌、音乐和绘画等艺术中，成为越南文化形象的代表。

二、饮食

饮食不仅是人们维持生命的基本物质需要，而且包含着丰富的文化内涵。越南饮食作为越南传统文化的重要组成部分，在长期演变和积累的过程中已形成了自己的民族风格和特征。在节日、祖先的祭祀日以及婚礼、葬礼上，越南人都要准备很多特色菜肴。越南适于水稻生长，越南水稻闻名遐迩，越南饮食也明显地体现出了水稻农业文明的烙印。在植物食粮中大米占主要地位，同时也有一些杂粮，如木薯、马铃薯、白薯、玉米等。越南饮食结构中居第二位的是蔬菜和水果。越南是一个耕种很发达的地方，蔬菜和水果极为丰富，一年四季水果不断，主要品种有香蕉、椰子、火龙果、西瓜、杧果、菠萝、波罗蜜、荔枝、龙眼、柠檬、木瓜、榴梿、山竹、红毛丹等。对越南人来说，蔬菜和水果是生活中必不可少、天天都要吃的东西，喜欢吃生菜也是越南饮食文化的一大特色。越南各族人民的生活都离不开竹子，竹笋是越南人喜吃的菜品。越南的香料都是用新鲜植物来做的，香茅是越南菜里最常用到的一种调味作料，有一股浓郁的花香。柠檬草、罗勒、薄荷、荠菜给越南菜增色不少，洋葱、青椒、欧芹更为越南菜带来异国情调。越南饮食结构中肉所占的比重不大，主要是普通动物的肉，如鸡、鸭、猪、牛等。越南是个海岸线很长、海域广阔的国家，河流、湖泊、水塘甚多，海产品非常丰富。越南人靠水靠海而活，他们用各种海产品加工制成一类很有特色、很有营养的调料汁——鱼露、生鱼酱、虾酱等。大米饭、白焯空心菜浇鱼露，另加小螃蟹酸汤，是越南人最爱吃也最常见的家常便饭。炸春卷是受越南人欢迎的一道菜。春卷皮用糯米做成，薄如蝉翼，洁白透明。将春卷皮裹上豆芽、粉丝、鱿鱼丝、虾仁、葱段等做成的馅，放入油锅中炸至酥黄。吃时，用生菜裹上春卷，蘸以鱼露、鲜柠檬汁、辣椒等作料，酥脆不腻，十分可口。越南牛肉粉用优质大米制作，加入牛肉、牛肉汤和各种调料，吃起来别有一番风味。越南的槟榔很多，吃槟榔是越南悠久的传统风俗。越南人认为嚼食槟榔有解胸闷、消水肿、防口臭、泄唾沫、除山岚瘴气等益处。在饮品方面，越南人喜欢喝茶、喝咖啡、饮酒。越南传统的酒类有糯米酒、菊花酒、莲花酒、槟榔酒。越南常用的餐具为中式碗、筷、盘、勺等。

三、社交

传统儒家思想和东方价值观在越南社会意识形态中占据主导地位。人们在日常生活中讲究礼仪，注重面子，对礼节也很有讲究。越南人见了面要打招呼问好，或点头致意。对长辈称爷爷、奶奶、大爹、大妈或伯伯、叔叔、阿姨，对平辈称兄、姐，对儿童称小弟、小妹，对群众称乡亲、父老、同胞（只在本国人之间用）。在国家机关、工作单位和军队里，一般称同志。见面时，通行握手礼，一般不采用拥抱、接吻等方式。见面说话要先称呼对方，尤其对长辈更应如此，否则会被认为没有礼貌。做客时用水、用烟或用饭前要先说一句"您先请"，以示礼貌。越南人说话声音较小，温文尔雅，很少大喊大叫。越南人禁忌多，不能随意摸别人的头部，包括小孩。当村寨路口悬挂有绿色树枝时，是禁入的标志，外人不得进入。越南人特别好客，常用他们最喜欢的酒和菜、肉等食物招待客人。告别时，全家送客到门外。越南人做客时一般不空手，礼物不必贵重，但主要是表达心意。在越南经商，人际关系非常重要，越南人通常不与不认识的人谈生意。

四、婚姻

越南宪法规定："男女享有结婚、离婚的权利。按照自愿、进步、一夫一妻、夫妻平等、互相尊重的原则确立婚姻关系。"[1]越南现行婚姻法规定男子 20 岁、女子 18 岁可以登记结婚。传统上，越南农村男女青年到了结婚年龄，一般要通过媒人介绍，然后双方见面相亲，最后由双方父母决定。如同意，男女青年必须到乡政府进行结婚登记，领取结婚证后正式举行婚礼即成夫妻。结婚形式有娶媳妇和招郎入赘两种。娶妻、居夫家是最普遍的形式，而招郎入赘则不多见，只有个别少数民族有这种风俗。越南农村青年男女的新婚礼非常热闹，双方家庭都要大摆宴席，请亲朋好友吃喝一番，以示庆贺。在城市，青年自由恋爱结婚较普遍，一些报刊、广播、电视、电脑、网络等现代媒体也在男女婚恋中充当着不可忽视的角色。现代婚礼形式十分简单，城市里通常以一餐婚宴宴请亲朋好友，还有的以一场舞会

---

[1] 越南社会主义共和国宪法（2013）[J]. 米良，译. 南洋资料译丛，2014（1）：23-43.

或茶会来祝贺。在婚礼日期的选择上，城市里选择元旦、春节、劳动节、国庆节等节日结婚的人越来越多。新婚夫妻另立门户已成为当今越南婚居的主流。

五、节日

越南很早以前就使用中国历法，一些传统节日与中国相似。民间传统节日主要有春节、上元节、雄王节、清明节、端午节、中秋节等。

春节是越南民间最盛大的节日。农历正月初一日为春节。按照越南的传统习俗，从腊月二十三日的送灶王节开始，就算进入春节了。届时，各家连日准备年货，清扫房屋，整理供桌，置办新衣。到年三十，家家户户都贴上用越南文或汉字书写的春联。除夕晚上，全家吃团圆饭，燃放鞭炮。大年初一互相拜年，见面都说吉祥的话。孩子给长辈拜年，长辈会给孩子压岁钱。春节主要吃用苇叶包的糯米粽子。

农历正月十五是越南的上元节。越南是传统的佛教国家，认为正月十五是新年的第一个月圆之夜，拜佛最灵验，因此这一天全国各地都要举行拜佛仪式，佛教徒相约到庙里敬香拜佛。

雄王节即雄王祭祖日，是祭祀越南民族始祖——雄王的日子。2007年，越南政府将每年农历的三月初十——雄王忌日定为越南全国"共忌"的日子，全国放假一天，促使越南人民"面向根源、知恩祖先"。越南雄王节活动的规格极高，一般情况下，党或国家最高领导人会亲自率越南全国各省市代表到福寿省的雄王庙上香，举行纪念历代雄王的隆重仪式。

清明节是24节气中的第5个节气，公历一般在4月4日或5日，农历一般在三月。同中国一样，越南人也借清明之际扫墓。这一天，人们带着铁锹、鲜花、香、纸钱等，祭奠扫墓，修葺坟墓，清除杂草，焚香烧纸。

有许多地方还有扫墓时燃放爆竹的习俗。

越南的端午节是农历五月初五，又称正阳节。端午节驱虫的习俗在越南更加明显。节日当天，大人饮雄黄酒，小孩头、额、胸、脐各处涂雄黄酒以逐虫。

越南的中秋节是农历八月十五。中秋之夜，人们聚集在一起，吃月饼、喝酒、赏月、看花灯、聊天、玩游戏。但越南中秋节和中国的有所不同。中秋对于中国人来说是团圆的节日，一家人聚在一起吃吃喝喝聊聊天，其乐融融，享天伦之乐。而越南中秋节最高兴的是小孩子，中秋节也是"民间的儿童节"。节日期间，国家和地方领导人一般会接见优秀儿童代表，14 岁以下的孩子一般会收到节日礼物。

第三节 语言文字

越南是一个多语言、多民族的国家，越南政府认定的 54 个民族的语言分属于下面 5 个语系：南亚语系、壮侗语系、苗瑶语系、南岛语系和汉藏语系。因为 54 个民族中京族（越族）占总人口的绝大多数，因此属于南亚语系的京族人的母语越南语就被规定为官方语言和通用语言，用于教育体制及大众媒体。越南宪法规定："国家语言文字是越南语。各民族都享有使用自己的语言、文字，保持自己的民族本色，发扬自己美好的风俗、习惯、传统和文化的权利。"[1]

---

[1] 越南社会主义共和国宪法（2013）[J]. 米良，译. 南洋资料译丛，2014（1）：23-43.

一、历史上的汉字和喃字

中越两国山水相连，越南语自古受到汉字文化的深远影响，使用汉字历史达一千多年之久。20世纪初以前，越南官方和社会各阶层都使用汉字。时至今日，在一些历史古迹和景点仍能看到汉字的踪迹。

早期的时候，越南人并没有为自己的语言发明适合的书写系统，汉文是越南封建时代官方主要采用的文书系统。远在中国秦汉时期，越南是中国的交趾、九真、日南三郡（今越南北部和中部地区），此时封建王朝在越南推行"车同轨、书同文、行同伦"的统一政策，作为文化载体的汉字（越南人称之为"儒字"）因此开始传入越南。大约东汉时期，汉字有系统和大规模地传入越南，任职交趾、九真、日南三郡的封建官吏大力推崇中国的儒学文化，推崇诗、书、礼、乐等。历史上也曾经有许多越南人士担任中原帝国的高级官员。同时，一些越南知识分子也主动到中原求学，学习汉字和儒家的礼仪、诗书。这些学者学成返乡后也在越南大力推崇汉字和儒学。再加上，华夏战乱期间，大量的人口为躲避纷争来到越南，一些封建士大夫也纷纷前往越南。据史籍记载，秦末农民起义、西汉平定南越、东汉马援征交趾、汉末三国纷争、隋朝平定南陈以及中国朝代更替等重大历史变动时期都有数量巨大的华夏人口迁移到越南。平时也会有不少华夏人口因经商、婚姻等原因而迁居越南。一批批中原移民的到来，形成了汉越杂处、相互交融的状态。大量汉人的南迁以及著名学者的到来，极大地促进了汉字和儒学在越南的广为传播。到10世纪，红河三角洲及周边地区与岭南的其他地区一样几乎已经完全汉化。越南上层社会把汉语汉字视为高贵的语言文字，贵族、知识分子多使用汉字写作。1010年，李朝创立者李太祖（李公蕴）迁都升龙的诏书《迁都诏》是越南存留至今的第一篇汉字文献，也是第一篇具有文学价值的作品。1174年，李朝以文言汉字建立朝廷档案，汉字开始成为越南国家的正式文字。[1] 越南陈朝以后，汉字已经成为越南政府以及民间的主要文字，朝廷的谕旨、公文、科举考试、文学作品，以至经营贸易的账单、货单都用汉字书写。儿童读书也像当时中国一样，先从《三字经》开始，接着是四书五经，学习写作古汉语文章诗词。1839 年，阮朝明命帝曾奏请中国清朝道光皇帝向越南颁发《康熙字典》，以便越人学习汉字。在漫长的历史中，越南涌现了大量的汉字著作，著名的有《驾还京师》《述还》《檄将士文》《大越史记》《钦定越史通鉴纲目》《大南实录》《南国山河》《军中词命集》《抑斋舆地考》《天南余暇集》《大越史记全书》《琼苑九歌》《征西纪行》《喻劝学》《传奇漫录》《征妇吟曲》《桂堂诗集》《皇越文海》等。值得注意的是，这些以汉字写成的典籍作品基本上并不按照越南语的文法规则书写，而是纯粹地用古汉语的文法写成。这些汉文著作完全由汉字写成，与当时的越南语口语有很大差异。汉语文言文无法准确纪录越南本民族语言，二者难以达到统一。

汉字在越南逐渐传播开后，随着希望书面表达本民族语言的意识的提升，一些人开始尝试以汉字作为基础，假借汉字和仿效汉字结构原理和方法，依据京语的读音，以创造新的文字来记录越南本民族语言。这些新的文字就是喃字。喃字往往用两个汉字拼成一个新字，即借用一个同越南语音相近的汉字和一个同越南语义相近的汉字，把二者结合起来成为一个新字。在越南汉喃文书写系统里，"汉"与"喃"是不分离的，喃字用于书写越南文的纯越词（固有词），汉字用于书写越南文的汉越词（汉字词）。起初，喃字常用来记录人名、地名，后来逐渐进入民众的文化生活。13 世纪时，越南文人开始用喃字进行文学创作。喃字的出现，完成了越南语书面文同口语的统一，表记越南语的汉喃文也因此出

---

[1] 杜思贤. 汉字对越南文化的影响 [J]. 华中师范大学研究生学报，2006，13（1）：40-43.

现。汉喃文的出现，加快了越南文学的发展，很多优秀的作品也多为汉喃文，如《国音诗集》《洪德国音诗集》《宫苑吟曲》《春香诗集》《金云翘传》等。但是，标记越南本民族语言的汉喃文出现以后，多数时期只用于民间，越南上层社会并未广泛使用这种文字，国家教育机关并没有将它作为正式文字看待，也没有对它进行规范整理，官方的正式文书仍然多沿用汉文（文言文）。喃字只在胡朝（1400—1407 年）和西山阮朝（1771—1802 年）曾短暂地作为国家的正式文字，其他朝代汉字仍占统治地位。因此，在 20 世纪之前，越南百姓日常讲话用本地方言，官方的正式文字是汉字，民间则有一种共同使用喃字与汉字标记越南语的方式，文学创作、史料典籍、家谱、牌匾、楹联、碑铭、书法、春节对联等主要是用汉字书写。

二、越南语的由来和使用

1527 年，葡萄牙的天主教传教士来到越南，他们创制了用于转写记录越南语的罗马字，这种文字最初只是用在教学及传教上。后来，来自法国、意大利的传教士也开始用罗马字记录越南语，但是不同国家的传教士有不同的拼音规则。1651 年，法国传教士亚历山大·德·罗德综合、完善之前的拼写原则，编辑出版了第一本《越葡拉字典》。这是越南语言文字史上第一本越南语字母的字典，也是第一本拉丁语—越南语字典，还是第一本越南国语语法图书。它标准化了越南语字母并统一了越南文字。这本字典包括三个部分。第一部分使用拉丁字母介绍越南语语法、字体、符号、动词、名词、造句方法。第二部分是字典主要的部分，即越南语—葡萄牙语—拉丁语字典。第三部分为拉丁语—越南语字典。该书的出版标志着越南语罗马字记音系统修改、整合的阶段性成功以及越南语国语字的诞生。亚历山大·德·罗德也因此而被视为越南拼音文字的创始人。[1]之后，18—19世纪，一些传教士编辑、出版的《越南—拉丁字典》内容更加丰富，以拉丁字来记载越南语更加完善，已经能表达完整的越南语内容，因此逐渐为越南民众接受，拼音文字在越南扎下了根。19世纪后半期至20世纪上半段，越南沦为法国的殖民地。在法国殖民统治时期，法语取代汉文及越南语而成为越南的官方语言。法国殖民者在越南推行拉丁化拼音文字，并进行了一系列的"去中国化"运动。1867年、1915年、1919年科举制度先后在南圻、北圻和中圻被废除，汉字及依附其上的喃字急剧衰落。至20世纪30年代，在越南掌握国语字的人数超过了懂汉字的人数，国语字的地位和作用事实上已经超过了汉字。这种新旧文字的更替解构了越南传统文化与中国传统文化长期而紧密的联系，决定了越南近代文化的走向。1936年，越南政府明令废除汉字的使用。1938年，在印度支那共产党的领导下，国语字传播委员会掀起了声势浩大的国语字教学运动。1945年，越南宣布独立，成立越南民主共和国，采用越南语和罗马字作为官方语言。自此，越南语和罗马字取代法语、汉字而成为越南唯一的口语和书写语标准，并在越南全国通行，越南称其为"国语字"。国语字在越南的普及既有利又有弊。一方面，国语字是拉丁化的拼音文字，容易学习掌握，使用者一经掌握字母，阅读、理解就十分容易，便于新知识、新文化、国家政策的推广，也有力地促进了越南扫除文盲和普及教育，这一点是十分值得肯定的。但另一方面，国语字替代了汉喃文字，使大多数越南人无法阅读本国的汉喃历史文献，无法更加直接地了解本国的历史和传统文化，造成某种程度的文化上的脱节。[2]

从上面可以看出，越南语言文字的更替反映了越南文化的历史演变。中国郡县时期，语言有越南语和汉语，文字只有文言文汉字。越南自主独立时期，语言有越南语和汉语，文字有文言文汉字和喃字。法国天主教进

[1] 钟珊. 近代越南文化的变迁 [J]. 东方论坛，2013（5）：52-57.
[2] 钟珊. 近代越南文化的变迁 [J]. 东方论坛，2013（5）：52-57.

入越南之后，语言有越南语和汉语，文字有文言文汉字、喃字和越南罗马字。法国殖民地时期，语言有越南语、汉语和法语，文字有文言文汉字、喃字、越南罗马字和法文。越南独立之后，语言只有一种越南语，文字只有一种"国语"罗马字。[1]进入21世纪以来，随着中国的崛起，越南掀起了学汉语的热潮。从最初的办一些汉语补习班到现在的多管齐下，越来越多的越南人到中国来留学，专门攻读汉语专业；一些人则在越南国内大专院校的汉语系学习汉语；大量中小学开设有汉语课，让越南青少年儿童从小就开始学习汉语。现在，汉语在越南已成为英语之后的第二大外语。

三、方言和外来语

越南语大约可分为北中南三大方言群，即以河内为中心的北部方言区，以顺化为中心的中部方言区和以西贡（胡志明市）为中心的南部方言区。现代越南语的发音以位于北方的首都河内腔（北方方言）为标准。但是不少海外越侨说的是西贡腔（南方方言）的越南语。海外的越南语媒体多数都用西贡腔广播。河内腔跟西贡腔主要差别是在声调和卷舌音上。越南北部、中部和南部方言上的差别不大，三者间的差异主要在声调和词汇上，文法上的差异非常小。除了少数声调及词汇的差异外，基本上北部和南部方言之间可以互相沟通理解。因为现代社会信息媒体发达，绝大多数少数民族人口可不同程度地使用越南语。也就是说，越南语在全国是通用的。居住在海外的越侨也使用越南语。

外来语是越南语中由古汉语以外的语言传入的词汇。由于越南曾经是法国的殖民地，法语词汇也自然流入了越南语中。第二次世界大战以来，

---

[1] 周有光. 越南文化的历史演变——汉字文化圈的文化演变之四 [J]. 群言，2000（4）: 33-36.

大量英语词汇流入越南语中。现代汉语词汇也仍在继续进入越语词汇之中。此外，也有少量来自本国少数民族语言或其他语言的汇入。

第四节 文学戏剧

一、文学

越南文学起源于上古时期的神话、传说以及歌谣等口头文学，如《雒龙君传》《山精水精》等。李公蕴建李朝后，曾于 1010 年下诏（《迁都诏》）迁都升龙（今河内），这个诏书是越南至今尚存的最早的历史文献，也是越南文学的滥觞。它是用成熟的汉语文言文写成的。

越南古代文学长期以儒家思想为正宗，汉文受到官方的提倡，处于正统地位。在众多诗人作家中，阮廌、黎思诚、阮攸、邓陈琨和黎贵惇的创作格外引人注目。阮廌是后黎王朝的开国功臣，位居文官之首。他有诗文多种行世，文集称《抑斋遗集》。他编选的《国音诗集》是越南现存第一部完整的喃字诗歌集。黎思诚即黎圣宗，是越南后黎王朝第五代君主。黎圣宗成立"骚坛会"，以汉字或喃字创作了《琼苑九歌》《明良锦绣诗集》《珠玑胜赏诗集》等，形成了汉诗文兴盛一时的局面。阮攸是越南古典文学名著《金云翘传》的作者，是越南最有代表性的古典诗人之一，被越南人尊为大诗豪。世界文学评论界常把他与俄国的普希金、德国的歌德、法国的巴尔扎克和中国的曹雪芹、屈原并论。邓陈琨历任训导、县令、御史等职，主要作品汉文长诗《征妇吟曲》描写了当时郑、阮两大封建集团的内战给人民带来的灾难。黎贵惇是越南历史上著名的学者、文人、史学家、哲学家和政治家，他的《桂堂诗汇选全集》《全越诗录》《桂堂诗集》等都有一些突破封建伦理道德观念的题材和内容。

陈朝时期，喃字在文人中间逐渐被用来进行创作。15—16 世纪时，阮廌、黎思诚等人写出了大量的喃字诗作。18—19 世纪时，喃字文学进入成熟阶段，许多古典名著如《宫怨吟曲》《金云翘传》《花笺传》《蓼云仙传》等先后问世。女诗人胡春香的诗和阮攸的著作则是喃字文学发展的一个高峰。随着喃字的产生，越南诗歌形式也有所发展。作家们依据中国诗歌的音韵格律，结合越南民歌，创造出了一种新诗体——六八诗体，后又将汉文七言诗与六八体诗组合成双七六八诗体。这两种诗体在民间广泛流传。此外，赋这一文体也被采用，19 世纪后，更发展为用喃字写赋。

1885—1930 年，越南人民进行了一系列前赴后继的抗法斗争。生活的现实直接地反映到文学领域，占文坛主导地位的是民族革命者的战斗文学。潘佩珠是越南近代爱国志士、越南民族解放运动的领袖、近代启蒙思想的先驱者、资产阶级民族民主主义革命家。潘佩珠也是越南著名诗人、作家。他的主要汉文作品有《琉球血泪史》《越南亡国史》《海外血书》《狱中书》等。

20 世纪 30 年代，一些资产阶级知识分子提倡个性解放，反对封建家族制，要求思想自由、恋爱自由，并出版了《风化》《今日》两种刊物。主办者一零、概兴等人写出了《断绝》《蝶魂梦仙》《花担子》等浪漫主义的小说。这时期思想自由的要求也影响到文艺形式，年轻的诗人开始写作新诗。

1936 年，许多进步的越、法文报刊如《民众》《人民》《劳动》等相继出版。现实主义文艺作品得以在文坛上占一定地位，阮公欢、吴必素、元鸿等人的长篇创作和秀肥（胡仲孝）的讽刺诗，都在这一时期问世。除中国古典长篇小说《三国演义》等在民间广泛流传外，翻译文学也有了长足的进步，高尔基、罗曼·罗兰、鲁迅等作家的作品也被翻译介绍到越南。

1943 年，印度支那共产党中央针对文化阵线上的混乱局面，发表了《越南文化提纲》，指出文学艺术应具有"民族性、大众性和科学性"。"八月革命"成功后，"文化救国小组"召开第一次文化工作者代表大会，重新发表《越南文化提纲》，促进了文学艺术的发展。

1954 年 10 月，越南文艺界在河内召开了包括南方代表在内的文艺工作者代表大会。1959 年，越南文学研究会成立，创办了《文学研究集刊》。

1954—1975 年，文学创作的体裁和题材都更加多样和广泛，出现了许多优秀作品。《越南诗选集》和《越南诗》收入新老诗人和南方诗人的作品。短篇小说集《文选》收入 1945—1956 年有代表性的作品。《短篇小说选》收入 1960—1970 年的作品。阮辉想、元玉、元鸿等作家都写出了比较成功的中长篇小说。胡志明主席用汉语写的《狱中日记》诗集也在此时发表。

1976 年至今是越南文学多元化和蓬勃发展的时期。这一时期的文学创作逐渐摆脱了其作为政治附属品的地位，文学的价值取向也从原来的阶级观转向人本主义观，形成以现实主义为主流、其他流派多元并举的文学创作格局。题材涉及社会生活的方方面面，文学作品更关注普通人的命运和生活，对历史战争的解读更加大胆、真实，对社会消极现象的批判更加深刻。[1]

二、戏剧

戏剧是语言、动作、舞蹈、音乐等艺术表达形式的综合体。越南戏剧历史悠久，传统戏剧主要有嘲剧、改良剧、话剧、�剧等。

嘲剧是一种带有歌舞的戏剧形式，且有嘲讽、调笑和戏谑的意味。嘲剧始于越南李朝，是源自越南北部农村的一种民间艺术形式，主要在庙会期间由农民中的半职业性艺人在村亭前的院子里表演，七八名农民演员分别担任生、旦、净、末、丑等角色，演员着民族服装，手拿折扇，由三五

---

[1] 滕成达，潘艳勤. 越南 [M]. 大连：大连海事大学出版社，2019：63.

人伴奏，唱腔格律固定、生动活泼。嘲剧多有中国宋代杂剧的遗风，服饰为越南生活中所穿的越服。由于嘲剧程式简单，没有受到宫廷重视，甚至一度被下令禁止在宫中演出。但因它的剧目内容反映现实、音乐明快轻松、唱腔接近民歌，所以在人民群众中有很强的吸引力。

改良剧是越南一种现代民间戏剧形式，融合了越南南部民歌、乐调的一些特点。改良剧诞生于 20 世纪早期的越南南部，原是一种由一人说唱并配合一些简单表演的曲艺形式。后来，一些改良剧剧团用古乐伴奏进行巡回演出，效果很好。于是，一些剧作家把一些名著改编成剧本，并按剧情需要，将原由一人说唱的形式改为由多人扮演的多出本戏，演出很成功，从此便逐渐推广。1951 年文艺界贯彻越南劳动党中央的文艺方针，改良剧推陈出新，其题材和现代革命内容日趋接近，一些剧本深受欢迎，如《红土上的姑娘》《一位南方的女演员》等。改良剧从此逐步发展，成为越南戏剧的重要形式之一。

话剧是从西方传入的。第一次世界大战后，一些进步学生和公务人员把《一杯毒药》《安南法国大人》等剧搬上了话剧舞台，为越南话剧奠定了基础。"八月革命"成功后，话剧不断向前发展，其内容及时而尖锐地反映了社会的现实生活。20 世纪 60—70 年代，反映抗美救国斗争、北方进行社会主义建设的话剧竞相出现，如《郡长》《一条人命》《放冷枪的姑娘》《后方之火》《前线在召唤》《一双眼睛》《来自长山》《你的爱》《祖国》等，其中《哪儿有敌人咱冲向哪儿》曾获文艺奖。2021 年 10 月 27 日，越南舞台艺术家协会同越南文化体育与旅游部在河内大剧院举行了题为"越南话剧舞台百年精华汇聚"晚会暨越南话剧舞台 100 周年（1921—2021 年）纪念周闭幕式。观众有机会同多名著名艺术家面对面交流，并欣赏了《张波的灵魂，肉铺老板的身体》《尘埃》《第九个誓言》等经典剧目。[1]

---

[1] 越南语学习平台. 越南话剧百年精华汇聚晚会在河内大剧院举行 [EB/OL]. [2022-12-19]. https://www.163.com/dy/article/GNEA5T7N05368EB8.html.

　　呗剧的产生较为复杂。根据推测，是以中国元杂剧为基础，吸收了一些越南流行歌曲的元素后形成的，是一种传统的古代戏剧，兼用韵文和散文，分折演出。唱词和说白全用汉越音，唱腔缠绵悱恻，舞蹈性较强，所演多为忠臣孝子等故事。法国入侵越南后，欧洲的浪漫主义文艺思潮传入越南，有些呗剧团开始改演一些以爱情为题材的戏，如中国的《再生缘》或新编剧《谁之罪》等。此外，在辞藻、曲调、身段等方面也都刻意求工。1930 年以后，呗剧舞台结构模仿欧洲戏剧，唱词逐渐散文化，布景、灯光也被采用，甚至还常杂有幻术、假面、西方舞蹈和法国爱情歌曲的唱腔等。1951 年越南劳动党中央发表了《有关挖掘民族文化遗产问题草案》，越南戏剧从此转入了一个新的发展阶段。呗剧艺术工作者积极改编旧剧，如经整理改编的《黄飞虎反纣投周》《张飞守古城》，都做到了古为今用，呗剧的艺术得到了新的发展。2011 年越南举办了全国呗剧节。

　　2018 年 12 月，中越传统戏剧交流周在越南首都河内举行。本次活动由中国驻越南大使馆与越南戏剧家协会共同主办，由河内中国文化中心承办，中国云南省文化厅、梅兰芳纪念馆、南京艺术学院、山西师范大学，越南呗剧院、嘲剧院、改良剧院、升龙水上木偶剧院等单位共同参加。交流周系列活动包括京剧、呗剧、嘲剧、改良剧、木偶剧交流演出，梅兰芳艺术展，中越传统戏剧继承与发展研讨会，中越戏剧艺术家交流会，等等。[1]

---

　　[1] 刘刚. 中越传统戏剧交流周在越南河内举行 [EB/OL]. [2022-12-19]. http://world.people.com.cn/n1/2018/1212/c1002-30462875.html.

第三章 教育历史

教育伴随着人类社会的产生而产生，伴随着人类社会的发展而发展，是和人类社会共始终、共存亡的一种社会历史现象。在人类社会发展的不同阶段、不同国家和不同地区，由于生产力的水平不同，生产关系的性质不同，科学文化的水平不同，人发展的水平也不同，因而不同国家和地区的教育也就有了不同的性质和特点。[1]越南教育的发展历史也是这样。

第一节 历史沿革

越南北中部在 10 世纪中期以前曾是中国封建王朝的郡县。它在独立后也紧随中国，继续不断地接触中国文化。古代越南使用汉字，利用儒家思想来治国理政，采取中国式的科举制选拔官员，古代越南教育体系、教育模式也与中国如出一辙。古代越南的教育深受中国儒学和科举制的影响，科举制在越南盛极一时，其在内容、特征、形式等方面参照中国，带动了科举与教育的结合。在儒学和科举制的作用下，古代越南以儒家思想为指导，以科举取士为手段，建起了从中央到地方的一套完整的教育体系。19

---

[1] 刘捷. 教育的追问与求索 [M]. 北京：人民出版社，2021：3.

世纪中后期，法国把越南作为其远东殖民扩张的重要对象。经过 30 余年的征服，法国把越南变为殖民地，在越南建立起殖民统治。在法国的殖民统治下，越南传统儒学教育衰败，现代教育体制建立起来。1945 年越南民主共和国成立后，越南北方的教育事业得到蓬勃发展，群众性扫盲活动取得明显的成效。1976 年越南全国统一后，越南党和政府提出了培养越南新人、实行全民普及教育和培养新型劳动者队伍的教育目标。1986 年革新开放以来，特别是进入 21 世纪以来，越南教育改革不断推进，教育体制日益得到完善，形成了包括学前教育、基础教育、高等教育、职业教育、成人教育、教师教育在内的系统有效的教育体系。越南已经成为东盟和亚洲教育比较发达的国家之一。

一、北属时期的教育

北属时期指越南独立前越南北部与中部地区（称为交趾、交州、安南等）隶属于中国封建王朝时期（公元前 214 年至公元 968 年），亦称"郡县时代"。当时越南地区的行政机构与教育体制是由中国历代封建王朝制定的。行政机构其实是中国封建朝廷在当时越南地区设置的管辖机构。教育体制体现于推行儒家文化教育的科举考试制度及学校体系。教学与考试内容主要是四书（《论语》《孟子》《大学》《中庸》）五经（《诗经》《书经》《礼记》《易经》《春秋》）以及一些教授汉族语言文字的书籍，许多儒学观点都包含在文学、历史、社会、道德、政治、法律等知识中。

在长达 1 182 年历史的北属时期，中国历代封建王朝源源不断地把中国文化与科学传播到越南，带动了越南文化、经济、教育的全面发展。秦末汉初，地方割据政权南越国不仅鼓励汉越民族互相通婚，并且在岭南建立学校、用儒家的诗书礼乐教化百姓、积极推广汉语言文字。中原的音乐、舞蹈、美术也一起传入交趾，当地民族一步一步深受中国文化影响，尤其是儒家思想观念的影响。公元前 111 年，汉武帝平定南越国，越南进入西汉中央政权直接管辖时期。由于当时儒学在中国处于"独尊"的优越地位，以儒学为中心的汉文化便在越南日益广泛地流传开来。同时为了加强对边疆地区的统治，促进民族的融合，西汉统治者把大批汉人移民到交趾，通过日常交流，交趾人很快接受了中国文化，促进了交趾汉语言文字和汉文化的发展。到了西汉末年、东汉初年，交趾太守锡光和九真太守任延在越南地区大力传播中国的先进文化、科学和生产技术，积极推行礼仪教化，创办学校，把大量儒学经典传播到交趾，促进了越南地区文化和教育事业的进一步发展，得到了当时越南人民的尊敬。到了东汉时期，大量百姓移民交州，使越南当时的人数不断增加，因此又进一步促进了汉字和汉文化的发展。封建统治者开始在越南地区定期进行人才选拔，举孝廉和秀才。当地的贵族阶级为了能够参加人才选拔，以便有机会到中原朝廷当官，也积极学习汉文字和儒学经典。交趾郡太守士燮任职期间，不仅关心人民的经济生活，而且特别关注当地人民的文化教育，学校文化教育比前代取得较大的发展，通过举孝廉、茂才而到中原任官的也越来越多。许多中原名士也到交趾来创办学校，传播儒家礼仪、汉语言文字等中原文化。在士燮担任太守时期，原本穷困落后的交趾逐渐成为汉末三国时期"南方的文化教育中心"。当时越南人民对士燮非常尊敬，把他称为"士王"，越南史书也把他称为"南邦学祖"。汉代之后，越南先后由东吴、东晋、南朝宋、南朝齐、南朝梁、南朝陈这六个封建王朝所统治，历史称"六朝时期"。在"六朝时期"，掌管交趾的中国官吏大多都很有才华，他们都很关心越南人民的生活和文化，积极兴办学校，注重发展教育，得到当地人民的肯定。隋唐时期，交州或安南地区行政长官奉行怀柔政策，注重办学校，促进了教育事业发展。科举制度也在这个时期被推广到越南。科举是设科考试用以选拔官吏的制度，始创于隋，形成于唐，延续至清末。汉代选拔官吏主要是通过察举和征辟，汉末实行九品中正制，一直延续到南北时代。隋朝建立后，为了消除九品中正制，实行设科考试选拔官吏的制度，由此产生了科举制度。考试科目除了茂才、明经，还设置进士科。中国隋朝开创科举取士后，也在交州通过进士、明经等科的考试广泛网罗人才。唐朝时科举制度日益发展、完备，对安南等地的科举取士政策做了更明确的规定。科举考试制度鼓励安南人读书，促进了各地私学和官学的发展。经过学校的严格培养，从唐代开始，许多安南人考中进士，事迹显赫，彰著于史。例如，爱州日南（今越南清化）人姜公辅于 764 年考中进士，补校书郎。后被推荐为右拾遗，召入翰林学士。因护驾献策有功，授谏议大夫，任中书门下平章事（相当于宰相）。[1]

二、自主时期的教育

968 年，丁部领统一越南北方，建立了丁朝，取国名为大瞿越，越南独立开始，进入自主封建制度时期。越南封建自主时期经历了丁朝、前黎朝、李朝、陈朝、胡朝（1407—1427 年，曾有 20 年短暂的属明时期）、后黎朝、南北纷争时期、西山朝、阮朝。阮朝末年封建政权腐败，法国发动战争侵略越南，阮朝政府无力反抗，结果在 1884 年签订《顺化条约》后越南沦为法国殖民地。

（一）越南科举制的发展历史

越南本土科举制是在越南封建国家建立以后逐渐兴起的。从李朝开始，统治者认识到培养人才的重要性，开始关心儒教发展以及教育事业，儒学

[1] 黄氏银. 论越南李朝儒学教育 [D]. 南宁：广西民族大学，2011：10.

思想开始渗透到政治、经济、文化、教育活动之中，形成了越南古代教育事业以儒学教育为基础的特点，逐步构建了越南封建教育体系。1070 年，李圣宗下令在升龙建筑文庙，造铸孔子、周公、四配、七十二贤的雕像，四季祭拜。1075 年，李仁宗（李乾德）率先实行科举制及第一次科举考试，选明经博学，实行儒学三场考试，选拔儒士人才。仿照中国的科举制度，李朝科举开设的科目名称有进士科、试文学者、试儒佛道三教、试太学生，试法不一。科举考试的内容，除了诗赋、经义、诏制论及对策等，还涉及书法、计算、刑律。1076 年，李仁宗在升龙设立国子监，选文职官员识字者入内习文，成为培养统治阶级子弟的最高学府。1077 年，李仁宗以书法、计算、刑律组织吏员考试。1086 年，李仁宗举行文学考试，选拔有文学才华的人入翰林院，授翰林学士。1152 年，李英宗组织第一次殿试。1165 年，李英宗组织第一次太学生考试。1179 年，李高宗举行朗读佛经、抄写古文和运算的考试。1185 年，李高宗举行精通诗书者的选拔考试。1193 年，李高宗举行天下士人的选拔考试。1195 年，李高宗实行儒、释、道三教考试，赐给精通三教考试者出身。李朝实行三教并行的政策是儒、释、道三股宗教势力在越南社会的反映。当时佛教在李朝政治社会生活中占有极为重要的地位。这种状态反映到科举考试上，就是开设试儒、释、道三教科目。

在儒家思想的指导下，陈朝儒学学习制度和科举制度越来越正规化。陈朝初年，佛教在政治和社会中影响比较大，朝廷继续开设试儒、释、道三教，选拔精通儒、释、道三教者，以各承其业。随着封建土地私有制的发展和儒士力量的不断壮大，统治者意识到儒家思想才是长治久安的思想工具，于是不断削弱佛教势力，儒学的四书五经、古文诗赋逐渐成为陈朝试太学生和进士科的主要学习和考试内容。

其后越南科举制经历了胡朝、属明、后黎朝、西山朝的继续发展和完善。儒学逐渐占据主导地位，儒士登上政治舞台，并发挥着越来越大的作用。这为后黎朝以儒学为统治思想和科举制度的完善做了铺垫。后黎朝科举在考试分级、考试时间、试场构建、场官设置、场规制定、考试内容、中第恩荣、题名碑刻立、科举文献编纂等方面，既仿照中国制度，又根据越南国情和民族心理而有所改变，不同时期表现出不同的特色。除进士科外，后黎朝还开设了制科、明经科、东阁科、书算科、武举等科目，也有入试资格的限制。后黎朝制科应试者的范围较广泛，在仕、未仕者、儒生均可入试，但须为有才德文学者。在开科文举的同时还开设了武举，以选拔武备人才。另外，为了保证科举能造就封建统治所需要的官员，后黎朝又定保结乡试条例，强调应试者首先要遵循儒家的伦理道德。从三年一开科的科举取士制度化以后，科举成为后黎朝社会人员流动的主要途径。对贫寒子弟，金榜题名是改变其社会地位的最主要途径。

阮朝在会试中设副榜，实际上增加了取士数额，并更加优待科举出身者，如举人授官从八品。阮朝科举考试不同于前朝的一个特点是，为了加强对士人的思想控制，在殿试中引入了八股制义，科举考试的形式更加古板，框框套套更多，如避讳和行文的格式等，越南封建专制思想臻于顶点。[1]

以儒学教育为中心内容的越南科举制从 1075 年延续至 1919 年，长达近 9 个世纪，历代王朝共开科 185 次，近 3 000 人参加科试，除阮朝不设状元外，共有 56 人获状元。[2] 科举制度为越南培养和选拔了一批批优秀人才。例如：李朝黎文盛、陈朝朱文安、黎文休、阮诠、张汉超，后黎朝阮廌、阮秉谦、吴士连、黎贵惇，阮朝潘清简、潘辉益等。与此同时，科举制度促进了学校的大发展，越南逐渐建立起以儒家思想为指导的从中央到地方的包括官学和私学的一套完整的教育体系。

[1] 税贞建. 法国殖民时期的越南教育研究 [D]. 贵阳：贵州师范大学，2016：11.

[2] 梁志明. 论越南儒教的源流、特征和影响 [J]. 北京大学学报（哲学社会科学版），1995（1）：26-33+25.

（二）越南官学的发展历史

越南官学的产生、发展与科举制在越南的兴起以及儒学的发展、传播有着密切的联系。随着汉字和儒家学说传入越南，官学潜移默化地融入越南人民的精神生活中。出于维护统治的需要，统治者们推崇以儒家学说为核心的官学。越南官学主要有中央官学和地方官学两类学校。

1．中央官学

越南中央官学体系主要由文庙、国子监、国子院、国学院、崇文馆、秀林局构成。这些官学承担了封建国家最主要的教育任务，为国家培养了大批的建设人才，同时也为儒学在越南的传播和发展做出了杰出的贡献。

文庙始建于 1070 年，是越南最早的中央官学，四季供奉孔子、周公、四配塑像和七十二画像。李朝的皇太子曾在此读书。文庙的建立是越南封建官学体系雏形出现的标志。

国子监是越南古代教育史上最具影响力的中央官学，是越南历史上建立的第一所大学。1076 年，李朝在文庙旁边建国子监，选文职官员识字者入国子监。此后历朝历代的统治者都十分重视国子监的建设和管理。祭酒和司业都是国子监的主要管理者，因此统治者对这两个职位的选才非常重视，都是挑选学行兼优的名儒出任。教授、助教、直讲、博士、五经博士、教务和训导都是国子监的教师，多由明经、举人或进士担任，负责讲经教课。国子监存在了 700 年之久，在越南历史上发挥了重要作用。一方面，一批又一批监生们在此刻苦钻研诗书，以儒家伦理道德修养身心，为越南封建社会培养了大批符合时代需求的高层次人才。另一方面，国子监是儒学和汉文化传播最有效的载体。国子监的课业内容以四书五经等儒学经典和汉文诗赋为主，主要传授与"忠"和"孝"相关的"三纲五常"（君为臣纲、父为子纲、夫为妇纲，仁、仪、礼、智、信）的儒家思想观念。许多学者潜心对儒家经典进行研究和整理，大批的儒学研究作品因此问世。

国子院是陈朝建立的，学生多是文臣、从臣等贵族官僚的子弟，是一所不折不扣的贵族学校，如同中国唐朝的国子院。

国学院也是陈朝建立的，主要用于祭祀孔子以及儒学先圣，讲授和讨论儒学的四书五经。听众和讲授者多是儒士或学者。

崇文馆是后黎朝时的贵族学校，学生的家庭出身比较高，教学内容主要是儒家经书和与科举考试有关的书目，如四书五经、诗、赋以及公文等。

秀林局也是后黎朝时的贵族学校，教授内容和崇文馆大致相同，只是学生的家庭出身比崇文馆低。这是封建等级制在学校中的反映。

2．地方官学

地方官学是中央官学在地方上的延伸，主要在一些府、县等地设立，由镇守各地的长官举办，由地方政府管理。

越南地方官学起源于李朝。李朝建有府、县学堂，注意发展教育事业，因此促进了地方学校的增多。每次考试则选拔各地学校的优秀学生到朝廷参加科举考试。陈朝建立后，不仅在中央设了官学，还致力于建立地方学校。1397年，陈顺宗颁诏下令州、县建学校。属明时期，明朝大兴教育以教化民众，在越南兴建府、路、州、县学。后黎朝仿照明朝体制建立了一套从社学、私塾、县学、府学至国子监的较为完备的教育制度。阮朝统治者十分注重发展文化教育，在各地不断兴建学校。经过数十年的努力，阮朝教育体系渗透到府、县一级，全国平均每两个县就有一所国立学校。地方官学的经费来源主要是地方政府拨给的学钱和学田。各级地方学校所授课程和教学内容与官学一致，均以儒学经书和科举考试内容为主，使用的主要教材是中国的经典书籍，课堂上授课也用汉语，反映了中国科举制度对越南的深刻影响。

（三）越南私学发展的历史

私学是越南官学的重要补充。所谓私学，是一种非官方的相对自由的不受政府或团体限制的办学模式，其具体办学方式、学生入学年龄等也没有绝对要求和标准。越南私学发展与其基层社会组织——村社有密切的关联。越南农村村社是越南封建国家的基本单位，也是社会组织形态的基础，其独立性和制度化特征较为明显。在村社中一个人地位的高低与其教育程度、财富、年龄等因素成正比关系，教育程度较高的人往往处于村社权力的顶端，而文化水平较低的人则处于底层，必须无条件地承担各种徭役和杂役。这种等级分明的权力分配体系对于每位村社成员都有强烈的激励作用，是一种非常有力的劝学力量，也逐渐形成了注重提高个人文化教育水平的村社教育风气。以自治村社为基础的私学教育因此得以延续，受教范围遍及全国。

越南私学最主要的形式有两种：一类是教授识字和日用基本知识的小学或蒙学，如由宗族设立的义学、富有人家举办的家塾，其招生的范围主要是私塾所在地周围的适龄学子；另一类是为在各地府、州、路、县的年龄较长、程度较高的青年学子设立的研读儒家经典以备科举的私家讲学堂。

私学教育对象主要是男孩，一般而言，女孩是没有接受教育的机会的。私学教育使用的语言是儒字（即汉语），教材包括《大学》《中庸》《论语》《孟子》《诗经》《书经》《礼记》《易经》《春秋》等。私学主要是文人在村庄、家庭中的教学，其目的主要是使学生能读、写与背诵宣传标语、文件和姓名等，也可能是为了更好地进行买卖。私学不收取任何形式的费用，但受雇佣教师有定期回报，而学生本人出于对教师的感恩，往往给予教师一些钱粮作为回报。

从事私学教育者主要有以下几类人：有的与当权者政治主张和学术见解不同，不愿与当权者合作，或者遭受排挤，不得为官，无法在官学任教，遂退而隐居授徒讲学；有的喜好学问，不慕仕途，不愿卷入复杂的政治斗争，也隐居讲学；有的则因年老告退，归里讲学。"私学教师以其满腹经纶，随处安身立命，教养蒙童，传承文化，培养经世致用的国家人才。"[1] 这些人多为名师巨儒，其学识、品德有相当高的社会影响，因此，很能吸引学子弃官学而就私学。例如，被尊为"越南儒学泰斗"的朱文安，通经博史，学业精深，曾为国子监司业，为太子讲授儒经，后开设私塾亲自执教，著名儒生范师孟、黎伯适等都是他的学生。

越南私学教育的范围比较广阔，与官学相比，其组织形式也较灵活，因此，其覆盖人才范围和人才选拔面也相当广，大大地补充了官学教育的不足。私学为官学和科举输送了大量有学识的儒生，也为农民社群提供了启蒙教育和文化教育。官学和私学互相呼应，形成官学和私学并行的二元制教育体制。在儒学长期潜移默化的影响下，越南人逐渐形成了尊师重教和讲究文明礼节的社会风尚，对越南社会、政治、经济、文化的发展产生了极为深远的影响。

三、殖民时期的教育

1885 年，中法战争结束，中国清政府与法国签订《中法会订越南条约》(《中法新约》)，放弃了对越南的宗主权。从此，越南完全沦为法国的殖民地和保护国，法国不仅获得了在越南的军事、政治、经济、外交主权，还彻底割断了越南同中国长达几个世纪之久的藩属关系。为适应殖民统治的

---

[1] 刘捷，谢维和. 栅栏内外：中国高等师范教育百年省思 [M]. 北京：北京师范大学出版社，2002：31.

需要，法国当局的教育政策是既大力推广越南拼音文字，创办法越学校，又保留传统的儒学教育，初步建立起殖民教育体制。[1]

（一）越南拼音文字的推广

越南语拼音文字的创制与欧洲人到越南传教具有非常密切的关系，它是传教士为了方便在越南传教而创设的一种文字。近代历史上欧洲人打开亚洲门户，拓展政治、经济势力，往往以传教士为先行军，不少西方传教士也纷纷来到越南。为了解决与当地居民的语言障碍问题，他们便使用自己的拉丁文字，按表音规则把越南语记录下来。越南拼音文字创立之初，传教士使用的拉丁文字差异多样，后来经过不断地整理、加工、改进，逐渐趋于统一。17 世纪上半叶，葡萄牙、意大利、法国传教徒就曾用这种拼音文字编写教义和编撰简单的《越葡词典》《葡越词典》。1651 年，法国传教士亚历山大·德·罗德编撰了影响广泛的《越葡拉字典》。这时的越南拼音文字已初具规模，因此罗德被称为越南拼音文字的创始人。但直到 19 世纪 60 年代，越南拼音文字都仅仅是西方传教士的传教工具。

法国殖民者入侵后，越南发生了很多地方性的抗法事件，这使法国人认识到武力并不能使越南人真正地臣服，越南人的抗争与其秉持忠孝节义的儒学价值观和家国同构的宗法意识有莫大的关联，因此对越南人的统治应由文化的统治入手，而推广和普及越南拼音文字对于其殖民统治具有重要意义。1861 年，在法国殖民者的督促下，泰国曼谷出版了法越、越法双语词典，这对于越南拉丁化拼音文字的使用起到了重大的推动作用，即越南语拉丁化拼音文字跨出了宗教界，扩大到社会各个领域。1865 年，由法国人所创办的第一份拉丁化越南文报纸《嘉定报》在越南南部发行。此后，

---

[1] 税贞建. 法国殖民时期的越南教育研究 [D]. 贵阳：贵州师范大学，2016：17.

越南拼音文字开始在个别学校被使用。1878 年 6 月，法国殖民政府在越南南部颁布了两条规定：一是所有公文、决议、决定、案卷、命令都必须使用国语字（即越南拼音文字），所有公开张贴的文书也要使用国语字；二是只有懂得国语字的人才有机会到政府机关任职，才有机会升职。[1] 这两项规定对越南文化、教育和社会产生了极大的影响。同时，越南拼音文字简单易学的特点使其备受新式学校和社会大众的青睐。越南民主革命者梁文干、阮权等人在河内成立东京义塾。东京义塾是一所以传播新思想、鼓励排除陋习、培养爱国主义精神和发动越南人民进行抗法运动为目的的学校。该校特别强调教授国语字。虽然东京义塾只存在了 8 个月，但前后培养了近千名学员。此事对于越南拼音文字的推广有着极大的推动作用。简单易学的拼音文字越来越被越南民众接受，它提高了越南人民的整体识字水平。

（二）创办法越学校

在推行殖民同化政策的过程中，法国殖民者逐渐认识到，仅靠推广越南拼音文字是远远不够的，办法国—越南学校（法越学校），用拉丁字母教学代替汉字教学，才是传播法国文化的最直接有效的途径。为了加紧培养本地合作者，从而为殖民机构输送人才，1864 年法国在西贡开办了第一所法越学校。法越学校以越南拉丁文字教学为中心，另有法语、汉字、算术、历史等正式课程。除招收殖民地官员子女外，法越学校主要招收越南富家子弟和在殖民政府里任职的越南人的子女就读，法越学校成为当地人提升社会地位的阶梯。官宦子弟蜂拥而至，他们毕业后大多为殖民统治服务。到 1869 年，法国殖民者在越南开办的法越学校已有 120 所，学生人数达 4 481 人。法国殖民者还有意送一些越南人到法国接受教育。1866 年，到

---

[1] 范宏贵，刘志强. 越南语言文化探究 [M]. 北京：民族出版社，2008：268.

法国留学者已有 14 名；1870 年，已有 90 名越南人在法国学校就读，毕业后多数回到殖民地行政机关任职。[1]

（三）传统儒学教育的消解

发展教育并不是法国殖民者的本意，他们制定教育发展计划的出发点是维持殖民地的秩序和稳定。1859 年，法国殖民政府宣布取缔南圻的儒学学校和科举制度，同时明确大力推广由法国传教士创造的越南罗马字，以之作为正式文字替代汉字。南部地区原有的儒学教育因此被迅速取缔，传统儒学教育的一元地位不复存在。但北部、中部地区在地理位置上靠近中国，其受中国儒家思想影响更大，于殖民者而言，短时间内在这些地方完全消除儒学影响是不太可能的。因此，法国殖民者允许北部和中部地区的法越学校与汉语儒学学校同时存在，并采取渐进式办法逐步发展以法语为主、拉丁化越南文字为辅的语文教育。法国保留顺化阮氏朝廷，也保留了传统教育和科举制，但在这个过程中，其维护殖民统治的立场是坚定不移的。1898 年，法国殖民政府签署文件，决定在传统科举考试的乡试中增加复试内容，包括拉丁化越语和法语，拉丁化越语和法语初试和复试都过关的举人或秀才可以优先获封官职。1903 年以后的考试，只有拉丁化越语和法语初试和复试都达到标准者才有机会做官。1910 年规定一切公文和生死嫁娶的证明书都要使用越南文。这样的改革决定了受教育者最终的出路：只有学习过法语和越南语的人才可以谋官任职，完全接受传统儒学教育的人则被排除在政治之外。

与此同时，殖民者入侵后，越南传统的自给自足的封建经济遭到了由资本主义所带来的外国商品经济和本国民族资本主义经济的巨大冲击。法

---

[1] 余定邦. 东南亚近代史 [M]. 贵阳：贵州人民出版社，1996：339.

国殖民者的政治统治取代了传统的封建专制统治，西方资本主义的思想文化打破了儒学一统天下的局面，旧式的教育越来越不能适应殖民政权和殖民地社会、经济发展的需要。在这样的历史背景下，越南儒学教育失去了原有的神圣性，科举制度也逐渐丧失了生存的基础，逐渐让位于殖民当局建立的法越教育体系。1905 年和 1906 年，殖民政府在越南设立了印度支那公共教育署和印度支那本地教育促进委员会两个教育权力机构，目的在于掌握教育的主动权，建构一个受自己控制的殖民地教育系统。1915 年，东京地区举行了最后一次科举考试；1919 年，在顺化举行了越南历史上最后一次科举考试，此后在越南前后存行 844 年的科举制度退出了历史舞台。

（四）殖民教育体系的发展与越南现代教育体制的建立

进入 20 世纪，法国在越南的殖民统治得到巩固。殖民政府不断发展教育，颁布和实施了《1917 年公共教育法》，建成了由初等教育、中等教育和高等教育构成的教育体系，奠立了越南现代教育体制。

初等教育 6 年，分为法国人初等教育和土著人初等教育两种。法国人初等教育入学者以法国人为限，土著人初等教育则是在越南本地教育的基础上参考法国本土教育而形成的，入学者限为越南土著人。初等教育的课程设置方面，学校强调最多的是语言教学，主要是学习越南国语。以日常生活为主题的关于家庭、乡村、房屋、食物、服饰、贸易、仪式、节日的德行教育和社会职业技能教育在整体课程安排中也占了比较大的比重。为避免越南学生接触西方的先进思想，殖民政府把法国启蒙思想家的作品列为禁书，阅读者被发现后会被判刑。法国初等教育在受教育人数和教育财政投入比例方面相较于其他阶段的教育更多。但小学生想要再往上进入高小（相当于初中）、中学（相当于高中）和大学学习是非常困难的，能进一步学习的人少之又少。因此，殖民时期越南教育的整体水平是比较低的。同时，女孩子能进入学校学习的人数很少，在校男生人数远远超过女生。

中等教育分为法国人中等教育和土著人中等教育两种，采用两级制，分别是高等小学阶段和中学阶段。前 4 年为第一阶段学习，结束后可获高小毕业证书；后 2 年为第二阶段学习，结束后可获中学毕业证书。课程设置主要包括法语、数学、物理、化学、生物、史学、地理等。其中最受重视的依然是语言教学，尤其是法语教学。中学阶段习得法语是学生进入大学的前提，也是学习大学课程的基础。中学教育课程在选择上有很强的政治偏向性，课堂上教授给越南学生的主要是法国民族思想而非越南民族思想。涉及越南民族、国家政权组织以及公民权利、义务等教育内容和课程逐年被压缩。课程中教授的越南内容，也是从法国人的视角来看待的。

高等教育分为法国人高等教育和土著人高等教育。法国人高等教育学校仅一所——河内医药学校，是一所五年制学校，这里毕业的学生与法国本土的毕业生拥有相同的学位。越南土著人高等教育为 1906 年 5 月殖民政府在河内创办的印度支那大学（今越南河内国家大学）。印度支那大学是越南创办的第一所现代大学，它的诞生标志着越南现代大学教育的开端，意味着仿照西方模式的现代大学模式代替了传统的儒学教育。但由于办学困难，1908 年它被下令解散了。根据《1917 年公共教育法》，殖民政府 1917年重开印度支那大学，重组、合并、新建的学院有法律学院、干部候补学院、医学院、兽医学院、公证学院、师范学院、农林学院、贸易学院、科学实践学院、高等文科学院、美术学院等。[1] 自此，越南高等教育正式步入正轨。印度支那大学的课程是经过殖民当局严格筛选的，带有同化的倾向。课程设置均以法国课程为主，即使有少量涉及越南或印度支那地区的课程，也都是由法国人主持编订的，是被法国化了的。

《1917 年公共教育法》的颁布、实施，使法越教育施行具备了法规保

---

[1] 武明江，等. 河内国家大学一个世纪以来的成长与发展 [M]. 李枭鹰，韦洁璨，译. 桂林：广西师范大学出版社，2012：9-10.

障，越南也因此初步建立了现代教育体制。到 1945 年"八月革命"前，越南全国有 737 所小学，62.3 万名小学生；65 所初中，1.67 万名初中学生；3 所高中，652 名高中学生；大学生人数为 1 200 多人。[1] 法国在越南建成的教育体制，瓦解了越南的传统教育，废除了传统儒学教育体制及与其并存的科举制度。学制系统的形成是现代教育区别于古代教育的重要特征之一。较之先前的儒学教育，法国在越南推行的法越教育体制具有法国教育集权、统一和规范的典型特征，内部明显的层次结构、明确的专业划分、不同课程体系的设置以及明确的教学计划，涉及越南语、法语、德行、历史、地理、数学、物理、化学、生物、科学等学科，每一阶段的考试也都有严格的考试标准。这些都是儒学教育无法比拟的。法国在越南施行的殖民教育是服务于其殖民统治的，看重的是教育带来的政治利益而不是越南人知识的增长和殖民地社会、经济发展的实际功用。但法国在越南的殖民教育活动在客观上也为越南现代教育体制的正规化和系统化奠定了基础。当今越南实行的小学 5 年、初中 4 年、高中 3 年的学制模式就是脱胎于法属时期小学、高小、中学三级制的学制。

四、1945 年至今的教育

1945 年越南民主共和国成立后，教育事业在北方的解放区有很大发展。1945 年 9 月，在越南民主共和国政府第一届政治会议上，胡志明主席将反对贫穷、反对文盲、反对侵略者确立为越南政府和越南人民三项至关重要的任务。越南人民响应政府和胡志明主席的号召，群众性扫盲运动取得了很大成效。大约一年的时间，平民学习班发展到 7.5 万个，教师 9.5 万名，帮助 250

[1] 张加祥，俞培玲. 越南文化 [M]. 北京：文化艺术出版社，2001：247.

万人摆脱了文盲。[1] 1946 年，通过颁布两项政府法令，越南民主共和国政府建立起教育政策的法律框架，新的教育体系包括学前教育、小学教育、初中教育、高中教育、大学教育、大学后教育等阶段。1950 年 7 月，越南民主共和国政府通过教育改革提案，提出了民族、科学、大众的教育原则和学与行并行、理论与实践结合的教育方针，旨在将青年一代培养成为对人民民主专政绝对忠诚并有能力为抗战、为人民服务且具有良好品德的公民。1951 年，马克思列宁主义正式成为越南高校的主要科目。1954 年《日内瓦协议》签订后，越南被人为地划分为相互对立的南北两方，实行着两种截然不同的教育制度。南方在美国的扶植下，继续采用西方的教育制度。在继续推行法语教育的同时，英语和越语教育也逐渐发展起来。初等、中等、高等教育和职业技术教育有了不同程度的发展。1960 年，南方的公立小学达到 4 624 所，注册学生人数为 1 214 621 人，教师 22 041 人。另外，还有 2 900 所私立小学，在校学生 339 442 人。中等学校达到 590 所，在校学生为 179 836 人。其中公立中学 140 所，在校学生 112 129 人；私立中学 450 所，在校学生 15 191 人；职业学校 26 所，在校学生 5 902 人。这些学校分布在西贡、芽庄、岘港、邦美蜀、永隆等地。在师范教育方面，正规师范学校在校生达 2 038 人，此外每年还能对近千名教师进行短期培训。与此同时，高等教育发展也很快，在校大学生达 20 834 人。有正规大学 4 所，即西贡大学、顺化大学、大叻大学以及云幸大学。其中，西贡大学规模最大，在校学生达 14 854 人，顺化大学次之，在校生为 2 491 人。到 1975 年西贡政权垮台时，整个南方普通教育类学校（包括小学、初中、高中、大学）在校生达 40 多万人。[2] 在北方，越南民主共和国废除了法国教育制度，实行新的教育制度。1956 年，越南政府颁布《越南民主共和国基础教育政策》，基础教育采用三级 10 年制（初期为 9 年制）的小学到高中教育，即一至四年级为第一级学校，相当于小学，招收

---

[1] 兰强、徐方宇、李华杰. 越南概论 [M]. 广州：世界图书出版公司，2012：180.

[2] 王士录. 简论越南现代教育的形成与发展 [J]. 东南亚，1992（4）：35-41+46.

7—10 岁学生；五至七年级为第二级学校，相当于初中，招收 11—13 岁学生；八至十年级为第三级学校，相当于高中，招收 14—16 岁学生。第三级学校毕业，可进入高等院校深造。在南北分裂的 20 年间，越南北方的教育事业有很大发展。民众教育运动在农村取得的成绩特别显著。到 1976 年全国统一时，识字率已达 70%。1954 年，北方共有中小学 5 048 所，在校学生 1 005 897 人，到 1975 年时，已发展到每个村都有 1 所以上小学，每个县都有 1 所以上初中，每个省都有 1 所以上高中。初中在校生达 5 147 000 人。高等教育发展也很快，到 1964 年，整个北方已有 16 所高等院校，在校学生 2.7 万人。仅河内大学在校生就达 2 万人。此外，河内百科大学也有数千名在校生。与此同时，少数民族教育和成人教育也有很大发展。到 1976 年国家统一时，在少数民族聚居的山区，绝大多数村庄都办起了小学。整个北方 12—50 岁的居民中，已有 93% 的人能够读书、写字，基本上消灭了文盲。在成人教育方面，有 300 多万工人、机关干部和农业合作社社员参加了成人教育，其中有 120 多万人完成了第二级学校教育。[1]

1979 年，越南实行教育改革计划，对南方的教育制度进行了全面改革：提出培养社会主义新人、实行全民普及教育和培养新型劳动队伍的教改三大目标；取消私立学校；在全国基础学段推行 12 年制教学，即小学 5 年制、初中 4 年制、高中 3 年制。基础教育 12 年学制一直延续至今。

1986 年，越共第六次全国代表大会总结了越共在领导越南社会主义革命和国家建设中的经验、教训，制定了革新路线。从此，越南进入革新开放的新的历史发展阶段，即从集中计划体制向以市场为导向的体制转变的阶段。国家政策整体改变直接引起教育部门的改革。越共六大提出教育和培训是头等国策，教育改革的主要方向是培养热爱祖国、热爱社会主义、有良好道德、有业务知识和能力的人。这次教育改革的内容和范围都非常

---

[1] 王士录. 简论越南现代教育的形成与发展 [J]. 东南亚，1992（4）：35-41+46.

广，推动了基础教育、职业教育、高等教育、成人教育、教师教育方方面面的改革。在1991年6月底召开的越共七大上，越共中央强调指出，越南的教育方针是在大力发扬民族传统文化的同时，重视科学人才的培养，注意提高民族文化素质，建立一支具有商品经营、企业管理经验的专业知识分子队伍，把越南的年轻一代健康地引向21世纪。值得注意的是，这次教育改革是越共执政后第一次正式提出在大力发展公办学校的同时，鼓励开设多种民办和私立学校。这种全方位的教育改革获得了巨大的成就，教育系统的规模从学前教育到初等教育、中等教育、高等教育、职业教育、师范教育以及成人教育都得到扩大。例如，小学辍学率从1989—1990学年的12.7%降低到1993—1994学年的6.58%，留级率从1989—1990学年的10.6%降低到1993—1994学年的6.18%年。[1] 学生总人数从1996年的2 000万增加到2005年的2 300万。2004—2005学年，小学适龄儿童的入学率达到89.0%，小学升初中的升学率为98.5%，初中适龄儿童的入学率达到84.0%，初中升高中的升学率为77.1%。[2] 1998年12月，越南国会审议通过并颁布《教育法》[3]，强调越南教育以马列主义和胡志明思想为基础，是具有人民性、民族性和科学性的社会主义现代教育。2003年，胡志明思想正式成为高等院校的必修课程。2005年，越南国会修订《教育法》，将教育的整体目标从法律上定义为培养全面发展的越南公民，包括获取道德、知识、健康体质、审美意识、职业能力及对国家独立和社会主义的忠诚。2012年，越南政府颁布《2011—2020年教育发展战略》，提出了越南教育发展的一系列主张和政策。2012—2013学年，越南各级各类学校总数为43 189所，比2007—2008学年增加了3 016所。[4]

---

[1] 吴妆容. 越南教育政策变革之研究 [D]. 杭州：浙江大学，2013：20.

[2] 吴妆容. 越南教育政策变革之研究 [D]. 杭州：浙江大学，2013：21.

[3] 全名为《越南社会主义共和国教育法》，本书为叙述简洁，在行文中遇到同类情况，在确保读者不会产生误解的地方，一概省略国名。例如，本段后面出现的《2011—2020年教育发展战略》，也同样省略国名，后同。

[4] 孙文佳. 越南国家教育现状及其启示探究 [J]. 广西青年干部学院学报，2015，25（5）：67-72.

　　现在，越南已经建立起了相对完整、统一和多样化的国民教育系统，从学前教育到高等教育各个层次的教育已经相对完善。越南教育系统分成五级：学前教育、小学、初中、高中、大学。学前教育接收 3 个月至 6 岁的婴幼童，教育单位类型有托儿所（3 个月到 3 岁）、幼儿园（3 岁到 6 岁）和幼儿学校（3 个月到 6 岁）。基础教育学制 12 年，分三级，即小学、初中和高中。小学学制 5 年，初中学制 4 年，高中学制 3 年。小学毕业生的去向主要是升入 4 年制初中或直接流向社会（部分人参加约 2 年的职业培训）。初中毕业生部分通过高中入学考试，进入 3 年制普通高中；部分进入学制 3—4 年的职业高中或中等专业学校；部分直接流向社会或参加约 2 年的职业培训后再参加工作。普通高中毕业生，部分通过考试进入大学（学制 4—6 年，一般大学修业 4 年、工程科系修业 5 年、医学修业 6 年）、大专（学制约 3 年），部分直接进入社会工作或通过培训后成为社会劳动力。同级的职业高中、中等专业学校毕业生直接进入社会工作，也可在毕业时报名参加大学、大专入学考试。越南各大学、大专独立招生，由本校单独出题考试，考生可同时报考几所大学、大专，高等教育对象不受性别、职业、年龄限制。大学专科毕业生可选择进入社会或进入本科大学学习。大学本科毕业生可选择进入社会或继续接受大学后教育。大学后教育分为硕士研究生教育和博士研究生教育，报考硕士学位和博士学位的考生必须是大学本科毕业生。获大学本科文凭的学员可攻读硕士研究生学位，学制 2 年。获硕士文凭的学员可攻读博士研究生学位，学制 2—3 年。获大学本科文凭的学员也可直接攻读博士研究生学位，学制 4 年。特殊情况可根据教育和培训部的有关规定延长攻读博士学位的时间。越南的学历文凭系统分为小学毕业证、初中毕业证、高中毕业证、中专毕业证、大学毕业证、硕士毕业证和博士毕业证。其中，硕士研究生考核评价主要涉及课程考核和论文考核。学生只有在通过了公共课程考核、专业课程考核和毕业论文答辩并均达到要求后才视为完成所有课程的学习，才能获得硕士毕业证和硕士学位证。博士研究生教育的考核评价更多地注重学生解决问题的能力，主要采取专题答辩形式。博士研究生至少要修读三个博士专题学习任务，并一一进行专题答辩。专题答辩通过后视为获得该专题成绩。如果专题答辩未通过的，将进行第二次学习、答辩。三个专题学习和答辩均通过后才可以进入博士毕业论文开题环节。越南的博士论文答辩难度较大，有三个环节，一是开题答辩，二是校级毕业论文答辩，三是国家级毕业论文答辩。在通过了开题答辩、校级答辩和国家级答辩后，博士研究生方可获得所有课程学分，才能获得博士毕业证和博士学位证。[1]

越南现行的学制概况可以参见图 3.1。

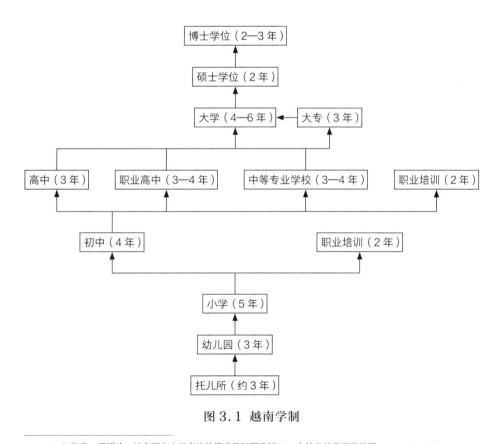

图 3.1　越南学制

[1] 江海燕、雷明珍. 越南研究生教育培养模式及问题浅析 [J]. 吉林省教育学院学报，2013，29（8）：126-128.

越南宪法规定："发展教育是提高民众素质、发展人力资源、培养人才的首要国策"，"国家优先投资和吸引各种资金投资于教育；关心学前教育；确保小学教育是强制教育，国家免收学费；逐步普及中学教育；发展大学教育、职业教育；实行助学金、学费合理的政策"。[1] 越南教育的主要目标就是提高人民生活水平、培养人才、为社会提供高质量的人力资源。基础教育的学校布局建设已在全国范围内得到普及，很多山区为少数民族子女提供了内宿制学校和半内宿制学校，多种形式的教学得到发展。居民集中的地区都成立了高等学校。学校的物质和技术基础得到改善，按照国家标准建设的新学校日益增加。2000—2001 学年，基础学段的学生达 1 800 万名，职业学校的学生达 82 万名，高等学校的学生达 100 万名。每 1 万人有 118 名大学生。2000 年的职业教育规模比 1997 年增长了 1.8 倍。[2]2001—2010 年，适龄受教育学生迅速增加，其中，5 岁以下儿童接受学前教育的比例从 72% 上升到 98%，小学教育比例从 94% 上升到 97%，初中从 70% 上升到 83%，高中从 33% 上升到 50%。技术培训规模扩大了 3.08 倍，中级专业教育增加了 2.69 倍。大学教育规模扩大了 2.35 倍。2010 年，大学生每万人中达到 227 人，受过教育的劳动者比例达到 40%，满足了劳动力市场的要求。[3]

人力资本的发展、高等教育入学率的提高和适应市场经济需求国民教育的改善，促进了越南社会、经济优良发展。2019 年，越南的 GDP 总值为 6 037 万亿越南盾，其中教育和培训贡献了约 230.7 万亿越南盾，占比约 3.82%。[4]2015—2019 年越南教育和培训对 GDP 的贡献见图 3.2。

[1] 越南社会主义共和国宪法（2013）[J]. 米良，译. 南洋资料译丛，2014（1）：23-43.

[2] 李枭鹰，韦洁璨. 越南高等教育政策法规 [M]. 桂林：广西师范大学出版社，2012：173.

[3] 李枭鹰，韦洁璨. 越南高等教育政策法规 [M]. 桂林：广西师范大学出版社，2012：196-197.

[4] 资料来源于全球统计数据库（statista）。

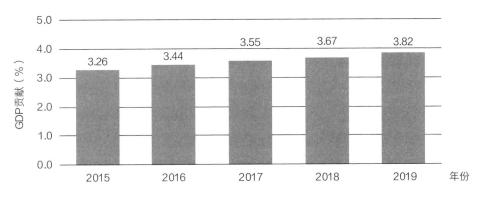

图 3.2 2015—2019 年越南教育和培训对 GDP 的贡献 [1]

2015—2019 年教育和培训对 GDP 的贡献值见图 3.3。

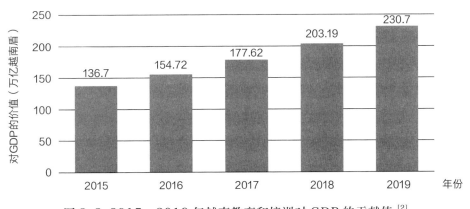

图 3.3 2015—2019 年越南教育和培训对 GDP 的贡献值 [2]

经过多年的努力，越南在确保教育质量、公平、全面，促进所有人终身学习等方面已经取得了令人瞩目的进展。根据世界银行 2020 年评估报告，越南人力资本指数在 174 个经济体中排名第 38 位，低于发达国家，高

---

[1] 资料来源于全球统计数据库（statista）。

[2] 资料来源于全球统计数据库（statista）。

于发展中国家。其中，教育指数排名第 15 位，就平均受教育年限和人均收入而言，越南处在高于世界平均水平的位置。越南许多教育指标在东盟地区名列前茅。例如：小学一年级儿童入学率达到 99%，五年级学生课程完成率达到 92.08%，在东盟地区排名第二，仅次于新加坡；2019 年东南亚小学生学习测评项目（The Southeast Asia Primary Learning Metrics，简称"SEA-PLM"）显示，越南小学生在阅读理解、写作和数学这三项能力中均位居东盟国家前列；越南中学生参加国际奥林匹克竞赛的成绩突出，引起其他国家的关注；越南高等学校在世界声誉排行榜上的地位得到提高，在国际学术期刊上发表的科研成果数量急剧增加。[1]

第二节 教育名家

越南历来重视教育、知识和人才的培养。在古代儒教的传播与发展过程中，全国各地兴办学堂，建立了从县、府至中央国子监的教育系统，实行了遴选官吏的科举制。在越南，儒教强调家庭教育的意义，每个家庭，特别是儒士家庭十分重视家教。在越南，社会流行尊师重道、讲究文明礼节的风尚。长达 9 个世纪的科举制推动了教育事业的发展，造就了一大批人才，形成了以儒生为主体的知识分子队伍。古代越南的儒学家主要是对中国孔孟经典进行注解，但均以诗文见长，大都是学者、政治家、诗人、文学家兼教育家。[2] 从 19 世纪后期至今，越南超越东方文化的范围，从接受西方近代文明一些思想观念，抨击和改造儒学，到形成以马列主义、胡志明思想为主导的意识形态，更为广泛地吸收和融合了世界文明成果。[3] 许多

[1] 资料来源于越南教育和培训部网站。

[2] 梁志明. 论越南儒教的源流、特征和影响 [J]. 北京大学学报（哲学社会科学版），1995（1）：26-33+25.

[3] 于向东. 越南思想史的发展阶段和若干特征 [J]. 郑州大学学报（哲学社会科学版），2001，34（3）：72-77.

人面对国家和民族发展的时代需求，对越南教育进行了深入的思考和实践，他们当中涌现了一些教育名家。

一、李乾德

李乾德（1066—1127）是李朝第四代皇帝——李仁宗，是越南在位时间最长的皇帝，在政治、经济、文化、军事、外交方面均有卓著功绩。他对越南历史、文化与教育最大的贡献是开创了越南科举制度与国家儒学教育。在李圣宗李日尊 1070 年建立文庙以传播儒学的基础之上，李仁宗大力发展越南儒学文化教育。1075 年，李仁宗"诏选明经博学及试儒学三场，黎文盛中选，进侍帝学"[1]。从此，越南开始实行科举制度。1076 年，李仁宗在文庙旁边建立国子监，即皇子与皇亲国戚的学校，后又广泛接纳天下有才者前来学习。1077 年，李仁宗举行吏员考试，以书法、算术、刑律为主。1086 年，李仁宗开科选拔全国文学才能突出者，送进翰林院当官。[2]

儒学与儒学教育本身是无法隔离的。李仁宗重视儒学，设立国子监，实行科举考试，建立科举制度，希望通过教育大力传播"三纲五常"的儒学思想，选拔儒士人才。科举的实行推动了儒学在越南的传播，儒生的数量日益增多。儒学的广泛传播促进了儒学教育的发展，而儒学教育把儒学经典作为学校教育的主要教材并定为科举考试的重要内容，反过来也扩大了儒学的传播与影响。李朝开了越南以儒家思想为教育思想的滥觞。自此以后，越南历代王朝都非常关心和发展教育事业。[3]

---

[1] 吴士连，陈荆和. 大越史记全书 [M]. 东京：东京大学东洋文化研究所，1985：330.

[2] 黄氏银. 论越南李朝儒学教育 [D]. 南宁：广西民族大学，2011：26.

[3] 黄氏银. 论越南李朝儒学教育 [D]. 南宁：广西民族大学，2011：18-19.

二、朱文安

朱文安（1292—1370），越南儒学泰斗，陈朝时著名的儒学家、教育家。朱文安一生从事儒学思想的教育与传播。他早年中进士，在家乡执教，传播儒学思想，蜚声遐迩，桃李盈门，著名学者、文人如范师孟、黎伯适皆出自其门下。[1] 后来他应陈明宗之请，出任国子监司业和国子监祭酒，授太子学业，编纂《四书说约》（10 卷），并做了简明诠释，前后四十余年，影响深远。陈裕宗时，朝政腐败，奸臣弄权，他便辞官隐居授徒。这期间他取号樵隐，创作诗文，歌颂大好河山，表达了清高气节。死后被追封为文贞公，谥号康节，并在文庙中供奉，与孔孟一起享受祭祀。越儒得以从祀文庙由此开始。朱文安从祀孔孟是因其著述、人品、授徒都符合儒家文化的标准和越南的儒学价值，同时与其长期担任掌管国家教育的最高长官——国子监祭酒也有一定的关系。

朱文安在汉语文学方面独领风骚，著有《樵隐诗集》。他对越南的民族文字——喃字也极为重视，极力推行，著有《樵隐国语诗集》。他的诗意境高远，清新自然，以性灵见长，描绘情与景，给人以动与静结合的美，是当时越南描绘风景、歌咏自然一派的代表人物。

朱文安通经博史，学业精深，为人正直严毅、凛然可畏，在越南历史上甚有影响，被尊为"朱圣人""越南孔子""越南儒学泰斗""越儒宗"。他所著的《四书说约》是陈朝最著名的儒学著述，对越南儒家思想的传播做出了特别的贡献。越南河内文庙供奉的朱文安神像，上有"传经正学"的横匾，两边的对联是"博于史穷于经圣道渊源开后学，行以礼藏以义贤人风节绍先儒"。文庙旁边的马路还以"朱文安路"命名，越南其他一些地方也有以朱文安命名的街道。越南多地有一些中小学和大学也以朱文安的

---

[1] 梁志明. 论越南儒教的源流、特征和影响 [J]. 北京大学学报（哲学社会科学版），1995（1）：26-33.

名字命名，其中河内朱文安高中是越南教育质量最优、最为著名的高中。可见朱文安在越南备受尊崇。

三、阮廌

阮廌（1380—1442），古代越南著名政治家、儒学家、文学家、教育家，越南后黎朝黎太祖黎利的谋臣与挚友。文武兼备，精通汉文。辅佐黎利发动蓝山起义，成为后黎王朝的开国功臣，位居文官之首。阮廌在任内制定了后黎朝的典章制度，并致力恢复与明朝的外交关系，使明朝正式确认越南的独立。1442年，因卷入黎太宗之死，阮廌受诬陷遭到处死，并被诛三族。黎圣宗时冤案得以昭雪，被追封为金紫荣禄大夫。

阮廌有诗文多种行世，著名的作品有《至灵山赋》《家训歌》《舆地志》《蓝山永陵神道碑记》《抑斋诗集》《军中词命集》《崐山歌》《冰壶遗事录》等，在越南文学史上占有重要地位，文集称《抑斋遗集》。他编选的《国音诗集》收入喃字诗254首，是越南现存第一部完整的喃字诗歌集。[1]作品全部用唐律诗体写成。但他追求脱离唐律诗体严格的韵律规定，创造出了有别于中国唐诗的民族诗体，被后世越南诗人陆续采用。

阮廌非常重视教育，重视人才培养和使用。他20岁时考取进士，曾担任翰林院、国子监的文教要职。他认为教育事业是崇高的社会事业，朝廷要发展教育，提高人民的文化和道德水平。但教育事业并不是自发自成，人只有通过学习才能成匠成师。学习的目的不是入朝为官，而是开阔自己的良知，成为有智慧的劳动者。阮廌的教育思想中"德""才"都得以重视，其中"德"是他更注重的问题。他常劝诫天下父母要给予子女品德教

---

[1] 成思佳. 略论阮廌的生平及其著述 [J]. 黑龙江史志，2015（7）：20+333.

育，常提醒教师要进行忠孝纲常熏陶。受"仁义"和"安民"思想的影响，阮廌十分注重仁爱教育，提倡民族团结精神。他认为，当人民有较高的文化和道德水平时，他们就会自觉地对社会、身边的人以及自己施行仁义道德，使国家走向太平盛世。[1]

阮廌是越南最杰出的儒家学者。他的思想体现了儒家思想和越南文化以及社会实际的结合，具有民族性、本土性、开放性和实用性的特征。研究阮廌的思想，有助于我们理解越南思想、文化和教育的发展与特征。1980年，联合国教科文组织授予阮廌"世界文化名人"的称号。[2]

四、黎思诚

黎思诚（1442—1497），越南后黎朝第五代君主，越南历史上英明的君主之一，庙号圣宗。天才高迈，乐善好贤，初封平原王，进封嘉王。1460年即位为帝后，改革官制，大兴科举，颁行法典，致力农务，改善经济，发展生产，编撰史书，开阔国土，使越南发展到前所未有的盛况。

黎圣宗重视儒学，强调礼治，采取儒家思想和经典作为治国工具，使越南儒学在15世纪进入极盛时期。[3]黎圣宗参照隋唐律例，颁布《洪德法典》，颁布各种诏、制、告以及关于法律、教育、军事和外交的文件，治国安邦。同时，他还制定《二十四训条》，倡导忠孝节义，规定父子、夫妻、婆媳、男女、师徒、乡党、军民等各方面的关系，用儒家伦理确定家庭、乡里乃至整个社会的等级尊卑关系，诏谕全国官军民等一律奉行。他的教育理念是培养儒士。这些儒士按个人职务、地位和能力分配工作，助力朝

---

[1] 黎文伏. 儒家五常思想及其在越南德育中的运用 [D]. 长沙：湖南师范大学，2015：121-122.

[2] 宋秀鹏. 阮廌的生平、著述及思想研究 [D]. 郑州：郑州大学，2019：1-2.

[3] 于向东. 越南思想史的发展阶段和若干特征 [J]. 郑州大学学报（哲学社会科学版），2001，34（3）：72-77.

廷治国、安民、平天下，并将儒家思想广泛地传播到民间。

黎圣宗大力促进教育发展，培养人才。黎圣宗以德治的方式，规定科举制中的乡试由"有德之士"应试，凡不睦、不忠、不孝、不义、乱伦者，虽具有大志及学识，亦不准应试。在会试上，以四书五经等儒家典籍的内容出题。对于国家教育机构国子监，黎圣宗置五经博士，各人专治一经，教授监生。为表示尊孔，黎圣宗下令修建文庙大成殿、更服殿、明伦殿、东西讲堂等，用于祭祀孔子。为提高儒生威望，黎圣宗下令在国子监立进士碑，以记载考中的进士及大越民族有才德的人，并不断补充新碑。他特别积极地改组教育机构，并制定科举新政，避免考试中作弊。黎圣宗多次参加科举考试和人才选拔，亲自出题，亲自阅卷并重审考卷。[1]

黎圣宗对科举取士十分看重，他定三年一次大考，将科举考试制度化，并定乡试之法，改革会试，亲自主持廷试。黎圣宗在位 37 年，开科 12 次，取士 511 人，两项均超过李朝、陈朝开科取士数目的总和。[2] 黎圣宗深刻洞彻"人不学不知理"的儒家要义，重视劝学。为了实现劝学目的，黎圣宗下令扩大升龙城国子监内的太学门，为四方学者、社会各个阶层提供食宿和学习的便利条件，向刻苦学习者发送助学金，散发各种儒家经典书籍、教科书到地方学校。同时，他又强调科举制度的巩固和发展，并采取多种手段，放宽对应试者的要求，选任有道德且知识水平较高的考官，以保障科举公平。特别的是，他要求应试者在通经明史以外，其才识还必须能应对现实生活问题。[3] 这一先进的人才选拔观念是促进国家发展的优良方式。黎圣宗通过儒学教育培养和科举甄选，为国家打造了一支有学问、有智慧、有道德且忠于朝廷、知法执法的官员队伍。

黎圣宗博才多学，精通历史、文学、地理。黎圣宗对于越南本国史相

[1] 阮氏红芳. 儒家德治思想对越南的影响 [D]. 上海：华东师范大学，2014：85-86.

[2] 梁志明. 论越南儒教的源流、特征和影响 [J]. 北京大学学报（哲学社会科学版），1995（1）：26-33+25.

[3] 阮氏红芳. 儒家德治思想对越南的影响 [D]. 上海：华东师范大学，2014：104-105.

当重视，他下令史官吴士连编纂的 15 卷《大越史记全书》，以文言汉文编撰而成，是越南的编年体通史，也是研究越南历史最重要的史书之一。此外，黎圣宗还引导撰修了《天南余暇集》，记录当朝重要历史事件和刑律。黎圣宗又撰写了《亲征记事》一书，记录了亲征占婆、老挝及各芒族部落的过程。在文学方面，1494 年，黎圣宗成立"骚坛会"，该会有成员 28人，包括圣宗本人及其近臣，称为"骚坛二十八宿"，圣宗自号"骚坛元帅"。该会成员以汉文或喃字创作了不少诗篇。例如，用汉文写成的《琼苑九歌》，由黎圣宗依九题写诗九章，再由他人依韵奉和。再如，用喃字创作的《洪德国音诗集》，内容为吟咏天地、吟咏大自然、抒发情感、描绘各种物品、清闲逍遥的自我吟唱等，流传甚广。在地理典籍方面，黎圣宗以前，越南没有完善的本国地图。黎圣宗下令各地官员踏勘治所内的山川险要地带，绘图详述，然后呈送户部，绘成了当时的越南全国舆图。

五、阮秉谦

阮秉谦（1491—1585），字亨甫，号白云居士，越南南北朝时期的哲学家、诗人、教育家。

阮秉谦出身封建贵族家庭，生长在越南封建制度开始发生危机的时期。他学识渊博，曾师从榜眼梁得朋学习儒学。1535 年他参加莫朝的科举考试，连中三元。随后在莫朝任吏部左侍郎兼东阁大学士，后升吏部尚书，爵程国公。由于他是状元，因此民间称他为程状元。1542 年，由于上疏请诛奸臣被朝廷驳回，他愤而辞官回乡，创建了越南著名的"白云学校"。他将忠信、仁爱等儒家思想运用于日常教学之中，要求学生忠君、爱国、爱民，培养了冯克宽、阮屿、梁友庆等有名的思想家。[1]

阮秉谦的教育思想是宋儒思想、老庄思想、佛教思想与越南劳动人民的纯朴、人本和自然的结合。阮秉谦溯源《易经》，阐述太乙之理，形成了自己独特的宇宙观和人生观，在 16 世纪的越南思想史上具有举足轻重的地位。阮秉谦认为世事之沉浮乃是必然，而且谁也无法改变，抗拒自然、社会的不停运动是徒劳无益，自讨没趣。阮秉谦所谓的"天理""天道"，主要是君臣父子等伦理道德，他认为这是天下之定理，但也包含自然规律。阮秉谦从小受到父母亲儒家思想的熏陶，长大后又从儒士学习，这种教育形成了他根深蒂固的儒家正统思想。他的君臣父子观念极重，把"君臣之义、父子之亲、夫妻之别"作为完善自身道德的规范，同时也作为治世妙方。他认为当时的越南社会，人们追名逐利，日益被金钱所左右而丧失了固有的善良本性。他劝诫人们别追求名利，要见利思义，以善待人，遵循儒家的伦理道德。他将自身的期望寄予诗歌和教育事业中，希望通过诗文、教育和多做善事，使天下变得美好。他将忠信、仁爱等道德思想运用于自己的教育工作中，要求学生一切言行都要合乎儒家伦理道德，不要偏离"正道"，要忠于国家，尽心尽力为国为民。

阮秉谦的教育思想对越南的影响很大，现今越南不少城市的街道以他的名字命名。

六、黎贵惇

黎贵惇（1726—1784），字允厚，号桂堂，越南后黎朝末期著名的文人、史学家、哲学家、政治家、教育家，越南儒学集大成者。他出身于书香门

---

[1] 黎文伏. 儒家五常思想及其在越南德育中的运用 [D]. 长沙：湖南师范大学，2015：128.

第，从小就受到了良好的教育，熟读儒家经典，儒学修养非常深厚。1743年，他参加乡试，中了乡元。同年，他开始从事教学和写诗，同时继续追求学业和参加会试。1752年，他金榜题名，会试和殿试都考过，其中会试中会元，殿试中榜眼（此次没有状元）。此后，他在翰林院担任侍书，1757年升任翰林院侍讲。1760年，太上皇黎懿宗崩，黎贵惇等人奉朝廷之命出使中国，向清廷岁贡，并告黎懿宗崩。出色地完成两年出使任务回来之后，1762年他又升职为翰林院承旨、秘书阁学士。他曾被派做乡试主考和会试监考。1765年，黎贵惇因上疏得罪黎显宗被降职，请辞回乡。1767年，黎贵惇又复职做翰林院侍讲，兼任国子监司业。1770年升任户部右侍郎，1773年升任陪送（副宰相），1775年被任命为国史馆总裁，续编越南国史。1784年去世，被追增工部尚书，追赐太傅、颖郡公，追谥文忠。[1]

黎贵惇自幼熟读儒家经典，少年时已博览四书五经和诸子百家著作。他的哲学思想受中国宋儒理学，特别是朱熹思想的深刻影响。他的著述很多，包括古籍研究、史地纂修、经传释义、诗文创作，内容涉及哲学、经济及历史、地理诸方面。其主要作品有《四书约解》《书经衍义》《芸台类语》《群书考辨》《黎朝通史》《国史续编》《北使通录》《桂堂诗集》《全越诗录》《皇越文海》《见闻小录》《抚边杂录》等。其中有些是他的创作，但更多的是他对古代文史名著的整理编述。他的这些著述传世至今，在越南思想史上具有独特的地位。[2]

黎贵惇作为一名封建士大夫非常重视教育，将收徒讲学作为其儒学实践活动的重要方面。黎贵惇从儒学传授和科举选才的角度论述了教育的重要性、必要性和可行性。他认为，科举制度是朝廷网罗人才、扩大政治基础的重要措施，人才的培养、选用为立邦治国之急务。他强调，通都大邑的公卿子弟中不乏才学之士，而陋乡僻县的民家子弟中也有好学之人，天

[1] 范越胜. 儒学对黎贵惇思想的影响研究 [D]. 上海：华东师范大学，2011：12-14.

[2] 于向东. 试论 18 世纪越南学者黎贵惇的世界观 [J]. 哲学研究，2009（11）：113-118.

资也一样聪颖。人才需要通过科举教育与实践活动来选拔和鉴别。因此，黎贵惇曰："人才之生，浩然不穷，教之而后成，用之而后见。"[1] 他的这一思想对越南教育发展和人才培养产生了重大影响。

黎贵惇始终秉承儒学的精神，把高扬儒学价值和传授儒学思想放在非常重要的位置，致力于把儒学知识和价值观普及于世。史料中关于他集中讲学经历的记载一共有三次。第一次是在 1765—1766 年，他辞官在家，讲学授徒，学者甚众。第二次是在 1776 年，他出仕顺化时曾视察学宫，并与诸生讲学论文。第三次是在 1783 年出仕义安期间，他广开学舍，学者数百人。由于他学问渊博又乐于收徒，因此弟子众多，其中不乏后黎朝末期统治集团的重要人物。黎贵惇通过教授儒学，为当时的越南培养了不少博学的儒士，为儒家文化在越南的传播和发展做出了很大贡献。[2]

七、潘佩珠

潘佩珠（1867—1940），原名潘文珊，别名潘是汉，号巢南。越南近代爱国志士，越南民族民主革命的先行者，文学家，近代启蒙思想的先驱、教育家。潘佩珠出生于越南一个乡学教师家庭，6 岁随其父习经书，13 岁随名儒深造，精通汉文。18 岁开始教书生涯。在家乡教书期间，他常同"勤王"同仁、绿林豪杰秘密往来，同时为寻求救国救民的真理而发愤读书。1900 年，应义安乡试，考中解元（第一名），在越南社会上声名日振。[3]

1903 年，潘佩珠撰写了《琉球血泪书》，号召人民起来反对法国殖民统治。1904 年，潘佩珠创立了以反法复国为宗旨的维新会。1905 年初赴日本，

---

[1] 范越胜. 儒学对黎贵惇思想的影响研究 [D]. 上海：华东师范大学，2011：22.

[2] 张潇潇. 越南后黎朝儒学的发展与兴盛 [D]. 郑州：郑州大学，2019：135-136.

[3] 王民同. 越南民族民主革命的伟大先行者潘佩珠 [J]. 云南师范大学哲学社会科学学报，1992，24（2）：51-55.

结识了梁启超、孙中山、章太炎等人，也与大隈重信、犬养毅、宫崎滔天等日本政界要人有联系。在日本时，潘佩珠先后写出《越南亡国史》《劝国民资助游学文》《敬告全国父老书》，强调开拓民智，认为只有民智提高了，民权才会受到尊重，民智决定国家兴亡。他的这些作品在越南国内广泛流传，掀起了越南近代史上寻求救国方针、争取外援的赴日留学运动——东游运动。自 1905 年 7 月到 1908 年 6 月，越南维新会选派了 200 多名青年到日本留学，他们分别进入振武军事学校和东亚同文会学习。[1] 在日本的越南青年除了学习日语、文学、数学、历史、地理、物理、伦理等文化课以外，潘佩珠还组织他们学习军事知识。1906 年，主导东游运动的潘佩珠从日本写信回国，指出越南亡国的原因之一是缺乏教育和无知，而日本已摒弃旧风俗，提倡开启民智，走上开办学校、教育子弟读书的新道路。国内也有一些进步人士主张发展文化、教育事业。在潘佩珠的敦促之下，酝酿已久的东京义塾于 1907 年 3 月在东京（今河内）桃行街建立了。东京义塾是在东游运动的直接影响下建立的，它以日本著名思想家福泽谕吉的庆应义塾为榜样，是一所新式学校。东京义塾不仅在河内产生了巨大的冲击波，它的影响还辐射到周边地区，仿效东京义塾办学的地区也日益增多。东京义塾、维新运动与东游运动三位一体，尝试引入当时西方较为先进的知识体系和教育方式，开启民智，教育救国，把 20 世纪初越南资产阶级改良运动推向了高潮。1907 年 10 月，留日学生成立"越南贡献会"，由潘佩珠任总理，专门处理留学生的事务，促进留日同学相互接济、团结互助。1908 年年初，东京义塾被法国殖民政府强行关闭，学校领导人也遭到逮捕。1908 年 6 月，第一批学生从振武军事学校毕业，引起巨大反响。1908 年 11 月，日本政府下令解散越南留学生组织。潘佩珠和旅日的中国、朝鲜、印度、菲律宾等国的革命者成立东亚同盟会。又与中国广西、云南留日学生组织

---

[1] 林莉. 中越友好关系史上珍贵的一页——记越南革命先驱潘佩珠的革命历程 [J]. 东南亚纵横，2006（7）：40-43.

桂滇越联盟会，以相互支援、共同反对帝国主义。1909 年，潘佩珠被日本政府驱逐出境，东游运动至此结束。在辛亥革命的影响下，1912 年 2 月，潘佩珠在广州成立越南光复会并任总理。光复会确定了潘佩珠提出的"驱逐法贼，恢复越南，建立越南共和国"的宗旨。光复会和光复军曾先后在越南境内、中越边境攻打过敌人据点数十次。由于在国内缺乏群众基础，光复会的宗旨始终不能实现。1913 年，潘佩珠在广州被捕入狱，写下《狱中书》，记述其反法活动。1916 年获释。1924 年潘佩珠在广州解散光复会，成立越南国民党。1925 年 6 月在上海被法国特务绑架，押解回国，软禁在顺化御津，直到 1940 年 10 月 29 日逝世。在软禁期间，他写下许多诗文，抒发热爱祖国的思想感情，激励人民赶走法国殖民者，光复国土。潘佩珠培养和教育了一批军事、政治人才，他领导的革命运动为胡志明时代的革命运动奠定了基础。

八、胡志明

胡志明（1890—1969），原名阮生恭，学名阮必成，参加革命后更名为阮爱国。越南无产阶级革命家、政治家、教育家，越南民主共和国的主要缔造者，曾任越南民主共和国（今越南社会主义共和国）主席、政府总理，越南劳动党（今越南共产党）中央委员会主席。

胡志明出生于越南乂安省南坛县金莲村的一个儒学家庭。1905 年，进入顺化国立学校读书。1910 年，在育青私立学校当教师。1912 年，以海员身份出国，遍历法国、英国、美国、德国、阿尔及利亚等许多国家。1919 年凡尔赛会议召开时，代表在法国的越南爱国者向各国代表团递交了一份备忘录，要求法国政府承认越南人自由、民主、平等和自决的权利。1920 年，加入法国共产党，成为越南第一个共产党人。1924 年，前往苏联参加共产国际第五次代表大会；同年，前往中国广州担任苏联顾问鲍罗廷的翻译。1925 年，在广州创立越南青年革命同志会。1930 年，在中国香港组建越南共产党。第二次世界大战爆发以后，到中国广西桂林等地区组织反对法国殖民者的斗争。1941 年，成立越南独立同盟会并担任主席。1942 年，化名胡志明，到中国与越南抗日革命力量联系。1944 年 12 月，胡志明指导成立了越南解放军宣传队。1945 年 8 月 19 日，领导"八月革命"并取得胜利；9 月 2 日，在河内巴亭广场五十万人的群众集会上，代表临时政府宣读《独立宣言》，宣告成立越南民主共和国。1946 年 3 月，当选为越南民主共和国主席，兼任政府总理。1951 年 2 月，当选为越南劳动党中央委员会主席。此后，胡志明成为越南党政领袖直至逝世。1964 年北部湾事件扩大战事后，胡志明继续领导北越政府进行旨在统一越南的越南战争。1969 年 9 月 2 日，胡志明因心脏病逝世，享年 79 岁。1975 年，北越军队攻占南越首都西贡市，西贡市也因纪念胡志明而改名为胡志明市。1991 年 6 月，越南共产党第七次全国代表大会通过的新党章正式把胡志明思想确定为越南共产党必须遵循的指导思想和行动指南，并同坚持马列主义并提。[1] 胡志明思想已经渗入越南社会和人民生活的每一个细节，每逢重大节日，在越南全国各地都能看到"胡志明主席永远活在我们的事业当中"的宣传标语。

胡志明为越南留下了一笔丰厚的思想遗产，主要作品有《胡志明全集》。胡志明作为越共创立者、革命领导人，在越南拥有极高的声望和权威，在其漫长的革命生涯中形成了胡志明思想。胡志明思想涉及革命、建设、发展各个方面，包含哲学思想、政治思想、经济思想、文化思想、军事思想、外交思想等内容。其中，胡志明教育思想也是胡志明思想的重要组成部分，胡志明教育实践为当今越南教育事业奠定了基础。胡志明在执政期间充分认识到青少年在革命事业中的潜力与作用，对青少年的培养非

---

[1] 双成. 胡志明思想的概念和体系 [J]. 谭志词，译. 东南亚纵横，1995，66（2）：7-10.

常重视，并将其作为民族整体发展的重中之重予以思考。胡志明认为，青少年是国家人才重要的一部分，是党的后备力量，民族的命运和国家的发展取决于对青少年的启蒙与培养，所以，培养青年是一件至关重要的国家大事。如果缺少革命继承者，不仅给革命事业的发展带来阻碍，而且已取得的革命成果也难以维护、保存。在胡志明关于青少年培养的思想中，最基础和突出的是促进青少年德智体美劳全面发展的教育思想。胡志明认为，在教育青少年的过程中，要重视对他们进行革命道德、社会主义启蒙、文化、技术生产和劳动等的全面发展教育，要将年轻一代培养成为建设社会主义的又"红"又"专"的革命接班人。胡志明在要求培养又"红"又"专"的青少年时，把"红"放在"专"的前面。他强调，"德"是根本，革命道德是革命成功必不可少的因素，是革命的基础。在不同场合的讲话中，他提出了关于青年的一系列道德要求，包括：热爱祖国，热爱人民，热爱劳动，爱护公共财产，遵守纪律；有坚定的民族精神，关心重建国家的事业；有勇于创造的精神，有昂扬的斗志和进取心；勤劳、俭朴、廉洁、公正、无私、进取、团结，定期进行批评和自我批评等的教育和锻炼；做益国利民之事，不好地位、功名、富贵；积极打击个人主义，各种牺牲和辛苦的事，应该己先于人；关心世界局势，有五洲四海是一家的国际主义精神；等等。但在"红"和"专"的问题上，胡志明并不轻视其中任一方面。胡志明要求青少年必须又"红"又"专"，是因为有德而无才的人无用，有才而无德的人则做人难成。他强调高尚道德的形成需要经过实践的锤炼和积累，要通过漫长的学习修养、自我改造、品质完善和能力磨炼来促进青少年的全面发展和逐步成长。[1]

胡志明非常关心师资队伍建设，他对于教师的角色、任务、师德、专业以及教学方法有着十分深刻的见解。胡志明认为，教师在整个教育系

---

[1] 潘氏芳英. 论胡志明的青年道德教育思想 [J]. 党史博采，2014（11）：54+58.

统、教育过程中起着决定性的作用，无教师就无教育，教师的好坏直接决定了学生的好坏。十年育树，百年育人，教师要充分掌握党的教育方针和观点，为国家培养出良好的公民、良好的干部。如果没有教师为人民子弟教学，则无法建设社会主义。胡志明特别重视师德，把师德视为教学工作的灵魂，认为最重要的师德就是要为祖国、为人民服务。胡志明强调教师要爱护、关心和照顾学生，但不同年级要有不同的体现方式。在小学，教师给学生的关怀应如同父母给孩子以关心和照顾。在初中、高中以至大学，教师对学生的关怀要本着民主、有纪律、有责任的基本原则进行。胡志明提出，教师应对自己教学领域很在行，有充足的专业知识和跨领域的知识，有足够的教育理论，应深入了解每个学生的认知能力并从中找出最适合的教学方法，教学方法要依据教学目标、教学内容和学生心理来确定，教学要生动、理论结合实际。

胡志明有民族解放英雄和文化名人的双重殊誉。1987 年 11 月 20 日，联合国教科文组织在关于授予胡志明"越南民族解放英雄及杰出文化专家"的决议中说道："胡志明主席对文化、教育、艺术等领域的巨大贡献是越南人民上千年传统文化的结晶。胡志明思想体现了越南各个民族对于强调自己文化特色的渴望，也体现了为推进各个民族之间相互了解而做出的努力"。[1] 2020 年 5 月 19 日，在胡志明诞辰 130 周年之际，越南教育和培训部举办了"胡志明主席与教育事业"研讨会，表示要将胡志明教育思想化为具体教育行动，提高民德、开拓民智、培养人才，为建设和保卫繁荣富强、民主文明的新越南做出新时代的新贡献。[2]

---

[1] 黄金芝. 胡志明的师道观浅析 [J]. 学理论，2013（33）：342-343.

[2] 资料来源于越南教育和培训部网站。

第四章 学前教育

第一节 学前教育的发展和现状

一、学前教育的发展历程

在古代越南，教育不仅包括培养官吏，也包括对全民的儒学教化和对封建德治社会的塑造。古代越南家庭私塾盛行，教育内容以四书五经为主，儿童和青少年在家庭和私塾中接受四书五经的熏陶，学习者不分年龄和学段。这种教育和科举的平民化提高了越南民族的教育素质，也促进了古代越南的社会阶层流动。

1858—1940 年，越南沦为法国的殖民地长达 82 年之久。在法国统治时期，现代学制被引入越南，现代意义的学前教育开始在越南萌芽和发展。当时的学前教育，强调了为进入小学做准备的作用。这种学前教育的功利主义倾向使得学前教育在受到不断重视的同时，也在一定程度上泯灭了幼儿童年生活中的快乐。但是，它在具体的教育与养育的要求中所强调的保育、照顾与教育的平衡，尊重儿童的重要性，儿童应有的对正直和美感的需求，等等，又体现出了越南学前教育难能可贵的一面。

1945 年 9 月 2 日独立以后，越南南北方的发展一直存在各个方面的差距，幼儿园的分布也不均衡，北方要优于南方，城市的幼教质量要优于农村。在越南山区、偏远地方、农村和城市郊区有很多适龄儿童辍学。辍学的主要原因是家庭经济困难，担负不了学费。越南统一以后，学前教育受到重视。1979年，越共中央通过了教育改革的决议，提出要发展教育，推动文化思想革命的进行，促进经济、文化、科学技术的发展，培养有道德、有知识、有能力、健康的社会主义新型人才。为此，要从娃娃抓起，鼓励适龄儿童上托儿所和幼儿园。1987年，幼儿园被列入教育系统之中，由教育和培训部领导。1989—1990年，全国幼儿园有5.81万个班，入园幼儿160.84万人，幼儿教师6.71万人。平均每班有学生27.7人，每个教师教幼儿24人。[1] 从20世纪90年代开始，教育社会化作为越南一项重要的教育政策不断向前发展，非公立学前教育机构的增加，使得3岁以上幼儿的入园率较高，5岁幼儿有9成以上都可以进入学前教育机构学习。但同样，随着经济的快速增长，贫富差距也在不断扩大，与此同时带来的教育的贫富差距也不断加大。这引起了越南有关方面和人士的思考与探讨。

进入21世纪以来，越南学前教育进入了发展的快车道，幼儿园数量、学生人数和教师人数持续增加。2000—2001学年，全国有学前教育学校8 933所，班级8.71万个，教师10.33万人，在校生人数221.2万人。2003—2004学年，越南学前教育学校有8.87万个班，在园幼儿217.29万人，教师10.67万人。[2] 2005—2006学年，越南有幼儿园10 927所，共9.39万个班，在园幼儿242.69万人，教师11.72万人。[3] 2009年，越南教育和培训部制定了《普及5岁儿童学前教育计划》，2010年得到了越南政府的批准，在全国推行。计划的目标是保障全国各地所有5岁儿童能够入园接受为期一年每日两个半天的照顾和教育，帮助其在体质、智力、情感、审美、越南

[1] 王士录. 简论越南现代教育的形成与发展 [J]. 东南亚，1992（4）：35-41+46.
[2] 古小松. 2005年越南国情报告 [M]. 北京：社会科学文献出版社，2005：162.
[3] 古小松. 2007年越南国情报告 [M]. 北京：社会科学文献出版社，2007：190.

语和心理方面做好入学准备，确保小学一年级生源的质量。越南认定良好
的学前教育是良好的小学教育的基础，因此又制定了《5 岁儿童发展标准》。
计划和标准的颁布为越南学前教育的发展提供了依据和发展的目标，也为
越南学前教育的高质量发展指明了方向。2008—2009 学年，越南有幼儿园
1.21 万所，共 10.39 万个班，在园幼儿 277.4 万人，教师 13.81 万人，平均
每班有 26.7 个学生，师生比为 1：20.1。困难地区集中条件发展学前教育，
加快 5 岁儿童到校并学习越语工作。2009 年，有 6 722 个班加强少数民族
儿童学习越南语。[1] 2012—2013 学年，学前教育学校总数为 13 548 所，比
2007—2008 学年多 1 919 所，年平均增长 380 多所。2013—2014 学年，越
南全国 63 个省市中有 18 个省市实现了 100% 的 5 岁幼儿入园率，全国 5 岁
幼儿入园率平均达 99.3%。[2] 越南 2000—2013 年学前教育发展变化情况见
表 4.1。[3]

表 4.1 2000—2013 年越南学前教育发展变化情况

学年	2000—2001	2005—2006	2009—2010	2012—2013
学校（所）	8 933	10 927	12 265	13 548
班级（万个）	8.71	9.39	10.66	12.20
教师（万人）	10.33	11.72	14.45	18.82
学生（万人）	221.20	242.69	290.90	355.11

---

[1] 古小松. 越南国情报告（2010）[M]. 北京：社会科学文献出版社，2010：152-154.

[2] 孙文佳. 越南国家教育现状及其启示探究 [J]. 广西青年干部学院学报，2015，25（5）：67-72.

[3] 蔡昌卓. 东盟教育概论 [M]. 桂林：广西师范大学出版社，2015：284.

二、学前教育的发展现状

（一）学前教育宗旨

越南于 2005 年发布了修订后的《教育法》，规定了学前教育制度的基本
纲要。根据《教育法》，越南学前教育以出生后 3 个月到 6 岁的适龄儿童为
对象，学前教育的目标是"促进儿童发展体质、情感、智慧、审美观等人
格形成的首要因素，为儿童进入一年级学习做准备"[1]。《教育法》明确规定
了学前教育是小学的准备教育阶段。与教育目标相关，学前教育的内容是
"保障能够与儿童心理、生理的发展相适应；养育、照顾与教育相结合；促
进儿童发展肌体平衡，促进儿童健康、敏捷；使之懂得对祖父、祖母、父
亲、母亲、老师等长辈尊敬、爱戴和有礼貌，对哥哥、姐姐、弟弟、妹妹
和朋友友爱；使儿童诚实、勇敢、纯真，具有审美观、勤学好问等品质"，
学前教育的方法"主要是通过组织各种健康游戏促进儿童全面发展，注重
树立榜样，鼓励和激励儿童"。[2]

（二）学前教育机构

根据越南《教育法》，学前教育机构有以下三种：一是托儿所，对出生
后 3 个月到 3 岁的婴幼儿进行保育；二是幼儿园，对 3 岁到 6 岁的儿童进行
教育；三是幼儿学校，兼托儿所和幼儿园，以 3 个月的婴幼儿到 6 岁的儿童
为对象，是包含幼儿园和启蒙教育的机构。由此可以看出，越南是根据幼
儿的年龄对托儿所和幼儿园进行区分的。不同的是，兼有托儿所和幼儿园
双重功能的幼儿学校，以 3 个月的婴幼儿到 6 岁的儿童为对象，但不是所有

---

[1] 李枭鹰，韦洁璨. 越南高等教育政策法规 [M]. 桂林：广西师范大学出版社，2012：122.
[2] 李枭鹰，韦洁璨. 越南高等教育政策法规 [M]. 桂林：广西师范大学出版社，2012：122.

的幼儿学校都以 3 个月到 6 岁的孩子为对象实施保育，入校儿童的年龄因学校不同而有区别。

21 世纪 10 年代以来，越南学前教育机构呈现了不断增长的态势。图 4.1 显示了 2010—2018 年越南幼儿园数量发展情况，其中在 2017—2018 学年幼儿园数量达到 1.52 万所。[1]

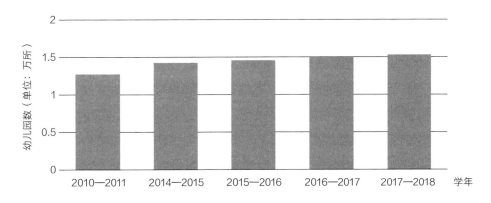

图 4.1 2010—2018 年越南幼儿园数量变化情况[2]

（三）学前教育管理

在越南，托儿所和幼儿园都在教育和培训部的监管之下。教育和培训部部长在经国家学前教育章程审定委员会讨论、审定的基础上颁布学前教育章程。学前教育章程体现学前教育的目标，具体规定各年龄段儿童培育、照顾和教育的要求，对为发展儿童体质、感情、智力、审美观创造条件的各种活动进行规定，对儿童的发展水平评定进行指导。因此，越南学前教育从行政管理上来说是统一机构的，这有利于学前教育工作的管理与顺利实施。

---

[1] 资料来源于全球统计数据库（statista）。

[2] 资料来源于全球统计数据库（statista）。

在教育和培训部的倡导下，各工矿、企业根据需要和可能的原则，独立或联合创办职工子女托儿所和幼儿园；农村开办季节性、临时性的托儿所和幼儿园；教育部门办示范性幼儿园。

在城镇，以教育部门幼儿园、机关幼儿园、企业幼儿园、街道和个体幼儿园、乡（镇）中心幼儿园等为主的各种幼儿园，逐步满足了当地人民的学前教育需求。在农村，适应农村经济水平的另一种学前教育机构——学前班这一办学形式表现了强大的生命力。农村学前班大多附设在小学里，主要由乡、村主办，学制为1年。在边远贫困地区和少数民族地区还发展了一些非正规的学前教育形式。

（四）学前教育师资

越南政府一直把创办高等、中等幼儿师范教育放在重要位置，在各类师范大学相继设立了学前教育系或专业，承担为全国幼儿师范学校培养教师和培训高级幼教管理人员的任务。中等幼儿师范学校成为培养幼儿园教师的基地。革新开放以后，教育部加强了幼儿师范学校的发展工作，要求各省（市）、郡至少要办好一所幼儿师范学校，有条件的地、市可以多开办幼儿师范学校或幼师班。近些年，越南学前教育师资水平逐步提高，数量连年增加。图4.2显示了2010—2018年越南学前教育教师数量变化情况，其中2017—2018学年学前教育教师达到了26.63万名。[1]

---

[1] 资料来源于全球统计数据库（statista）。

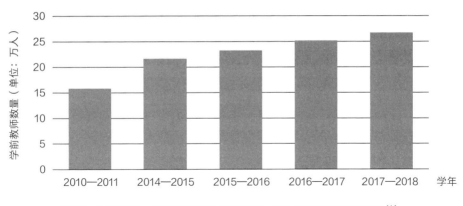

图 4.2 2010—2018 年越南学前教育教师数量变化情况 [1]

第二节 学前教育的特点

一、重视学前教育

越南的学前教育普及率要高于邻近的东南亚诸国，这和越南重视教育和学习的文化传统是分不开的。《2001—2010 年教育发展战略》提出，"教育是第一国策。教育发展是基础，高质量的人力资源是促进工业化、现代化的重要动力之一，是社会发展和稳定、经济增长的基本要素"。越南教育要"坚持社会主义方向，坚持以马克思列宁主义和胡志明思想为指导，建设具有人民、民族、科学、现代性质的教育"。[2] 越南教育和培训部专设学前教育司，实施全国学前教育管理工作。其主要任务有四项。一是颁布学前教育机构组织运行章程、条例和标准，管理学前教育机构。二是制定学前教育计划，公布学前教育方案。三是指导、检查学前教育机构规章的执

---

[1] 资料来源于全球统计数据库（statista）。

[2] 李枭鹰，韦洁璨. 越南高等教育政策法规 [M]. 桂林：广西师范大学出版社，2012：179.

行情况，指导实施学前教育规划的内容和学前教育教学活动，指导幼儿园管理人员和教师的培养，提高其专业能力。四是协调制定、指导、检查和评价条例、标准的实施情况，检查和评估计划执行情况、教育质量和学前教育普及情况，组织对学前教育教材、玩具进行鉴定，确保和检验学前教育质量。2010年以来，越南学前教育发展迅猛，成绩斐然。图4.3显示了2010—2018年越南幼儿园学生数量变化情况，其中2017—2018学年幼儿园有460万名学生。[1]

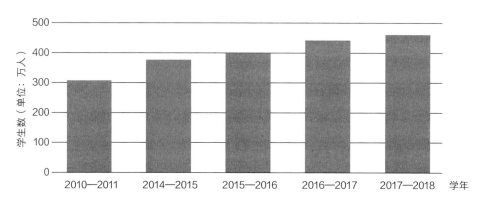

图 4.3 2010—2018 年越南学前教育学生数变化情况 [2]

二、以计划推进学前教育的发展

2010年，越南政府批准了一项普及5岁儿童学前教育的计划，其目标是：确保每个地区的大多数5岁儿童上学，以便进行护理；每天在上午和下午两个半天里进行教育，整整一个学年；为学生提供良好的身体、智力、情感、审美、越南语和心理方面的准备，确保儿童具备顺利进入小学一年

[1] 资料来源于全球统计数据库（statista）。
[2] 资料来源于全球统计数据库（statista）。

级学习的学前教育基础。这个计划体现了越南党和国家对越南学前一代的特别关注。普及 5 岁儿童学前教育计划受到越南全社会的关注，并动员了整个社会系统克服重重困难参与实施。10 多年来，越南成功实现了普及 5 岁儿童学前教育计划目标，形成了学前教育新的面貌。学前教育体系得到加强，幼儿园扩建和分布到大多数乡、坊、村。每个乡镇至少有一所公立幼儿园。到 2020 年，全国学前教育机构有教室 20.16 万间，10 年内新建教室 10.56 万间；其中，坚固教室 15.66 万间，占总数的 77.7%，比 2010 年增长了 28.3%。大多数 5 岁学龄前儿童教室都搬进了坚固或半坚固的教室。新建教室、坚固教室数量不断增加，半坚固的教室、临时教室的数量逐年减少。弱势学龄前儿童由国家资助午餐费。贫困儿童和残疾儿童的早期发现、早期干预和包容性学习受到关注，入园比例急剧上升。2020 年，全国有学前教育学校 1.55 万所。其中，公立学校 1.23 万所，占总数的 79.4%；非公立学校 0.32 万所，占总数的 20.6%。2020 年，学龄前儿童总数为 530.65 万人。其中，5 岁学龄前儿童 163.73 万人。2019 年，5 岁儿童入园率达到 99.6%。5 岁学龄前儿童完成学前教育计划的比例达到 99.9%。学龄前儿童每天学习两节课的比例达到 99%。[1]

三、以儿童为中心建设幼儿园

越南教育和培训部在 2016—2020 年开展了"建设以儿童为中心的幼儿园"的主题实施活动，旨在确保所有学龄前儿童都有机会通过游戏和各种方式学习，以满足他们的需求、兴趣和能力。

建设以儿童为中心的幼儿园不仅在条件良好的地方进行，而且也在物质匮乏的地方进行。经过 5 年的专题实施，这一成果为改变学前教育机构的

---

[1] 资料来源于越南教育和培训部网站。

面貌做出了积极贡献。特别是，"通过游戏学习，玩中学"，使儿童的成长受到了关心，促进了儿童的健康成长，使之获得全面发展，并实现了三个转变：一是实现了营造一个符合儿童成长的快乐、舒适、自信的优良教育环境的转变，二是实现了教师和管理人员在儿童教育和保育改革中教育能力的转变，三是实现了在学校、家庭和社会之间协调、组织教育和照顾学前儿童活动的转变。主题活动要求教师注重运用实践方法，为学龄前儿童提供体验，适合儿童年龄和兴趣，增强儿童的主动性和积极性，促使儿童玩中学、学以致用。以儿童为中心建设幼儿园迎合了家长的需求和儿童的活动与学习兴趣，符合学前教育的教育规律，愿意到幼儿园参加活动与学习的儿童越来越多。图 4.4 显示了 2010—2018 年越南幼儿园班级数量变化情况，其中在 2017—2018 学年达到 15.58 万个班级。[1]

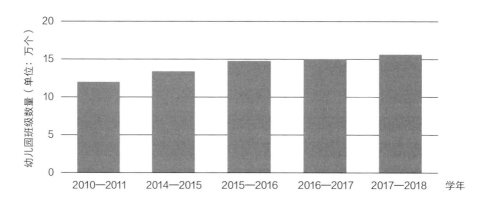

图 4.4 2010—2018 年越南幼儿园班级数量变化情况 [2]

---

[1] 资料来源于全球统计数据库（statista）。

[2] 资料来源于全球统计数据库（statista）。

四、促进学前教育社会化发展

教育社会化是越南教育改革发展的重要政策。革新开放之后，越南党和政府提出了教育社会化的主张，特别指出教育以及教育培训活动是全社会的事业，要实行全社会共同办教育和全体群众共同享受教育的教育形式。教育和培训应得到国家财政预算的大力支持，同时要利用全社会一切可以调动的资金和力量，包括各经济机构、各社会组织、人民群众的资助以及家长和学生的资助等。学校也可通过生产、科研储备、技术开发等途径自筹教育基金。教育社会化的主要措施包括：在越南全社会发起一个多形式的学习运动；为教育提供有利的经济条件，营造健康的环境；扩大对教育的各种投资并有效地利用社会人力、物力、财力；创办多种教育形式以满足人民多样的学习需求。

越南学前教育也受到教育社会化政策的重要影响。学前教育机构中公立以外的开设形式得到了越南政府的支持，居民组织和企业的学前教育机构设置越来越多，加快了学前教育的普及。同时，社会和家庭参与教育幼儿的观念更加增强，在"家族组合"的基础上又出现了"女性同盟"的学前教育组织机构，体现了教育社会化政策中由全社会承担教育责任的理念。如何实现教育特别是作为人之开端的学前教育工作的顺利开展，这需要如上提到的政府、学校、家庭的合力，也需要全社会的共识与支持，共同为幼儿的健康成长建立和谐、安宁的社会环境与教育土壤。

第三节 学前教育的挑战和对策

一、学前教育面临的挑战

（一）教育投入不足

1986 年越南实施革新开放以后，政府进一步明确学前教育事业要依靠国家、社会、公民一起来办的发展方针。城乡幼儿园的教育经费主要由举办单位自筹解决，也可适当向家长收费。这些指导方针和政策扭转了过去学前教育单纯依靠国家和集体包办的观念和做法。经过努力，国家、社会、个人一起投资、共同兴办学前教育的格局逐步形成，教育经费也逐年增长，基本形成了政府和教育部门、社会、个人共同关心、支持的新的投资局面。但越南是发展中国家，经济发展较为落后，仍然存在政府部门对学前教育资金投入不够、缺口较大的问题。

（二）课改任重道远

越南从 1998 年开始进行学前教育课程改革。学前教育新课程的重点一是将孩子的发展作为基础，保持教师导向活动和学生参与活动的平衡。二是整合各科课程，强化课程的综合性。三是采用课程进程评定作为主要的评价方法，强调过程性评价。四是开设灵活性的课程。改革侧重儿童参与性活动、儿童的体验、游戏的重要性、教育活动的过程、儿童个性的发展和为儿童创造学习环境。遗憾的是，很多改革措施并没有达到预期的效果，这主要是由于越南文化是以成人为中心，注重教育结果而不是教育过程。教师的专业能力远落后于课程改革的需要。因此，课程改革还有很长的一段路要走。

（三）发展很不平衡

越南政府提出在经济欠发达的农村和人口居住分散、交通不便的山区，要利用多种形式进行学前教育。越南宪法规定："国家优先发展山区、海岛、少数民族地区和经济、社会条件特别困难地区的教育。"[1] 在教育和培训部颁发的越南儿童发展规划纲要中提出了越南儿童生存、保护和发展的主要目标，在全社会大力倡导树立爱护儿童、教育儿童、为儿童做表率、为儿童办实事的公民意识。但由于地理和气候的特点，人们的习惯和认识的限制，以及经济发展水平等因素影响，越南山区、偏远地方、农村儿童负担不起学费，入园比例仍较低，辍学率较高。发达地区和落后地区、城市地区与边远地区之间的学前教育发展还存在很大差距，幼儿看护、教育发展差别明显，发展不平衡。

（四）师资素质有待提高

"教师经济待遇偏低的直接后果就是难以吸引和留住高质量教师，高学历优秀人才从教意识淡薄。"[2] 由于工资收入和工作内容的原因，在越南学前教育机构中工作的教师几乎全部是女性。国家规定的学前教师资格条件是具有师范专业中专文凭或高中毕业并接受过一定的师范教育培训，托儿所和幼儿园、幼儿学校的教师资格条件都是一样的，准入门槛并不高，工资待遇也不高。虽然国家对幼儿教师资格有所规定，但事实上无证上岗的教师大有人在。因为待遇等问题，很难确保执教的幼儿教师都具备资质，事实上学前教育机构有时也会雇用无证人员。越南学前教育强调，不到 3 岁的婴幼儿注重健康和基本的生活指导，要以玩耍为中心；3—6 岁的儿童寓教

---

[1] 越南社会主义共和国宪法（2013）[J]. 米良，译. 南洋资料译丛，2014（1）：23-43.

[2] 刘捷. 专业化：挑战 21 世纪的教师 [M]. 北京：教育科学出版社，2002：192.

于学，以身边的人和环境（自己、家人、幼儿园和农村、街道）为题材进行学习。因此，如何以儿童为中心进行教育，是越南学前教师需要面对的一个专业性问题。尽管知晓以儿童为中心进行教育教学这个教育理念，但在实际的教学中仍是以教师为主导，以"讲课"为主。另外，在广大的越南农村，一般情况下是三代同居，爷爷、奶奶会照顾孙辈，但主要是养护，全面发展教育的成分很少。如果爷爷、奶奶照顾孙辈有困难，那还有一种办法，就是依靠家族组合托儿所。家族组合托儿所是住得比较近的亲戚共同进行保育的机构，跟制度化的学前教育机构不一样，是另外一种组织化的个人经营托儿所。家族组合托儿所的教师不需要特别的资格，一般是由年龄较大的富有育儿经验的女性经营，比爷爷、奶奶照顾有进步，但专业素养仍无处谈起。

二、学前教育的发展对策

（一）加强学前教育发展的计划性

越南非常重视儿童国家行动计划的制定、实施和评估。越南政府颁布的《2001—2010年教育发展战略》提出：每个居民区特别是农村和贫困地区，都要扩大幼儿园系统，到2010年要使所有儿童得到适合自身特点的关心与教育；要提高6岁之前儿童的关怀教育，为其体质、情感、审美等的全面发展打下基础；要提高3岁以下儿童进托儿所的比例，从2000年的12%，2005年上升到15%，2010年上升到18%；对3—5岁的儿童，要提高进校、进幼教班的比例，从2000年的50%，2005年上升到58%，2010年上升到67%；对于5岁的儿童，要增加他们参与学前教育的比例，以准备进入一年级，从2000年的81%，2005年上升到85%，2010年上升到95%；要降低学前教育阶段营养不良儿童的比例，从 2005 年的 20% 下降到 2010 年的 15%。[1] 这些目标大都已经如期实现。在此基础上，2012 年 10 月，越南政府批准的《2012—2020 年越南儿童国家行动计划》，提出到 2015 年之前实现 5 岁普及学前教育目标；到 2015 年营养不良、体重过轻的 5 岁以下儿童比例降至 15% 以下，到 2020 年下降至 10%；计划也提出到 2015 年全国得到社会协助、融入社会的特殊儿童比例增至 80%，到 2020 年该数字增至 85% 的目标。[2] 此外，计划还包括举办多项儿童活动，如鼓励各社会组织参与维护儿童权利活动、儿童行动月、全民送孩子上学日、儿童营养日、国家级儿童论坛、儿童文化和体育事件、儿童传媒活动和实现儿童的权利与责任等活动等。通过努力，提出的这些目标也大都得到了实现。

2018 年，越南政府批准《2018—2025 年学前教育发展计划》。该计划的目标是：根据当地社会经济条件、区域和全球标准，巩固和深化学前教育网络，以满足更多儿童的入学需求；鼓励发展私立学前教育机构，实现教育类型多样化；保持和提高五岁儿童的普及教育，为儿童进入小学做好充分准备。到 2020 年，至少 98.5% 的学龄前儿童每天上两节课，体重不足的儿童比例每年下降 0.3%，营养不良的儿童比例每年下降 0.2%，肥胖儿童的比例得到控制，至少 70% 的教师毕业于教育学院。到 2025 年，学前教育发展机制和政策得到完善，学前教育财政资源得到丰富，学前教育网络得到发展，学前教育管理得到改造，学前班级网络规划得以完成，学前教育质量得到提高。[3] 同时，该计划还寻求改善少数民族儿童的越南语教学；组织外语和信息技术教学课程；防止营养不良；促进学校、家庭和社区在学前教育方面的合作。

[1] 李枭鹰，韦洁璨. 越南高等教育政策法规 [M]. 桂林：广西师范大学出版社，2012：181.
[2] 资料来源于越南通讯社网站。
[3] 资料来源于越南网网站。

（二）提高幼儿入园率

2020 年 10 月 21 日，越南教育和培训部召开了 5 岁儿童普及学前教育实施成果评估会议，总结了《2018—2025 年学前教育发展计划》实施两年的情况，讨论了发展学前教育的政策。[1] 会议指出，由于一些条件限制和不足，各地区、各年龄儿童的入园率有显著的差距，特别是许多地方 3、4 岁学龄前儿童入园率较低。因此，会议强调要提高幼儿的入学率。教育和培训部将协调各部委和单位，切实落实《2018—2025 年学前教育发展计划》，确保质量和可行性，进一步落实教育发展计划的解决方案和路线图，特别是提高 3、4 岁学龄前儿童入园率。为此，国家将加大招聘受过规范学前教育培养的专业幼儿教师的力度，加强教师专业知识、专业道德、专业技能的教育，改善办学条件、优化教学设施、完善教学设备，加强信息技术，以满足学前教育学校、班级和儿童护理与教育的需要，提高学龄前儿童入园率。

（三）合理布置办园机构

2021 年 4 月，教育和培训部召开了学前教育机构重组工作评估会议。会议强调，应根据每个地区学前教育的实际情况和需要，克服学前教育办学点分散的情况，审查、重组学前教育机构，优化与重组相关的学前教育人员编制，适当集中办园机构，提高学前教育质量。[2] 会议指出，经过数年的审查和调整，全国幼儿园，特别是教学点数量有所下降。学前教育机构的重组创造了一个新的、更有效的办学面貌。小规模、教育质量不高的学前教育班级状况已逐步得到改善，许多小规模学前教育学校被合并到更大规模的学前教育学校系统。因此，可以集中投资教学设施和设备，更有效

---

[1] 资料来源于越南教育和培训部网站。

[2] 资料来源于越南教育和培训部网站。

地利用教育资金，减少事业单位的数量，优化学前教育机构，减少学前教育管理人员和间接服务人员的数量，全面提高学前教育质量。学前教育在乡村和乡镇有所集中，规模不断扩大，幼儿教师短缺问题得到了缓解，少数民族地区学前教育学校网络得到加强，幼儿园整体办学水平得到了提升。根据越南教育和培训部的报告，2020—2021 学年，全国共有 15 480 所幼儿园和 21 236 个教学点。与上一学年相比，减少了 2 724 个教学点，增加了 19 所学校。全国有 5 357 046 名学龄前儿童在园学习，比上一学年增加了 50 725 人。到 2020—2021 学年末，每天两节课的儿童比例达到 99.2%（增长 0.2%），学龄前儿童接受半寄宿制的比例达到 93.3%（增长 0.3%）。[1]

越南《教育法》提出："成立学校的条件包括：①具有能实现教育目标和章程的足够数量的教育管理干部和教师队伍以及配套的机构，教育管理干部和教师队伍的品质和水平要达到标准；②具有校舍、设备和资金，能保证学校活动的正常运行。"[2] 学前教育班级集中、合并，增加了部分学前教育学校、班级的学生人数，增加了学前教育在校的寄宿、半寄宿学生人数，也给教学组织、学生管理等带来了一些新的需要解决的问题。为了落实《教育法》的要求，解决存在的困难和问题，教育和培训部提出，要制定符合学前教育实际情况并遵守学前教育学校章程（学校规模、班级人数）等有关规定的原则和实施方案。学前教育班级的集中、合并或删除校点、将校点合并到主校、合并小规模学校，必须确保适当的距离和便利的交通条件。要公开、民主、透明地制定重新安置学前教育管理人员、教师和工作人员的方案，优化学前教育队伍布局，聘用有能力和有高度责任感的人，并做好干部、教师、教职员工的思想工作。

---

[1] 资料来源于越南教育和培训部网站。

[2] 李枭鹰，韦洁璨. 越南高等教育政策法规 [M]. 桂林：广西师范大学出版社，2012：133.

（四）建设绿色、安全、友好的幼儿园

越南《教育法》规定："各组织、家庭和个人都有为教育事业做贡献、配合学校实现教育目标、创建健康和安全的教育环境的责任"[1] 2021 年 8 月，教育和培训部发出通知，提出要建设绿色、安全、友好的幼儿园，让孩子上学安心，教师工作安心，家长送孩子安心。[2] 教育和培训部强调：要创新教育管理工作，完善监督问责机制，坚决停办不具备规定条件的幼儿园和学前班，同时确保每个乡镇至少有一所公立幼儿园，并巩固和提高学前教育质量；要将预防儿童暴力行为纳入学前教育的重点和经常性任务，加强对学前教育预防和控制校园暴力的法规检查和监督；在新冠肺炎疫情爆发的复杂背景下，各地要紧急审查和统计新冠肺炎疫情造成的影响和损失，积极制定灵活的学年计划，采取提高儿童养育、照顾和教育活动质量的措施；要协助学前教育机构克服疫情困难，维持单位的安全运作，支持受疫情影响的教师，避免教师离职和机构解散；要注重儿童养育和护理工作的质量管理，确保儿童身心安全，采取切实措施，防止学前教育机构发生食物中毒事件，提高贫困地区儿童的膳食标准；要加强儿童个人卫生实践技能教育和自我保健，为儿童制定合理的营养和运动指南，向年轻父母宣传均衡、合理的营养理念，防止儿童营养不良、超重和肥胖，帮助儿童全面发展身体和预防疾病；要选择核心、必要的内容，指导家长根据家庭条件组织家庭儿童教育，为 5 岁学龄前儿童做好上一年级的准备；要继续加强管理和评估，制定教师安置方案，招聘专业的幼儿教师，为幼儿管理人员和教师提供专业能力培训，提高教师道德，提高教师确保儿童安全、照顾护理儿童、教育培养儿童的专业知识和能力；要加强信息技术和数字转型在学前安全教育中的应用，选择高效、易于使用并具有系统性和科学性

---

[1] 李枭鹰、韦洁璨. 越南高等教育政策法规 [M]. 桂林：广西师范大学出版社，2012：120.

[2] 资料来源于越南教育和培训部网站。

的管理软件平台和解决方案，为学校安全管理、检查、监督工作提供良好支持，以支持学前安全教育计划的顺利实施。

根据越南教育和培训部的报告，2020—2021 学年，在新冠肺炎疫情大流行的特殊情况下，各省市面对困难、迎接挑战，采取多项措施，指导实施学前安全教育，积极落实适合儿童和当地实际的学前安全教育方案，教育质量逐步提高，学前教育取得了许多好成绩，全国共有 15 480 所幼儿园、超过 500 万名儿童接受了安全教育和护理。[1] 面向未来，越南学前教育机构将与父母、儿童保育者、卫生部门和地方当局一起，进一步优化学前教育方案，强化儿童管理人员和教师的安全意识，强调学校用品、玩具、设备的卫生安全，完善儿童玩耍、学习、生活和作息的模式，保障儿童发展权利，促进儿童全面发展。

（五）促进民办学前教育发展

多年来，为了提高学前教育培养质量、促进非公立学前教育机构的发展，越南颁布了许多法律文件，具体规定了民办学前教育机构的组织和运作。2021 年 12 月，越南全国教育与人力资源发展委员会学前教育小组召开会议，进一步肯定了民办学前教育机构的必要性，认为全国 1.6 万多家民办学前教育机构的举办，减轻了公立学前教育机构的负担，为学前教育儿童入园做出了巨大贡献，对学前教育的发展产生了积极影响。[2] 然而，民办学前教育机构体系的发展尚未得到应有的关注，一些地方没有为发展民办幼儿园创造适当的条件，许多地方民办学前教育机构规模小，不能保证儿童养育、照料和教育条件，对私立幼儿园的管理、指导和专业支持没有保障，导致指导、检查和监督工作成效不足。

---

[1] 资料来源于越南教育和培训部网站。

[2] 资料来源于越南教育和培训部网站。

越南重视教育事业的社会化发展，认为发展教育、建设学习型社会是国家和全体人民的事业，"国家鼓励各组织和个人投资教育事业，为教育事业出谋、出力、捐资，国家同时为其提供必要的条件"[1]。民办学前教育机构是根据社会的需求建立的，特别在人口稠密的地区、工业区和出口加工区更是教育发展的热点。民办私立学校在教育目标、内容、章程、方法和招生、教学、检查等方面具有与公立学校类似的责任与权限，在学校的规划和发展，各种教育活动，教师队伍建设和发展，筹集、使用和管理各种资源，以及实现教育目标等方面，具有自主权。国家为民办和私立学校提供或给予租赁用地和基础设施。为提高民办幼儿园的运作质量，越南在实施学前教育社会化方面，不断提高教育质量，缩小地区和贫富差距。民办幼儿园若执行国家交给的配额任务，国家将给予财政上的支持，并享受税收和信贷方面的优惠政策。这些措施的实施，使得越南的民办学前教育在不断完善中稳步前进。根据越南教育和培训部的报告，2020—2021学年，全国非公立学校在校儿童的比例达到23.2%，比上一学年增加了1.1%。[2]

（六）提升学前教师准入资格

教师是在学校和其他教育机构担任教学、教育任务的工作者。越南《教育法》规定："担任教师要达到以下标准：①品质、道德、思想好；②所学专业和业务水平达到要求；③身体条件达到职业的要求；④个人履历清楚。"[3]在越南学前教育机构工作的教师几乎全部是女性，国家规定的资格条件是具有师范专业中专（高中）毕业文凭。显然，幼儿教师准入资格较低，使得教师队伍的成员构成较为复杂，这也成为3岁前幼儿入园率较低

---

[1] 李枭鹰，韦洁璨. 越南高等教育政策法规 [M]. 桂林：广西师范大学出版社，2012：150.

[2] 资料来源于越南教育和培训部网站。

[3] 李枭鹰，韦洁璨. 越南高等教育政策法规 [M]. 桂林：广西师范大学出版社，2012：140.

的一个原因。据教育和培训部 2018 年统计，全国学前教育教师中 98.5% 符合现行中专（高中）毕业的幼儿教师标准。[1] 但教育和培训部表示，由于学前教育的教师从业标准过低，以至于出现许多幼儿教师对儿童实施不当行为或暴力行为的情况。同时，幼儿教师接受的专业培训不足，即有限的培训时间并没有为师范生实践教学创造条件，这意味着他们理论知识不足，更缺乏实践技能。因此，要将学前教育教师资格标准提升为大专或本科毕业。越南《教育法》规定，国家有对教师进行业务培训，提高教师专业水平和标准的政策，参加业务进修和专业培训的教师，按照政府规定享受工资和补助政策。2020 年 10 月，教育和培训部召开了 5 岁儿童普及学前教育实施成果评估会议。会议提出，学前教育今后一段时期的一个重点任务是招聘足够数量的学前教师，提高教师团队的素质，特别是尽快招聘受过学前教育专业训练的高素质、专业化教师，以满足学前教育和护理的需要。其中，要优先支持贫困地区、边境地区和海岛地区学前教育教师的培养和聘任，提高教师的专业道德、专业知识、专业技能、专业成长水平，减少和停止虐待儿童，促进学前教育高质量发展。

（七）加强学前教育国际交流

越南提倡在相互尊重国家独立和主权、平等互利原则的基础上扩大和发展国际学前教育合作。由世行资助的增强学龄前儿童入学适应能力项目于 2013 年 9 月 19 日正式启动。越南教育和培训部、俄罗斯教育部教育支持与发展基金会、加拿大牛津学院及世行等考察结果显示，越南少数民族及家境困难儿童入学适应能力较低。增强学龄前儿童入学适应能力项目的主要目的是提高 5 岁儿童，尤其是家境困难儿童及少数民族儿童的入学适应能力。总

---

[1] 资料来源于越南网网站。

额为 1 亿美元的《增强学龄前儿童入学适应能力》信贷协议有利于提高学前教育的教育质量、提高幼儿园校长及教师教育教学能力等。[1] 加强学前教育国际交流、促进学前教育国际合作、提高学前教育质量、提升学前教育水平是当前越南学前教育发展的重点，也是今后越南学前教育发展的重要趋势。

---

[1] 资料来源于越南通讯社网站。

第五章 基础教育

第一节 基础教育的发展和现状

一、基础教育的发展历程

北属时期和自主时期，越南受中国政治和传统文化的影响深刻，所以基本上是沿用中国封建教育制度，实行科举制，没有明确的学制划分和年龄区分。教育的内容主要以四书五经为主。教学目的是将学生培养成为既有渊博的文、史、地、兵、算方面的知识，又具备封建道德修养的各种人才。

殖民地时期，法国在越南实行愚民政策，越南本地传统教育制度受到冲击。1917 年，法国殖民当局正式在越南推行法国教育制度，在全国城乡开办了小学教育（6 年制），在部分城市开办了中学教育（初中 4 年制；高中 2 年制，后改为 3 年制）。至 1938 年，殖民政府开办的小学的在校生人数已经达到 40 余万人，占全国适龄儿童的 1/5。[1]

越南民主共和国成立后，越南确定了教育服务于国家复兴的教育大政方针。1950 年 7 月，越南政府委员会召开会议，正式通过教育改革提案，将中小

---

[1] 蔡昌卓. 东盟基础教育 [M]. 桂林：广西师范大学出版社，2014：237-238.

学教育的培养目标定为：把年轻一代培养成为拥护人民民主制度、具有为人民服务的品质和抗战能力的未来劳动公民。教育方针是：学以致用，理论与实践相结合。教学内容旨在培养学生的爱国主义、民族主义、集体主义，培养学生爱劳动、爱公物以及良好科学的学习方法和工作习惯。当时越南正处于抗法战争时期，中小学教育从原来的 12 年缩短为 9 年。小学为 4 年制（不包括 1 年的学前班），初中为 3 年制，高中为 2 年制。由于中小学教育的学制缩短为 9 年，一些没有必要马上开设或还没有条件开设的课程如外语、音乐、绘画等被暂时停开。同时，根据需要增开了如时事、公民教育、生产课等一些新课程。为提高教学水平，1951 年夏，教育部把很多优秀的教师集中起来，成立了一个教材编写中心。到 1952 年，教材编写中心按新的教学计划编写了小学的全部教材，一部分初中和高中的教材，如政治、语文、历史、数学、物理、化学等。虽处于战争环境，但教育事业依然不断发展。至 1954 年，在越北解放区就有数千所基础学校和几所速成高等学校，这些学校同时开展群众性扫盲活动并取得成效。

　　1954 年《日内瓦协议》签订后，越南被分割成南北两方，两方政府分别采用不同的教育制度。南方继续采用西方教育制度，在继续推行法语教育的同时，英语、越语和华语教育也得到一定程度的发展。北方解放区则进入经济恢复和建设时期，法国教育制度被推翻。1956 年 3 月，越南全国中小学教育大会在河内召开，大会通过了教育部关于合并两个旧教育体系（9 年制和 12 年制）成 10 年制（小学 4 年制、初中 3 年制、高中 3 年制）中小学教育体系的教育改革提案。新的教育体系是以马克思列宁主义为基础的、为劳动人民服务的社会主义教育体系。教育的目的是：把青少年培养成为全面发展的人，成为忠于祖国的好公民，成为德才兼备的好劳动者、好干部；发展人民民主制度，进而建立社会主义，同时在独立民主的基础上实现祖国的统一。教育方针是：理论联系实际，学校与社会生活紧密结合。新的 10 年制将中小学教育体系分为小学、初中、高中 3 个阶段，各级教育全部免费。学生小学、初中和高中毕业时都要进行毕业考试。上小学前，学生要上 1 年的学前班，目的是让学生上小学前就要会读、会写并能从 1 数到 10。入学年龄在 7 周岁以上。每学年包括 9 个月的上课时间和 3 个月的暑假。每学年的开学时间为 9 月 1 日，放假时间为 5 月 31 日。学生学习的实际周数为 33—35 周。小学每周上 17—19 节课，初中和高中每周上 29—30 节课。[1]

1976 年越南全国统一后，教育事业发展较快。全国基本普及了小学教育，达到了村有小学、县有初中、省有高中的水平，在校中小学生达到 515 万人。[2]1979 年，越共中央通过了教育改革的决议，提出要培养有道德、有知识、有能力、健康的社会主义新型人才。为此，要普及中小学教育，并在全国所有的工人、农民和其他劳动者中普及高中教育。1981 年，全国中小学教育学制得到统一。新的中小学教育学制为 12 年，其中小学 5 年、初中 4 年、高中 3 年。这次教育改革采取逐年展开的方式，每年改革一个年级，即从 1981—1982 学年开始，首先是小学一年级使用改革教材，依此类推，改革持续 12 年。

1986 年，为了更好地适应社会需求，越南启动了一系列新的教育改革。新教改的目标是培养全面发展的越南人：拥有道德、知识、健康、审美能力和职业，忠诚于民族独立和社会主义理想，形成公民人格、品质和能力，满足建设和保卫祖国的要求。这次改革的目的是：为越南年轻一代提供更高质量的教育，满足国家工业化和现代化对人力资源的需要，使越南通识教育水平更接近邻国和世界发达国家的水平。1998 年 11 月，越南第十届国会第五次会议通过了《教育法》，视教育为第一国策。2000 年 12 月，越南国会发布了一个旨在修订基础教育课程的指示，明确新基础教育课程改革于 2002 年 3 月开始在全国范围内实施。新基础教育课程改革主张以学习者为中心，重视学习者的自主学习和学习能力的培养，因此教材编排上就更注意是否有利于提高学习者的创造性思维能力和自主学习能力，是否贴近实际，是否符合

---

[1] 蔡昌卓. 东盟基础教育 [M]. 桂林：广西师范大学出版社，2014：252.

[2] 蔡昌卓. 东盟基础教育 [M]. 桂林：广西师范大学出版社，2014：237.

最大多数学习者的学习习惯与学习能力，并相应增加了教材中的实际操作内容。2005 年、2009 年、2019 年，越南国会先后对《教育法》做出修订，普及教育、课程建设、教科书、教育质量标准、教育评估检查等问题被正式写进法律。2010—2011 学年，越南小学已有 27.24 万个班级，在校生 704.33 万人，其中女学生 339.21 万人；教师 36.58 万人，其中女教师 28.39 万人。初中有 15.12 万个班级，在校生 494.52 万人，其中女学生 241.65 万人；教师 31.62 万人，其中女教师 21.57 万人。高中有 6.69 万个班级，在校生 280.43 万人，其中女学生 149.58 万人；教师 14.89 万人，其中女教师 9.04 万人。[1]

二、基础教育的发展现状

（一）基础教育法律

革新开放后，越南认识到制定教育法律法规的必要性和紧迫性。1991 年 8 月 12 日，越南第八届国会通过了越南第一部教育专门法——《初等教育普及法》。1998 年 12 月，《教育法》获越南第十届国会审议通过，自 1999 年 6 月起施行。《教育法》将教育视为越南第一国策，坚持社会主义方向的教育方针，确认教育机会均等原则是教育政策的优先目标，并实行小学义务教育制度。

2005 年 5 月，新修订的《教育法》获第十一届国会审议通过，自 2006 年 1 月起施行。新修订的《教育法》共有九章一百二十条。其中，第十一条规定，初等教育和初级中等教育属于普及教育。国家应该制定普及教育计划，确保教育在全国范围内的普及，所有在规定年限内的公民均有受教育的义务以便达到普及教育的水平，家庭对于规定年限内的成员接受教育以便达到普及教育水平有督促性责任。

---

[1] 蔡昌卓. 东盟基础教育 [M]. 桂林：广西师范大学出版社，2014：238.

　　2009年11月25日，越南国会通过《教育法》修订案，涉及基础教育的以下方面：国家继续有效增加教育投入，尤其关注山区和经济社会仍有诸多困难的地区；对编撰普通教育大纲和教科书做出更加严格的规定；补充关于要求公开教育质量标准、教育质量鉴定和明确规定国家管理教育质量鉴定的内容；更加清楚地分析成立学校的条件和准许教育活动的条件；提高教育的组织和活动质量，创造必要的法理加快管理改革以提高教育质量；实行教师工龄津贴。

　　《教育法》的制定、修订、完善为越南基础教育的稳步发展和国民素质的提高提供了强有力的法律保证，成效显著。数据统计显示，2006—2018年越南15—35岁人口的总识字率大致呈逐年上升的趋势，并于2016年突破95%，见图5.1。

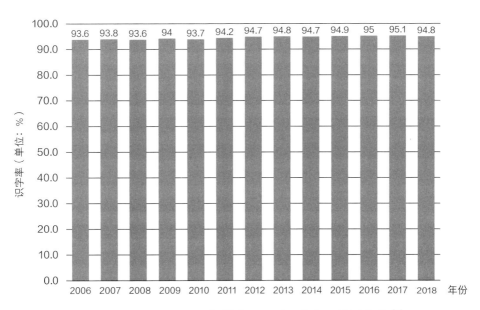

图 5.1　2006—2018年越南15—35岁人口的识字率[1]

---

[1] 资料来源于全球统计数据库（statista）。

（二）基础教育学制

越南已经形成了从小学到高中比较完整的基础教育体系，各级具体学制如下：小学教育，又称一级教育，入学年龄为6岁，学制为5年；初中教育，又称二级教育，学制4年；普通高中教育，又称三级教育，学制3年。小学生毕业时，主要是升入初级中学和初级职业中学，部分直接流向社会或参加约2年的职业培训后流向社会。初中生毕业时，部分通过高中入学考试，进入普通高中；部分进入学制3—4年的高级职业中学和中等专业学校；其他的直接流向社会或参加约2年的职业培训后流向社会。普通高中生毕业后，部分通过各大学或大专组织的入学考试进入大学或大专，部分通过社会职业培训或直接成为社会劳动力。从幼儿园、小学、初中、高中毕业后没能进入高一级学校学习的学生，经自学或社会非正规教育，都可以参加高一级学校的入学考试并获得接受更高一级教育的机会。2018—2019学年，越南小学有28.02万个班，在校生854.15万人，其中女学生408.12万人；教师人数38.57万人；平均每班有30.5个学生，师生比为1∶22.1。越南初中有15.2万个班，在校生545.69万人，其中女学生265.1万人；教师28.6万人；平均每班有35.9个学生，师生比为1∶19.1。越南高中有6.65万个班，在校生255.99万人，其中女学生137.56万人；教师13.40万人；平均每班有38.5个学生，师生比为1∶19.1。[1]

（三）基础教育层级

1. 小学教育

越南小学学制为5年，学生6岁入学，11岁毕业。越南小学教育的

---

[1] 解桂海. 越南国情报告（2020）[M]. 北京：社会科学文献出版社，2021：131.

目的是培养德育、智育、体育、美育、劳动教育全面发展的小学生。越南《教育法》规定，小学教育要保证学生对自然、社会和人类具有简单和必要的认识，具有听、说、读、写和计算的基本能力，具有锻炼身体和讲究卫生的习惯，对歌唱、舞蹈、音乐和美术具有初步的认识。

小学教育属于义务教育阶段，所有适龄儿童都必须接受 5 年制学校的教育。每个学生在完成小学教育后可获得由校长签发的小学毕业证书。表 5.1 展示了 1990—2001 年越南各地区小学入学率的变化情况。

表 5.1 1990—2001 年越南各地区小学入学率 [1]

单位：%

学年	1990—1991		1994—1995		1998—1999		2000—2001	
入学率	毛入学率	净入学率	毛入学率	净入学率	毛入学率	净入学率	毛入学率	净入学率
全国范围	101.6	86.0	109.3	91.3	108.2	94.8	106.6	97.54
红河三角洲	113.7	96.4	114.4	94.7	103.3	98.0	97.8	97.56
西北地区	80.6	61.3	86.4	90.4	98.6	94.8	110.3	91.56
中部以北地区	102.5	84.8	107.5	92.1	120.5	96.4	108.6	97.6
西原地区	91.3	92.5	112.4	90.7	123.7	89.2	121.9	99.08
九龙江三角洲	96.5	81.2	111.4	87.5	107.7	90.8	108.1	96.71

表 5.2 展示了 2014—2018 年越南小学学生和教师数量的变化情况。

---

[1] 蔡昌卓. 东盟基础教育 [M]. 桂林：广西师范大学出版社，2014：243.

表 5.2 2014—2018 年越南小学学生、教师数量变化情况 [1]

单位：万人

学年	2014—2015	2015—2016	2016—2017	2017—2018
学生	754.37	779.00	780.16	804.18
教师	39.21	39.69	39.71	39.66

根据越南教育和培训部的统计，从一年级连续学到五年级的学生比例逐年在增长。2004—2005 学年，从一年级连续学到五年级的学生占一年级入学学生总数的 86.11%。2006—2007 学年，该比例为 88.21%。2008—2009 学年，该比例为 89.57%。[2]

越南小学周一、周二、周三、周五、周六上课，周四和周日休息。教学时间每天不超过 4 个小时。每节课的上课时间为 35 分钟，课间有 10 分钟的休息时间。此外，每天需要确保学生 25 分钟的活动时间。[3]

2．初中教育

越南目前实行的是初中 4 年制，11 岁入学，15 岁毕业。越南《教育法》规定，初中教育必须巩固和发展学生在小学教育阶段学到的内容，保证学生对越南语、数学、民族历史的基础知识及社会科学、自然科学、法律、计算机、外语的学习和掌握，并对技术技能和职业发展有一定程度的理解。多年来，越南各级教育部门加强初中教育教学管理，完善检查评价制度，促进初中语文、历史、地理、公民教育课的教学改革，尝试把环境教育结合到物理、化学、生物学、工艺、历史、语文、公民教育课中，按照发挥

[1] 解桂海. 越南国情报告（2020）[M]. 北京：社会科学文献出版社，2021：370.
[2] 蔡昌卓. 东盟基础教育 [M]. 桂林：广西师范大学出版社，2014：242.
[3] 蔡昌卓. 东盟基础教育 [M]. 桂林：广西师范大学出版社，2014：243.

学生创造性和主动性、加强自学能力的方向指导改革教学方法，促使越南初中教育发生了巨大的变革。2014—2018 年越南初中学生、教师数量变化情况见表 5.3。

表 5.3 2014—2018 年越南初中学生、教师数量变化情况 [1]

单位：万人

学年	2014—2015	2015—2016	2016—2017	2017—2018
学生	509.88	513.87	523.55	537.33
教师	31.26	31.35	31.10	30.61

3．高中教育

越南目前实行的是高中 3 年制，15 岁入学，18 岁毕业。高中教育主要是为了促进学生巩固和发展初中的知识，完善基础知识结构，对技术和就业具有一般性的认识，具有发挥个人能力、选择发展方向以及继续大学、大专等学习或步入社会的条件。进入 21 世纪以来，越南高中不断改革发展，除了保证高中学生具有普遍性、基础性、全面性的知识外，还设有一些课程以发展学生的能力，促进学生道德、智力、体质、审美和各种基本技能的全面发展，促进学生发挥个人能力、积极性和创造性，形成社会主义越南人的人格，培养公民的意识和责任，为学生继续深造或步入社会、参加建设和保卫祖国做准备，促使越南高中教育取得了很大的进步。2014—2018 年越南高中学生、教师数量变化情况见表 5.4。

[1] 解桂海. 越南国情报告（2020）[M]. 北京：社会科学文献出版社，2021：370.

表 5.4 2014—2018 年越南高中学生、教师数量变化情况 [1]

单位：万人

学年	2014—2015	2015—2016	2016—2017	2017—2018
学生	243.99	242.51	247.72	250.86
教师	15.20	15.09	15.07	15.03

（四）基础教育的课程与时量

基础教育课程方案涉及整个基础教育课程的方向和计划，规定小学、初中、高中教育阶段学生要达到的素质及能力要求，包括各教育领域及各课程系统，各课程的时量，组织教育的方法、形式以及各课程的评估方式。"适应社会需求的多样化和学生全面而有个性的发展，构建重基础、多样化、有层次、综合性的课程结构，是当今国际课程改革的方向。"[2] 经过一段时间的认真研究和广泛征求意见，2018 年 12 月，越南教育和培训部公布了新的一揽子基础教育课程改革方案。[3] 方案包括小学、初中、高中教育阶段的教育内容、必修和选修教学科目、教育时量等，见表 5.5。

[1] 解桂海. 越南国情报告（2020）[M]. 北京：社会科学文献出版社，2021：370.

[2] 刘捷. 高中新课程与教师专业发展 [M]. 天津：天津教育出版社，2005：176.

[3] 资料来源于越南教育和培训部网站。

表 5.5 2018 年越南基础教育课程改革方案 [1]

小学教育课程		初中教育课程		高中教育课程	
1. 必修课		1. 必修课		1. 必修课	语文
语文		语文			数学
数学		数学			第一外语
第一外语		第一外语			体育
道德		公民教育			国防教育
自然与社会		历史与地理		2. 选修课（选其中的一组课程）	
历史与地理		自然与科学		社会科学课程	历史
科学		工艺技术			地理
计算机与工艺技术		计算机			经济与法律教育
体育		体育		自然科学课程	物理
艺术		艺术			化学
2. 必修的教育活动		2. 必修的教育活动			生物
体验实践活动		体验实践活动与择业向导		技术与艺术课程	技术
3. 选修课		3. 必修的地方教育内容			计算机
		4. 选修课			艺术
少数民族语言		少数民族语言		3. 必修的教育体验活动	体验实践活动与择业向导
				4. 必修专题（3 组专设课程）	
				5. 必修的地方教育内容	
第一外语（一年级和二年级的学生可选修）		第二外语		6. 选修课	
				少数民族语言	
				第二外语	
总节课/学年	1 015—1 120	总节课/学年	1 015—1 032	总节课/学年（不含各门选修课）	1 015—1 032
平均节课/周	29—32	平均节课/周	29—29.5	平均节课/周（不含各门选修课）	29—29.5

[1] 黎文升、易连云. 越南新公布总体基础教育章程的优、缺点分析 [J]. 海南师范大学学报（社会科学版），2018，31（4）：114-123.（略有修改）

1．小学教育的课程和时量

（1）小学教育课程。在小学学习阶段，必修课程及教学活动包括语文、数学、道德、第一外语（三年级、四年级、五年级）、自然与社会（一年级、二年级、三年级）、历史与地理（四年级、五年级）、科学（四年级、五年级）、计算机与工艺技术（三年级、四年级、五年级）、体育、艺术、体验实践活动（其中含有地方教育的内容）。体育课被设计成学分，体验活动被设计成主题。学生可以按照个人意望及学校组织能力来选择适合自己的学习主题。选修课包括少数民族语言、第一外语（小学一年级和二年级的学生可选修）。

少数民族地区的学校要求进行双语教学，语文课分为越南语和当地少数民族语言两种。越南政府注意加强学生对越南语的学习，为不会越南语的少数民族学生编撰一年级越南语学习参考资料。此外，越南还加强完善小学课程知识和技能标准化的指导资料集，注重提高教育落后地区、少数民族地区、各民族聚集地区的教学质量，鼓励和创造有利条件建立公立学校、开办高质量的私立学校，以满足社会的教育需求，提高小学教育质量。

（2）小学教育时量。小学一年级、二年级的教育时量是每周 29 节课，三年级是每周 31 节课，四年级、五年级是每周 32 节课。每周上课 5 天，每天上课不超过 7 节。每节课 35 分钟，课间安排休息 10 分钟。[1]

2．初中教育的课程与时量

（1）初中教育课程。在初中教育阶段必修课及教育活动包括语文、数学、第一外语、公民教育、历史与地理、自然与科学、工艺技术、计算机、

---

[1] 黎文升，易连云．越南新公布总体基础教育章程的优、缺点分析 [J]．海南师范大学学报（社会科学版），2018，31（4）：114-123.

体育、艺术、体验实践活动与择业向导、地方教育内容。工艺技术课、计算机课、体育课等，每一门课都设计成学分。体验实践活动与择业向导被设计成主题。学生可以按照个人意愿及学校组织教学能力来选修相应的学分及主题。初中教育阶段教育计划的最大特点在于择业向导内容与必修课程及教育活动相融合。初中三、四年级的各课程如工艺技术课、计算机课、自然与科学课、艺术课、公民教育课、体验实践活动课和地方教育内容课等的学分或主题都跟择业向导内容有关。选修课包括少数民族语言、第二外语。

（2）初中教育时量。初中教育阶段平均每周约 29 节课。每周上课 5 天，每天上课不超过 5 节。每节课 45 分钟，课间安排休息 10 分钟。[1]

3．高中教育课程与时量

（1）高中教育课程。高中必修课程和教育活动包括语文、数学、第一外语、体育、国防教育、体验实践活动与择业向导、地方教育内容等。其中，体育课被设计成学分，体验实践活动与择业向导被设计成主题，学生可以按照个人意愿及学校组织教学能力来选修相应的学分及主题。学生从高中一年级就开始选修择业向导课。择业向导课的各选修课被分成 3 组，学生可从这 3 组中选修课目，每组选择至少 1 个课目。择业向导课包括以下 3 组课程：社会科学课程（历史、地理、经济与法律教育）、自然科学课程（物理、化学、生物）、技术与艺术课程（技术、计算机、艺术）。每组课程都被设计成学分，学生可以按照个人意愿及学校组织教学能力来选修相应的课程。此次基础课程改革最突出的特点在于高中教育一年级时已增加各专题学习的内容，且各专题的学习时量有明显的增加。各课程如语文、数学、

---

[1] 黎文升，易连云. 越南新公布总体基础教育章程的优、缺点分析 [J]. 海南师范大学学报（社会科学版），2018，31（4）：114-123.

历史、地理、经济与法律教育、物理、化学、生物、技术、计算机、艺术课都有一些综合专题课程，帮助学生增长知识，提高实践能力，能灵活运用学到的知识去解决实践中的问题，满足择业向导的要求。每个综合专题课程的学习时量是 10—15 节课，总时量是 35 节课。[1] 各所学校要根据上述开设课程的目标和要求来构建课程组合，以综合专题来满足学生学习的需求以及保证合理地解决本校的教师队伍、设备等条件。学生也可以在其他学校或教育单位申请学习自己学校没有条件组织的课程或综合专题。选修课程包括少数民族语言和第二外语。

越南一向重视全民国防教育。2007 年 7 月，越南颁布了关于国防教育的决定，规定国防教育是国民教育的一部分，是全民国防建设和人民安全的一项基本内容，是从高中到大学教育和各政治、行政和团体教育课程的主干课程。国防教育的目标是：促进培养全面发展的越南人，使之了解有关国防安全的基本内容；发扬民族抗击外来侵略的斗争传统，提高公民保卫越南、热爱社会主义的责任感；警惕敌对势力的阴谋手段，掌握国防安全的基本政策、基本知识；具备必要的军事和安全技能，以参加建设和巩固全民国防的事业，时刻准备着保卫越南社会主义祖国。

（2）高中教育时量。高中教育阶段平均每周约 29 节课。每周上课 5 天，每天上课不超过 5 节。每节课 45 分钟，课间安排休息 10 分钟。[2]

越南新基础教育课程改革方案是国家指导方案，全国范围内的所有基础教育阶段学校都必须遵照这个方案进行课程、教材、教学的安排。这个指导方案具有鲜明的科学性、继承性和整体性，它的实施对于越南基础教育已经并将继续产生很大的影响。

---

[1] 黎文升，易连云. 越南新公布总体基础教育章程的优、缺点分析 [J]. 海南师范大学学报（社会科学版），2018，31（4）：114-123.

[2] 黎文升，易连云. 越南新公布总体基础教育章程的优、缺点分析 [J]. 海南师范大学学报（社会科学版），2018，31（4）：114-123.

第二节 基础教育的特点

一、高度重视思想政治教育

越南是共产党领导下的社会主义国家，越南《教育法》规定，"越南教育具有人民性、民族性、科学性和现代性，是以马列主义和胡志明思想为基础的社会主义教育"，"教育的目标是把越南人民教育成为全面、有道德、有知识、身体健康、具有审美观和技能、忠诚于民族独立和社会主义理想的人；培养公民的人格、品质和能力，以适应建设事业和保卫祖国的要求"，"教育活动要按照学习与实践相结合，教育与生产劳动相结合，理论与实践相结合，学校教育与家庭教育和社会教育相结合的原理实行"。[1] 越南教育和培训部专门内设了中小学政治教育司，实施国家对基础政治教育和学生工作的全面管理。其主要任务有三项。一是深入宣传、贯彻、执行党的方针政策，传授和发扬胡志明的思想品德和作风，统筹建设马列主义理论、胡志明思想学科教育的内容、程序、形式和方法，指导检查各地各学校思想政治教育活动的开展。二是制定道德、生活方式和生活技能教育的内容、程序、形式、方法，指导、检查和评价中小学生道德、生活方式和生活技能的达标情况，提倡构建纪律严明、健康、友好的教育环境，提倡组织中小学生的美育和文化艺术活动，引导中小学生以健康的学习和娱乐为目的使用互联网和社交网络，监督学校的工会、协会、团队和青年工作，监督处理中小学生思想政治问题。三是指导、检查和评价中小学生管理工作，确保秩序和安全，开展预防犯罪、艾滋病、毒品、卖淫等教育，预防中小学生校园暴力，加强家庭建设和预防家庭暴力。

---

[1] 李枭鹰，韦洁璨. 越南高等教育政策法规 [M]. 桂林：广西师范大学出版社，2012：117-118.

1979 年越共中央通过决议，提出"青少年儿童要有热爱社会主义祖国之心和无产阶级国际主义的精神、集体做主的意识、团结友爱的精神，爱人民、爱劳动、爱科学，有组织和纪律的意识，珍惜和保护公共财产，脚踏实地、勇敢、谦虚，等等"[1]。1981 年越南提出，教育是思想文化革命的重要部分，教育就是为了培养有道德、有知识、有能力、健康的社会主义新型人才。1998 年越南将道德教育纳入正式课程，并且在各级教育系统中作为一门独立的学科进行教学，明确规定要将教育重点放在道德和公民教育上。这是越南道德教育史上的里程碑，自此学校道德教育课程取得了法律地位，各学段的道德教育的目标和具体内容都有了明确的依据和发展方向。2001 年越共九大提出，必须加强对学生的政治、思想和道德风尚教育，再次强调了思想道德教育的重要性。2012 年越南颁布《2011—2020 年教育发展战略》，将学生道德能力和生活技能的培养和提高再度放到了国家的发展战略目标中，对越南 21 世纪的道德教育提出了更新的发展要求。目前，越南小学和中学正式开设道德教育、公民教育等课程，注重品格教育、公民教育和政治教育，传统道德思想和社会主义道德思想相结合，不同学段之间内容上相衔接，注重成套教材的编写，品德教育、公民教育和政治教育的高度融合。越南的学校道德教育已形成了具有越南特色的发展体系。

二、加强管理与革新发展齐头并进

越南教育和培训部专设小学教育司和中学教育司，分别实施国家初等、中等教育管理工作。其主要任务有三项。一是制定和落实中小学教育计划，颁布中小学教育课程、教材开发标准与程序规定；组织和运作全国基础教

---

[1] 李枭鹰，韦洁璨. 越南高等教育政策法规 [M]. 桂林：广西师范大学出版社，2012：19.

育课程、教材评估委员会，组织中小学教科书评审，指导中小学教育机构选用教科书；指导中小学教育规划内容的实施，管理教学设备、参考资料。二是保证和提高中小学教育质量，制定、实施和评估中小学教育的相关标准、条例，检查和评估中小学教育计划的执行情况、教育质量和普及程度，检查和评价中小学生的学习成绩；注重引导基层管理人员和教师队伍的培养，提高其专业能力；协调管理和指导学生学科竞赛的组织工作。三是指导、检查中小学教育机构的组织运转、管理效能。

越南在东南亚国家教育管理成效和中小学学生绩效评估方面名列前茅。东南亚小学生学习测评项目（SEA-PLM）是面向东南亚小学生进行的大规模区域学生学习评估项目，得到了柬埔寨、老挝、马来西亚、缅甸、菲律宾和越南六个东南亚国家的支持与参与，主要关注五年级学生在阅读、写作和数学领域的学习成果，通过以各国教学官方语言为载体的纸笔测试和问卷调查收集学生和学校数据。这一在东南亚地区首次进行的测评项目，历经两年时间的前期酝酿、数据收集与分析，于2020年11月30日在其官网上发布了《SEA-PLM报告（2019年）：东南亚六国的学生学习》。报告显示，越南数学、阅读和写作三个领域的结果在参加正式调查的6个国家中名次最高。具体来说，在数学领域，6个国家的学生平均分是304.79分，越南学生的平均成绩为341.55分。在阅读方面，6个国家的学生平均分为300分，越南学生的平均分为336.46分。在写作领域，6个国家的学生平均分是304.92分，越南学生的平均成绩为328.01分。[1]对越南调查结果的详细分析表明，男生在数学领域的学习成绩与女生相当，但在阅读和写作领域，女生的成绩高于男生。城市、经济条件较好的家庭的学生，与偏远地区、经济条件艰苦的家庭的学生相比，平均分和熟练程度均较高。父母的学历越高，孩子的学习成绩越好。此外，父母的职业、家庭的学习环境也对学生

---

[1] 资料来源于越南教育和培训部网站。

的学习成绩有较大的影响。根据 SEA-PLM 报告和数据分析的结果，越南教育和培训部确定了发展小学教育的战略和政策。其中，一些长期重点措施是：制定具体、切实的投资政策，发展山区和偏远地区的学生教育，支持少数民族儿童和弱势儿童教育；制定学生家长培训计划，提高学生家长的教育水平，以便他们更好地在家庭中教育孩子；加强对男生的阅读指导，提高他们的写作技能；推进考试、教学评估的改革，为校长和教师提供学校和班级的管理方法和技能指导。

三、积极制定教育发展规划

随着革新开放步伐的加大，越南政府积极制定各种政策措施、发展规划以解决基础教育中存在的问题，促进基础教育不断向前迈进。进入 21 世纪以来，越南政府先后制定了《2001—2010 年教育发展战略》《2011—2020 年教育发展战略》等教育总体和专项发展规划。《2001—2010 年教育发展战略》提出：根据赶上世界先进水平的要求，要革新基础教育的目标、内容、方法、章程，根本提高基础教育质量，切实服务于国家经济社会的发展，建成学习型社会，改变越南基础教育落后于区域其他发达国家的状况；要优先提高人力资源培养质量，推动普及初中教育的进步和发展，使其直接为提高经济竞争力做贡献；要发展教师队伍，既扩大其规模，又提高其质量；要革新教育理论，为教育改革奠定理论基础。[1]《2011—2020 年教育发展战略》提出：要根据标准化、现代化、社会化、民主化和国际化目标，实现越南基础教育根本和全面的革新；要全面提高学生能力水平，包括生活技能、创新能力、实践能力、外语和计算机能力；要满足人力资源，特别是服务国家工业

---

[1] 李枭鹰，韦洁璨. 越南高等教育政策法规 [M]. 桂林：广西师范大学出版社，2012：180.

化、现代化事业和建设知识经济社会的高质量人力资源要求；要实现教育公平，为所有公民提供终身学习的机会，逐步形成学习型社会。[1]

越南一系列教育发展战略规划的制定与实施，促进了基础教育的良性和持续发展：基础教育规模不断扩大，受教育人数不断增加，普及程度逐年提高，在全国完成了扫除文盲、普及小学、普及初中的历史性任务，学生对新知识的理解水平、接受能力有了进一步提高，好学的民族传统得到发扬，少数民族子女、贫困家庭子女日益得到关心，奖学金、助学贷款和其他资助政策全面展开，教师和教育管理干部队伍逐步实现专业化，建立了从中央到地方的基础教育质量管理系统，国家财政对基础教育的投资增长迅速，学校的物质基础得到改善。基础教育对提高人民素质、发展人力资源、培养人才、发展社会经济、巩固政治安宁做出了重要的贡献。2021年，教育和培训部召开落实越共十三大会议精神专门会议，其中一个重点任务是研究和编制越南 2021—2030 年教育发展战略、2021—2030 年教育机构发展规划和 2045 年教育远景发展规划，进一步制定和实施越南教育发展战略框架。[2]

四、大力推进基础教育课程改革

越南基础教育课程改革一直变动不居，处在变革、翻新之中。1997 年以来，初中课程改革不断向前推进。一是教育和培训部评估并研究初中教育的现有课程，就新课程广泛听取经验丰富的教育专家、教育管理者及教师的意见，学习国外课程开发过程相关经验，设计课程整体框架及提纲，制定了与初中教育水平相适应的课程、教育计划。二是教育和培训部发文

---

[1] 李枭鹰、韦洁璨. 越南高等教育政策法规 [M]. 桂林：广西师范大学出版社，2012：203.
[2] 资料来源于越南教育和培训部网站。

决定在全国范围内实施实验课程，以使课程制定者及时完善实验课本。三是采用实验教材，进行新课程实验教学。四是召开项目相关人员大会，发布官方声明，以广泛听取新课程评价意见。过去课程及教材仅关注学习成果，而新课程则更关注个人学习能力、课题研究能力及问题解决能力的培养。新课程还关注教学方法的创新，通过批判性思考和自我评价培养学生的自主学习能力、学习适应能力和语言沟通能力。例如，过去文学课和越南语课仅关注写作能力的培养，而新课程则全面涵盖语言的听、说、读、写四个方面。这就要求教师不仅要关心学生的读写能力，也要同时关注学生的听说能力。

从 2002—2003 学年起，越南从小学一年级开始进行了全国范围内的课程改革，之后逐步对二年级教育等推延式地进行改革。在指导思想上，主要从学习内容以及是否有利于新教学方法的实施这两个方面来考虑。在学习内容上，强调加强学科之间的联系，不断更新教学内容。在教学方法上，主张以学习者为中心，重视学习者自主学习和创造性思维的培养。在教材编排上，更注意贴近实际、符合最大多数学习者的学习习惯与学习能力，并相应增加了教材中的实际操作内容。总的说来，教育界对小学课程改革是比较满意的。

2006 年，越南对高中教育的课程进行了修订。根据规定，十年级、十一年级、十二年级的课程改革逐年渐次实施。教育和培训部 2008 年颁布了主题为定期评估和完善高中教育课程的决议。根据这个决议，教育和培训部组建了一个特殊任务小组以完善高中教育课程体系。同时，为了使高中课程所学内容与社会的现实需求挂钩，国家每 5—10 年对课程内容进行定期的修订与完善。

基础教育新课程改革方兴未艾。2018 年 12 月 27 日，教育和培训部在河内举行新闻发布会，正式宣布新的基础教育课程改革方案。新的基础教育课程改革减少了必修课程数量，增加了选修课程、主题课程和活动课程，注重全面提高教育质量，注重为学生提供基础知识和技能，注重形成和发展主要素质和核心能力，注重理想教育、传统教育、道德教育、生活方式教育、外语、信息学、实践能力和技能，注重将知识运用到实践中，强调初中后分流教育、高中职业准备教育，强调为适应未来社会的快速和多方面变化做好准备。新改革方案提出的时间表和年级课程改革计划是：2020—2021 学年，一年级；2021—2022 学年，二年级和六年级；2022—2023 学年，三年级、七年级和十年级；2023—2024 学年，四年级、八年级和十一年级；2024—2025 学年，五年级、九年级和十二年级。2019 年 1 月 9 日，教育和培训部召开会议，部署新基础教育课程改革方案，落实课程编纂、教师队伍和学校设施、教学设备配套建设。教育和培训部要求尽早出版教科书，尽早开展新课程教师培训，尽早公布各年级教育设备的具体清单，以便地方及时列入公共投资预算。对于有困难的地方，将提供财政支持政策。会议提出，这次基础教育课程改革的重点是创新以学生为中心的教学方法，从主要传授知识转向注重培养学生的素质和能力，培养学习者的能力和素质，促进学生德、智、体、美全面发展，教师不仅要善于传授知识，而且要激发学生的学习兴趣、激励学生成长，充分发挥每个学生的潜力。2021 年 6 月 23 日，教育和培训部向各地教育部门颁发了关于实施 2021—2022 学年中学教育方案的文件。该学年，普通中学将同时实施两个基础教育课程计划，即适用于七至十二年级的现行课程（2006 年课程改革方案）和新的普通教育课程（2018 年课程改革方案）。为了有效实施这两个计划，教育和培训部强调，学校要按照计划合理安排课程和时间，发挥学科教学组和教师的主动性和创造性，确保实施课程和教育活动顺利进行，不给学生和教师造成过大的压力。[1]

[1] 资料来源于越南教育和培训部网站。

五、严格规范教科书的编纂、选用、出版、发行程序

教科书的编纂需要符合中小学的要求，内容和结构都要符合国家课程的相关规定。同时，教科书具有开放性和灵活度，要支持教师创新教学方法，为学生将所学知识运用到现实生活中创造条件。

越南教科书的编纂、选用、出版、发行严格按照程序和规定进行。2019年7月，教育和培训部成立国家教科书评估委员会，根据2018年颁布的新基础教育课程方案，评估中小学课程和中小学教科书。国家教科书评估委员会由中小学教师、教育管理人员、科学家、教育学家以及有关机构和组织的代表组成。委员会成员中至少有1/3是中小学教师。[1] 根据规定，国家教科书评估委员会成员要具有大学以上学历，精通教育科学，具有与教科书评估相适应的专业知识和经验。这些成员要参与基础教育课程的制定和评估及其他相关专业活动。2019年以来，国家教科书评估委员会认真、热情和负责地工作，严格按照规定，客观、诚实和透明地执行评估，确保了正确的程序、进度和质量，为完善和提高教科书的质量做出了不小的贡献。

为确保认真、科学、公正、客观、优质地编写、出版、发行中小学教科书，2021年2月，经评估和考核，教育和培训部批准了4个参与教科书编写、出版、发行的出版社，它们是越南教育出版社、河内师范大学出版社、胡志明市师范大学出版社、胡志明市国家大学出版社。[2] 这些出版社都是在教科书编纂、出版方面有经验的单位。教育和培训部公布批准中小学教科书清单后，根据有关通知和规定，出版社与各省市教育局合作，以线上、线下或二者结合的形式进行教科书介绍和选择。教科书的印刷和发行要根据学期和学年教学的需要向所有学生和教师提供，要确保足够的数量和质量，并确保时间，以便在新学年使用。教育和培训部同时制定政策，

---

[1] 资料来源于越南教育和培训部网站。
[2] 资料来源于越南教育和培训部网站。

为贫困学生提供教科书支持。其中，越南教育出版社发挥了中流砥柱的作用。2018 年 1 月 11 日，越南教育出版社举行成立 60 周年（1957—2017 年）庆祝活动。越南总理在贺信中指出，越南教育出版社是全国最大的出版社，在 60 年的建设和发展历程中，越南教育出版社的几代干部、编辑和员工一直努力奋斗，为越南各地的学生和教师服务，圆满完成了教科书的编辑、印刷和发行工作，为国家的教育和培训事业做出了历史性的贡献。越南总理同时要求越南教育出版社要不断创新，提高经营质量，及时把握世界出版业发展趋势，继续组织编写和出版符合国家教育和培训事业需求的高质量教科书。[1]

六、切实促进 STEM 教育

2017 年 5 月 4 日，越南政府发布了关于加强第四次工业革命能力的指示，要求在普通中学大力开展科学、技术、工程和数学教育（Science、Technology、Engineering、Mathematics，简称 STEM 教育）。同年，教育和培训部指导 15 个省市开展 STEM 教育，有 60 所学校实施 STEM 教育模式。此后，要求所有中学在学科和教育活动中都要贯彻 STEM 教育精神。2018 年，教育和培训部发布了 2018—2025 年在普通中学实施职业教育和学生分流方向计划，提出要为完善与职业教育有关的教学设施和设备提供资金支持，在一些中学实施 STEM 教育。[2] 教育和培训部每年举办一次中学生科技竞赛，引导和促进了 STEM 教育的实施。有关学校和教师也积极开展 STEM 教育试点活动，努力熟悉和掌握 STEM 教育活动的内容、方法和形式。

---

[1] 资料来源于越南教育和培训部网站。

[2] 资料来源于越南教育和培训部网站。

STEM 教育进入高中具有许多意义，符合普通教育的改革方向。它的优势之一是集多学科教学为一体。因为要解决实践问题，仅一门学科知识是不够的，应该统筹兼并，整合多学科的知识。STEM 教学与实践相结合，学与行并举，即通过实践学习，通过学习实践，帮助学生探索知识，从而提高能力素质，改变了学生的学习方式和思维方式。

然而，STEM 教育的实施也存在一些困难和限制。一些地方和单位尚未充分认识到 STEM 教育活动的目的和意义，许多学生和家长仍然只对备考的文化科目感兴趣。因此，一些学生虽具有科学能力，但没有得到家长的支持，参加 STEM 活动有限。为了有效地开展 STEM 教育，首先要做的是帮助教师、学生、家长和社区正确、充分、深入地理解这项活动。普通中学也要加强 STEM 教育的教师队伍和教学设施设备建设，与高等教育机构、研究机构、企业加强合作，共同促进 STEM 教育的有效实施。

七、逐步推动教育社会化

越南教育社会化推动了基础教育改革，基础教育体系和教育形式实现了多样化。革新开放前只有正规形式的公办学校，现在已经有半公办、民办、自管、私塾、家庭办班及与外国联合办学等多种办学形式，非公办学校越来越多。教育经费资源也得到了充实，社会力量越来越支持基础教育，以多种形式捐献教育经费、投资办学，投入学校基础设施建设，社会捐献的经费在学校基础设施建设经费中的占比有所增加。各级政府也进一步关心教育，为学校提供地基、校舍等有利条件。银行业也颁布了关于非公办学校贷款的优惠政策。全社会初步形成关注教育的氛围和全民学习的大环境。数据统计显示，2016—2017 学年，越南基础教育阶段有 113 所私立小学、154 所私立初中、281 所私立高中。2016—2017 学年，越南私立小学有学生 6.824 万名、私立初中有 5.67 万名、私立高中有 18.625 万名。[1]

八、努力加强民族区域教育

越南民族众多，分布广泛，加强少数民族教育一直是越南基础教育的重点工作之一。越南教育和培训部为此专门内设了少数民族教育司，进行少数民族教育管理。其主要任务有三项。一是制定少数民族、山区和极端困难地区的教育和培训政策，制定少数民族招生政策，制定少数民族、山区、极端困难地区的教师、管理人员政策，颁布寄宿制少数民族普通学校、半寄宿制少数民族普通学校的组织管理办法，颁布各类寄宿制少数民族普通学校、半寄宿制少数民族普通学校的标准和规定，发展西北、中部高地和西南地区教育和培训。二是保障少数民族、山区和极端困难地区教师、管理人员的数量、质量与合理结构，保障少数民族、山区和极端困难地区基础教育机构的设施和设备，向少数民族儿童和学生教授少数民族语言和少数民族文化以及越南语和越南文化，在普通教育学校向少数民族学生教授少数民族语言和少数民族文化。三是对少数民族、山区、极端困难地区的质量保证情况进行检查和评价，对少数民族和山区寄宿制少数民族普通学校和半寄宿制少数民族普通学校的教育质量进行考核和评价。

2021 年 9 月 29 日，教育和培训部召开少数民族地区教育和培训的可持续发展总结研讨会。会议指出，少数民族地区在普及小学、初中教育和扫盲目标达成方面成效明显。如果以民族计算，大多数少数民族和山区省份的适龄儿童入学率已超过 94%，均实现和超过确定的 2020 年发展目标，其中，7 个少数民族达到 100%。[2] 越南全国从城镇到乡村，从平原到山区形成

---

[1] 资料来源于全球统计数据库（statista）。

[2] 资料来源于越南教育和培训部网站。

了一个从幼儿园到大学后相对完整、统一和多样化的完整的国民教育体系。目前，越南每个乡都有小学和初中，每个县都有高中。基础教育阶段的社会公平基本得到了保障，少数民族地区的教育有了积极的发展，山区各省、县都为少数民族子弟办有寄宿学校和半寄宿学校。全国完成了扫盲工作，普及了小学教育和初中教育。学校的基础设施有了明显的改善。各级学校、班级日趋标准化。

九、持续强化教师在职培训

好的教育离不开质量优秀、数量充足的教师队伍。随着经济水平的提高，越南政府也越来越意识到教师在职培训及管理的重要性。

2009 年 10 月 22 日，越南教育和培训部出台初中、高中教师专业标准。中学教师专业标准规定的出台旨在帮助中学教师自行评价政治、生活道德品质、专业能力，由此作为每年对教师进行评价和分等级的基础。根据规定，中学教师的专业标准包括政治道德品质和生活方式、了解教育对象和环境的能力、教学能力、教育能力、政治社会活动能力、专业发展能力六个方面，并细化成 25 个指标以及达标的程度（达标或不达标，达标又分为出色、良好、中等）。该标准详细地规定了教师的道德、生活方式、作风、与学生和同事的相处问题，并将其视为评价、确认的首要专业标准。教师要爱护、尊重和公平地对待学生，帮助学生克服困难。同时，标准规定初中教师必须具备教师资格证书、大专及以上文凭；高中教师，则必须具备教师资格证书、本科及以上文凭。2012 年，越南开始进行第一次全国范围的教师质量评估以及发放职业资格证书。

根据越南教育和培训部规定，教师一般每年要参加至少 30 天的在职培训，培训结果将纳入教师考核成绩。在职培训期间，教师通常会被要求进行一定时间的实践训练。目前，越南有7个大学和学院提供教师在职进修与培训，分别是河内师范大学、胡志明市师范大学、归仁大学、河内国家大学外国语言教师培训学院、太原大学教育学院、顺化大学教育学院和芹苴大学教育学院。

第三节 基础教育的挑战和对策

一、基础教育面临的挑战

进入21世纪以来，越南的基础教育取得了显著的成绩，令人刮目相看，但总的来看，基础教育领域依然存在一些明显的问题和不足。

（一）教育发展难以均衡

越南正处于经济发展的初级阶段，各地经济发展差异巨大，特别是山区和城市差异显著。经济发展的不平衡导致基础教育在发达地区和贫困地区、城市和农村差异巨大，不同地区学生接受的基础教育水平参差不齐。虽然越南实现了普及九年义务教育的目标，但义务教育的发展依然很不均衡。

（二）全面发展教育有待加强

越南已经意识到全面发展的重要性，并已做出了很大的努力，取得了一些成绩。但总的来看，仍无法满足经济社会发展对教育的要求。教学计划、课程和教学方法还不适应现代化的需要；考试过多，不注重教学与社会实践相结合；重分数，不注重德、智、体、美、劳全面发展。在小学阶段所需开设的课程中，有的小学只开 2—3 门，如语文、数学等，体育、审美教育和劳动课得不到重视。适龄青年上高中的比例还不高；在高中所开设的课程中，体育、审美教育和劳动课等也得不到重视；教学计划和教科书的一些内容还比较陈旧，无法满足科学技术进步的需要，没有很好地把计算机科学运用到教学中。此外，教育商业化如买文凭、卖分数、计划外招生、收支违反原则等现象严重影响了学校和教育的威信，考试作弊现象经常发生，这些对学生的人格和学习态度造成了不良的影响。

（三）办学条件有待完善

越南虽然已经逐步意识到学校的物质条件对教学质量的重要性，但实际上很多学校的物质条件离实际需求还差得较远。学校的基础设施和教学设备短缺，教科书不足。有些教室一天有三个班轮流使用，很多班级没有固定的教室。有的学校教学条件和卫生条件不达标，有的教室光线不足，课桌椅高度不适合学生的年龄和身高，实验室设备没有很好地利用和保管，等等。

根据教育和培训部 2018 年的一项调查，越南公立学校有 58.7 万间教室，其中 74% 被认为是坚固的。有 15 万间破旧的教室需要维修或重建。这些教室大部分位于北部山区和中部高地的中小学。这些学校严重缺乏坚固的教室，许多教室是用竹子搭建的，大量破旧的房屋无法保护儿童的健康和安全。与此同时，城市由于人口增长，没有足够的土地供学校扩建。[1]

---

[1] 资料来源于越南新闻网。

（四）教育投入需要增加

由于越南经济发展仍处于世界中等偏下水平，国家财政对教育的投入不足，其他渠道的经费来源也不多。教师培养经费多年来都未达到国会和政府规定的标准，教育部门管理不力，经费管理等存在较多问题且没有得到及时解决。越南要实现社会化、现代化、规范化、多样化和民主化的教育目标，还有很长的路要走。

（五）教师待遇需要提高

越南教师待遇问题与是否能建立一支稳定的高素质的师资队伍有很大关系。教师工资低、补贴少，他们的收入无法保障基本生活，尤其公立学校师资流失严重。在越南，公立学校和私立学校教师工资差异很大，普通的私立学校教师工资远高于公立学校绝大部分教师。这直接导致了公立学校师资流失的问题。针对教师行业内大部分教师的待遇比其他行业待遇低的情况，越南相关部门也进行了多次讨论，但至今还没有太多改善。所以，很多教师为了保证生活水平，要到校外大量兼职。而兼职的泛滥，则影响了教师职业道德，使教师行业和教师在社会中的地位降低了。高水平师资的缺乏已经成为阻碍教育质量提升的主要因素之一。

二、基础教育的发展对策

（一）积极制定教育政策规划，为基础教育发展指明方向

越南注重革新基础教育目标、内容和计划，发挥各地政府和教育部门

的主动性和责任感，有效地处理了一些基础教育亟待解决的问题。实施《2011—2020 年教育发展战略》10 年后，越南基础教育取得了重要成就，这一时期教育发展战略中的一些目标已经实现或超出。在确保普通学生接受教育方面，战略目标是到 2020 年，小学适龄入学率达到 99%；初中的入学率是达到 95%；80% 的学龄青年达到高中或同等教育水平。实际上到 2019—2020 学年，小学适龄入学率为 99.35%，初中为 96%，均超过既定目标。能够在小学和中学接受包容性学习的残疾儿童比例增加。按照《教育法》的最低学历标准，小学教师合格率为 99.8%，初中为 99.1%，高中为 99.7%。[1]大多数管理人员和教师热爱自己的职业，具有良好的职业道德品质，积极学习专业知识、提高业务水平。政府加大了教育设施投资，增加了教室的数量，教育质量指数有所提高，小学、初中和高中辍学比例趋于下降，学生的信息技术和外语水平得到提高。

在此基础上，2020 年 6 月 25 日，全国教育与人力资源发展委员会基础教育小组委员会召开会议，主题为"2021—2030 年教育发展战略及 2045 年远景展望中基础教育的目标方向和解决方案"。与会代表同意对《2011—2020 年教育发展战略》取得的成果进行评估，就 2021—2030 年教育发展战略及 2045 年远景展望中基础教育的目标方向和解决方案进行了讨论和建议。会议提出，2021—2030 年教育发展战略及 2045 年远景展望中基础教育的目标方向和解决方案是越南教育发展战略的重要指引，旨在实现基础教育全面改革的任务，创新基础教育课程和教材，满足《教育法》和基础教育改革发展的新要求。[2] 2021 年 12 月 30 日，教育和培训部又接续召开了"2021—2030 年教育发展战略及 2045 年远景展望"专题会议。根据会议提交的战略草案，到 2030 年越南教育的总体目标是促进越南人民全面发展，充分发挥每个人的潜力和创造力，为国家富强、民主、公平、文明和人民

---

[1] 资料来源于越南教育和培训部网站。

[2] 资料来源于越南教育和培训部网站。

富裕、幸福的目标奠定基础。同时，按照标准化、现代化、民主化、社会化、国际一体化的方向，构建开放、终身、公平、平等的学习教育体系。到 2030 年，越南教育达到地区先进水平，到 2045 年达到世界先进水平。[1]战略草案中提到的 10 项发展越南教育的措施是：完善体制；创新教育管理；促进教育公平；发展满足人民学习需求的教育机构体系；创新课程、改进方法，全面提高教育质量；优化教师和教育管理人员队伍；确保教育发展的财政资源和设施；加快信息技术应用，加强教育数字化转型；促进科学研究、创新应用与教育的融合；加强融入国际。

（二）改革评价制度，提高基础教育质量

考试和评估教学结果是基础教育一个困难和复杂的环节。过去，教育机构通常通过课程末、学期末、学年末考试来评价中小学学生的学习成绩，主要看考分。事实上，教育科学已经表明，完全以分数来评价学生并不能促进学生的进步和能力的发展，而且对调整教学活动和学习活动也不利。为了克服这些不足，2014 年以来，教育部门指导学校和教师从根本上创新考试形式和方法，检查和评价教育成果将过程评价与总结评价相结合，对普通学生成绩的评估不再像以前那样停留在智力指数上，而是增加了情绪指数（情商）、克服困难指数等标准，强调中小学学生培养将所学知识运用到实践中的能力，将评估结果应用于教学过程，以激发学生的学习兴趣。

多年来，越南全国高中考试一直受到全社会的关注和诟病。面对这一压力，教育部门积极探索创新措施，使考试不断完善，同时实现教育社会公平的目标。从 2015 年起，高中毕业考试实行全国统一考试，既作为高中毕业的凭证，又作为大学和学院的入学考试的依据。2017 年以来，以客观

---

[1] 资料来源于越南教育和培训部网站。

测验（语文除外）形式组织全国高中考试。该考试改革继承了高中毕业考试、高考和大学入学考试的优点和成绩，确保了考试改革路线的连续性，符合《教育法》《高等教育法》的精神，符合世界教育的发展趋势，有助于减轻学生和学校的压力，降低社会成本，得到了公众的赞同和支持。

2020 年 7 月 3 日，教育和培训部就《小学生评价条例》的通知草案举行研讨会。该条例根据新基础教育课程对每个学科的能力构成、教育活动、能力素质的规定要求，强调重视对学生进步的过程性评价，淡化考试分数的权重。学生评价和分类的原则是，不将一个学生与其他学生进行比较，不给学生、教师和家长施加压力。在学生和教师的评价过程中，采用多种形式，包括定期、不定期和综合评价。其中，定期评价以分数与评论相结合的形式来表达，不定期评价以口头或评论的形式来表达。教师与学生和家长一起参与评价以确保评价活动的全面性、准确性和客观性。[1] 新的评价方式全面评价学生的学习过程，使学生可以看到自己的进步，是现代教育中非常人性化和有益的评价方法，符合新的基础教育课程要求。

（三）鼓励学生进行科学研究

进入 21 世纪以来，越南切实创新以培养学生素质和能力为导向的教学方式，鼓励中学生进行科学研究，将学科知识运用到解决生活实践问题。2020 年 6 月 20 日，一年一度的越南全国中学生科技竞赛闭幕式在岘港举行。在 137 个参赛项目中，有 75 个项目获奖，包括 11 个一等奖、16 个二等奖、21 个三等奖和 27 个四等奖。[2] 学生选择参加的研究领域相当丰富。许多项目具有适当的研究计划、内容和方法，并严格按照科研工作的要求提交报告。一些课题项目已经涉及新的高科技问题，有些学生甚至对自己的

---

[1] 资料来源于越南教育和培训部网站。

[2] 资料来源于越南教育和培训部网站。

研究领域有相当深的了解和理解。这有助于培养和提高学生的科学研究能力，也显示了学生已具备学习和利用国内、国际科学文献的能力。越南教育和培训部强调，要鼓励中学生加大科研力度，加强高中与大学和企业的联系，加快实施学校的 STEM 教育，进一步激发学生的创造热情，加快教学方式和学习方式的创新，发展学生的科研能力和素质。2021 年 3 月 25 日，教育和培训部又在承天—顺化省举行了一年一度的全国中学生科技竞赛。

越南奥林匹克竞赛成绩多年来一直进步明显，成绩斐然。2016—2020年，越南共有 174 名学生被派往区域和国际奥林匹克竞赛参赛。共获得了 170 枚奖牌和荣誉证书，其中金牌 54 枚、银牌 68 枚、铜牌 40 枚。与2011—2015 年相比，金牌数量翻了一番。其中，2020 年，在教育部门、教师和学生的努力下，越南学生以在线形式参赛，并取得了特别优异的成绩：参赛学生全部获奖，获得金牌 9 枚、银牌 8 枚、铜牌 5 枚和荣誉证书 2 张；所有参赛代表团都有金牌得主。越南学生代表团连续跻身成绩最高的前十个国家之列。特别是 2017 年，越南国家队以 14 枚金牌的成绩名列前五。2021 年，越南派遣 7 个学生代表团、37 名学生参加奥林匹克竞赛，其中 1个代表团参加亚太地区信息学竞赛，1 个代表团参加亚太地区物理竞赛，5个代表团参加数学、化学、生物、物理和信息学竞赛。结果，获得 12 枚金牌、13 枚银牌、10 枚铜牌和 2 张奖状（鼓励奖），继续跻身成绩最高的前十个国家之列。[1]越南学生代表团在国际考试中取得了优异成绩，表明越南在指导和组织实施国家队参加教育部门区域和国际考试方面符合教育培训的根本性、全面性改革要求，也反映了越南学生在国际奥林匹克竞赛舞台上的水平和科技研究能力。

---

[1] 资料来源于越南教育和培训部网站。

（四）教育公平更受重视

越南教育和培训事业在教育内容、课程和政策上坚持了社会主义方向，重视教育公平发展和教育机会均等，教育的社会公平持续得到改善：越南加强对贫困地区、少数民族地区的教育扶持，对女童、少数民族和贫困家庭孩子、社会受损害对象采取入学优惠政策；提高少数民族地区的教学质量，在少数民族地区既教授越南语又开设本民族语言及其相应课程；调整师资分布结构，通过相应的政策支持和鼓励教师到贫困地区、少数民族地区任教；公立学校在普及教育和人力资源培训中一直起着核心作用，非公立学校也予以支持，少数民族地区、边远地区的教育不断向前发展。

2021 年 10 月 28 日，教育和培训部、民族委员会联合召开 2018—2021 年工作协调方案总结会议，并签署两部委 2021—2025 年工作协调方案。会议指出，2018—2021 年教育和培训部与民族委员会协调工作，在指导落实教育领域民族政策、检查和评估少数民族和山区教育发展方面已取得积极成果，为迅速将党和国家的政策纳入少数民族和山区社会经济发展做出了积极贡献。2018—2021 年，民族委员会、教育和培训部共协调制定和修订了 2 部法律、7 项法令，制定了一系列报告和文件，解决了少数民族地区和山区教育政策实施方面的一系列困难和问题。例如，双方有效协调活动之一是每年举行优秀少数民族学生表彰仪式，表彰少数民族儿童在学习和锻炼中取得优异成绩的榜样。2018—2021 年，共有 431 名优秀少数民族学生和青年受到表彰。[1] 同时，两部委积极参与制定越南《2021—2030 年少数民族和山区经济社会发展国家总体方案》，将民族教育发展政策纳入 2021—2030 年少数民族和山区经济社会发展国家目标计划。

在取得显著成绩的基础上，教育和培训部、民族委员会商定了 2021—

---

[1] 资料来源于越南教育和培训部网站。

2025 年工作协调方案，协调内容包括：指导、提出、审查民族教育政策，落实《2021—2030 年少数民族和山区经济社会发展国家总体方案》的内容，协调信息统计、宣传工作，检查和监督民族教育指标，等等。

教育和培训部、民族委员会签署 2021—2025 年阶段工作协调方案，制定和组织实施民族教育政策，优化民族教育机制，为少数民族学生提供了公平、平等的教育机会，对于继续有效地开展民族教育活动至关重要，为民族教育改革和发展创造了有利条件。

（五）教育法治更加完善

如前文所述，近十年来，越南先后制定若干教育法规及发展战略，但至今，越南仍然未制定中等教育专门法，使得中等教育在执行中缺少必要的强制性和义务性，同时，也为中等教育纳入义务教育产生了障碍，更为中等教育的普及、发展与改革提出难题。越南政府也看到了上述问题，在未来的日子里，越南会在加快经济发展的同时，注意到为基础教育发展提供更加优厚的物质基础；会加快教育立法，以完善和规范教育活动；同时会在以前的基础上加强国际合作交流，扩大教育社会化，补充自身的不足。总而言之，面对基础教育所取得的成绩与面临的困境，越南要实现 21 世纪社会化、现代化、规范化、多样化和民主化的教育目标，完善基础教育法治势在必行。

（六）加强教师队伍建设

大力加强教师队伍建设，需要在数量上保证，层次上合理，质量上达标。这样才能满足提高教学质量和教学效果的要求。改进教学方法，要彻底地从传统的教师讲授、学生听和记笔记的被动学习方法中解放出来，教会学生自主学习和分析综合的能力，充分发挥每个人的能力。

进入 21 世纪 10 年代以来，越南中小学教师准入资格在逐步提升，小学教师大专及以上学历、初中和高中教师大学及以上学历已成共识，具有研究生学历的中学教师也在日益增加。2018 年，教育和培训部指示地方教育和培训部门制定方案，对中小学教师进行再培训，以便提高教师的资格水平。面向未来，越南需要"尽快建立相应的教师教育培养与培训机构的认可制度、教师教育课程的鉴定制度、教师教育水平等级的评估制度等。这也就是说，要实现教师专业化就必须首先保证实现教师教育的专业化"[1]。

（七）提升学校体育工作质量

学校体育有助于锻炼学生身体，提高学生自律性，促进学生德、智、体、美全面发展。进入 21 世纪以来，越南中小学体育不断创新、发展。小学、初中和高中根据课程方案进行体育教学，每周 2 节课。每年，小学、初中和高中都严格按照规定开展学生体能评估。学校体育和教职员工队伍数量进一步扩大，专业素质逐步提高，体育设施和设备不断完善。体育教学内容、方法、形式的创新吸引了学生参加体育锻炼和比赛，学生对体育锻炼、耐力发展和提高体质的认识逐步提高，为实现学生的全面教育做出了贡献。同时，体育教师的专业能力和素质能力也得到了培养和提高，在组织开展学校体育活动方面发挥了基础作用。

尽管取得了显著成果，学校体育工作仍有许多不足，因为学校体育课程还没有得到应有的重视，许多学校仍然把体育作为次要课程，体育教师数量不足，专业化水平仍需提高。据统计，2019 年，越南全国近 8 万名中小学体育教师中，74% 为专职教师、26% 为半专职教师。特别是在小学，只

---

[1] 刘捷. 教育的追问与求索 [M]. 北京：人民出版社，2021：303.

有 20% 的学校有专门的体育教师。[1] 许多学校的体育课程结构不均衡，指导较少，实践技能少，活动形式单调，效率低下。有的学校没有体育课，也没有号召广大学生参加体育锻炼。一些学校忽视体育设施建设，体育资源投入不符合要求。

2019 年 2 月 23 日，教育和培训部举行提高学校体育工作质量的会议。会议提出，只有当学校体育运动成为自身需要时，才能激励所有教师、学生以及校外个人组织共同参与，形成一项健康高效、切实可行的运动。体育是人的全面发展教育的重要组成部分，改革学校体育课程是基础教育课程改革的必然要求，必须大力改变对体育是副科的认识，改变体育课枯燥乏味的教学方式和学习方式，充实专职体育教师队伍，完善体育训练设施，加强体育活动，将传统体育纳入学校课外活动。2021 年 11 月 5 日，教育和培训部召开体育工作总结会议，强调教育部门与体育部门要进一步密切配合，将学校的体育与学生意志、道德、生活方式和生活技能教育联系起来，将群众体育与竞技体育结合起来，有效利用体育设施，为学生提供体育锻炼的机会，注重发展学生体育活动，确保学生全面发展体能和基本运动技能的目标，提升学校体育工作质量，发现和培养体育人才。[2]

（八）大力推进基础教育数字化

2014 年 4 月，越南推出了第一代电子书。电子书根据越南教育和培训部的标准设置，包含了一至十二年级各科共约 300 本书。电子书厚度仅 8.8 毫米，重 500 克，大大有助于为儿童的书包减负。电子书拥有双核处理器，可以装载 1 600 本电子书，还具有麦克风和高清晰度多媒体接口，确保教师轻

---

[1] 资料来源于越南教育和培训部网站。

[2] 资料来源于越南教育和培训部网站。

松与课堂对接。[1] 使用者还可以免费更新所有课本的版本，这就为家长和学生节省了买新书的费用。电子书通过网站整合了越南教育出版社的上千本教科书、参考书以及一些应用于教育、培训和研究的出版物，还为教师和高中生提供英语培训内容。在数字化背景下，拥有先进技术的现代化教育环境将成为一种教育优势。

2019 年 5 月，越南胡志明市首家现代电子图书馆正式对外开放。馆内设有 STEM 学习室、天文研究室、阅览室和多媒体娱乐室等，主要满足少儿对 STEM 的学习需要，为少儿提供免费服务。[2] STEM 学习室有各种书籍、乐高机器人，设置了趣味科学、人力资源培训课程，配置了电子设备，如交互式智能电子白板、活动挂图、平板电脑、现代乐高机器人工具，用于在线学习、看书、搜索信息等活动。各种 STEM 课程和活动能帮助少儿逐渐形成批判性思维、创造性思维，提高少儿解决问题及沟通协作能力。2019 年 9 月，越南第一个在线学习系统正式上线，这是越南首个人工智能学习助手。[3] 此系统主要为越南的高中生提供在线培训服务，通过人工智能和大数据分析，将知识结构、学习方法和等级测验等有机结合，培养学生的个性化学习及提高学习效率。

2020 年 6 月，越南政府出台《国家数字化转型计划：2025 年远景和 2030 年展望》，提出要发展数字政府、数字经济和数字社会：到 2025 年，数字经济占 GDP 的 20%，跻身竞争力指数前 50 名；到 2030 年，越南成为稳定、繁荣发展和率先开展新技术的数字国家。此外，2020 年 12 月，越南政府出台《2021—2025 年协助企业数字化转型计划》，提出至 2025 年，100% 的企业将获得数字化转型培训，其中至少对 10 万家企业进行技术和数字化转型支持，至少有 100 家企业成功实施数字化转型，设立包括 100 个咨

[1] 陶媛. 越南运用电子书推动教育改革 [J]. 世界教育信息，2014（11）：78.

[2] 解桂海. 越南国情报告（2020）[M]. 北京：社会科学文献出版社，2021：133.

[3] 解桂海. 越南国情报告（2020）[M]. 北京：社会科学文献出版社，2021：132.

询组织和个人的专家网络，为企业提供数字化转型措施和数字发展平台。[1]
根据这些计划，越南将尝试一系列新技术和新模式，建设和发展越南宽带
基础设施，升级 4G 移动网络，同时推出 5G 移动网络，以及在全国范围内
普及智能手机，创造安全、有保障和人性化的数字环境。

2020 年 10 月 27 日，教育和培训部举行在线教育生态系统和质量保
证研讨会。研讨会提出，在新冠肺炎疫情大流行背景下，开展在线培训势
在必行。在线教育和开放学习以低成本、高效率的方式引起了全球教育界
的关注。因此，在线教育、教育数字化转型成为越南越来越重要的教育主
题。[2]越南在线教育正处于一个开始阶段，在许多不同的水平进行，包括支
持线下教学、部分替代线下教学、完全取代线下教学。在线教育至少应确
保 4 个基本条件，即技术、学习内容、教师和学习者。建立新的学习体系是
一项艰巨的任务，需要将在线教育与传统教育结合起来。

2021 年 8 月，教育和培训部正式发布了《关于在基础教育机构中组织
和管理在线教学的通知》。[3]《通知》指出，在线教学的目的是帮助教育机
构提高教学质量和完成教育课程，发展教师在教学中使用信息和通信技术
的能力，促进教育部门的数字化转型，同时扩大学生接受教育的机会，为
学生随时随地学习创造条件。《通知》要求，在线教学的内容必须符合基础
教育课程的水平和要求，确保在线教学技术基础设施的最低条件，教师队
伍满足在线教学组织的要求。基础教育机构在开展这项活动时，应遵守有
关信息安全的规定以及数据、个人信息和知识产权的法律规定。教师在线
组织教学的主要活动包括：组织开展网络课程讲座，引导学生学习，分配
学习任务，检查和评估学生的学习成绩，跟踪和支持学生从在线教学中挖
掘学习内容，支持和回答学生提出的问题。学生在线学习的主要活动包括：

---

[1] 聂慧慧. 越南：2020 年回顾与 2021 年展望 [J]. 东南亚纵横，2021（1）：81-89.

[2] 资料来源于越南教育和培训部网站。

[3] 资料来源于越南教育和培训部网站。

参加教师组织的在线课程，根据教师的要求开展学习、检查和评估活动，利用在线教学材料的学习内容，向教师和其他同学提问和回答问题。为了按规定顺利进行在线教学活动，《通知》具体规定了有关机构、组织和个人的责任。其中，省级人民委员会要制定资源支持机制和政策，确保组织在线教学的技术基础设施；安排资金，确保培训，提高教师和管理人员的专业水平和在线教学技能，并确保在线教学的技术条件。县级人民委员会要指导教育局和有关机构在当地开展在线教学；安排资源，确保技术基础设施，以组织当地在线教学，并安排资金，确保培训，以提高教师和管理人员的专业水平和在线教学技能。

2021 年 11 月 23 日，教育和培训部提出了"2021—2025 年加强信息技术在教育和培训中的应用及数字化转型计划"。[1] 该计划的总体目标是在 2021—2025 年，大力创新国家教育管理、学校管理方式，提升国家教育体系的质量和效率，发展教学活动数字化转型生态系统，为学习社会搭建数字平台，为教育管理人员、教师和学习者创造工作和互动环境，为人民获得低成本、高质量教育的机会，为发展符合国家社会经济发展要求的高质量人力资源做出贡献。该计划提出，教育数字化转型不仅限于教学和学习，而是范围非常广泛，所有教育活动、关系和操作都将置于教育数字平台上进行。数字化转型也不是为了取代现实、直接、生动的教育活动，而是将现实教育因素投入数字化转型中，从而更广泛地创造更多的教育机会，使现实中的教育活动更有效、质量更高。为此，该计划提出要发展数字数据库、建立运营中心、建设智慧学校，共享开放学习、电子教学、多媒体学习、电子教科书；实施 STEM 教育模式，发展编程思维，实施适当的计算机科学课程；提高教育管理人员、教师和学习者的数字能力，确保在数字环境中有效地管理和工作。

---

[1] 资料来源于越南教育和培训部网站。

第六章 高等教育

第一节 高等教育的发展和现状

一、高等教育的发展历程

越南出现学校教育活动大致在中国西汉晚期到东汉初期之间。越南当时为中国的郡县之一，教育内容以四书五经为主。从藩属开始及至李朝，越南封建自主国家初显规模，儒学的地位也被逐步抬高。自陈朝以后，官学与私学并进，逐步形成了一个自京城至乡社的庞大的教育体系。教育和科举的平民化提高了越南民族的教育素质，也促进了古代越南的社会阶层流动。

越南现当代高等教育经历了比较曲折的发展历程。1906 年法国殖民政府在河内创办的印度支那大学（今越南河内国家大学）是一所集合大学各学科以培养越南和邻国大学生的高等学校，这是越南现代高等教育的发端，但 1908 年被下令解散了。1917 年，法国殖民政府重开印度支那大学，合并了原印度支那医学院，并重建了师范学院、兽医学院、农林学院、市政工程学院、商学院。自此，越南高等教育发展步入正轨。1918—1929 年，印度支那大学陆续创办了医药学院、美术学院和商业交通学院，共计 8 个学院。[1] 此时的印度支那大学在学院的建制上，既有法国传统学科医学和法学，同时为满足殖民地经济开发的要求又组建了农林学院、兽医学院等初级技能型学院。到 20 世纪 40 年代，印度支那大学已成为一所学科门类齐全、有一定声望的正规综合大学。1944 年，其学生人数达到其建立之后近 30 年的最高点：1 222 名。[2] 印度支那大学在当时几乎承担了越南在内的印度支那地区的全部高等教育，推行法国的殖民教育系统。但越南本身对高等教育基本没有自主权，为争取这样的自主权，越南一直在进行不懈的斗争。

1945 年"八月革命"取得成功，越南民主共和国建立，越南也在此时形成了新的教育制度，大学教育得以列入其中。1945 年 11 月，印度支那大学更名为越南国家大学。之后，越南被划分为相互对立的南北两方，教育制度也实行了两种截然不同的模式：北方采用苏联的教育模式，南方采用法国的教育模式。1950 年 7 月，越南政府委员会召开会议，确定了越南教育民族、科学、大众的发展方向。根据这一方向，越南党和政府积极推动新文化的建设，开办新大学，实行学制改革。1951 年 7 月，越南教育部召开全国教育大会，提出关于教育发展的方针为：为抗战服务，尤其是为前线服务的教育；为人民服务，尤其是为工农兵服务的教育；为生产服务，尤其是为农业服务的教育。1956 年 6 月，越南成立 5 所大学。其中，在越南国家大学的基础上成立了河内综合大学。该校的成立和发展对越南高等教育的发展具有巨大的意义，是影响越南高等教育动向的重要指标。1965 年 7 月，越南劳动党中央发布指示，提出"在新的任务和形势面前，社会主义的学校必须真正成为一个抗美救国的单位，真正做一个授课、学习和劳动的榜样集体，时刻准备战斗并服务于战斗"[3]，体现了党和国家对教育发展的重视，同时表达了越南在战争条件下继续培养、培育、建设科学技术干

[1] 税贞建. 法国殖民时期的越南教育研究 [D]. 贵阳：贵州师范大学，2016：17.

[2] 陈立. 越南高等教育发展研究 [M]. 杭州：浙江大学出版社，2011：73.

[3] 武明江，等. 河内国家大学一个世纪以来的成长与发展 [M]. 李枭鹰，韦洁璨，译. 桂林：广西师范大学出版社，2012：47.

部队伍的决心。

1975 年越南南北统一，越南全国高等教育体制继续沿用北方的高等教育体制。1975 年 6 月，越南颁布了《关于新时期南部大学教育和职业教育工作的指示》，为南部高等教育的接管工作提供政策上的引导及支持，以迅速恢复南部高等教育的正常运行。此时，高等教育类型结构上存在着大量规模小的单科院校和初级师范学院。高等教育的管理高度集权，实行严格的名额配给制和统包统分制。政府是高等教育唯一、合法的举办者和投入者。1976 年之前，越南具有大学以上教育水平的教学、科学骨干主要由苏联、中国和东欧社会主义国家培养。1976 年，越南政府颁发决议，明确了越南要自力更生为本国培养高学历科学、教育骨干的任务及目标。自此，越南开始自己培养高学历的干部人才。1979 年 1 月，越南共产党中央通过了《关于教育改革的决定》，明确指出了在新阶段如何使越南教育坚定不移地朝着社会主义方向前进、培养社会主义新人类的方法，提出了教育改革的措施、内容和目标，并确定了新教育系统的结构，对越南教育事业的发展具有重要的指导意义。但是，20 世纪 70 年代末 80 年代初，越南生产发展缓慢，通货膨胀严重，社会经济危机在一定程度上爆发。越南高等教育与在危机中凋敝的其他部门一样，面临着资源极度萎缩、人心涣散、学生和教师大量流失等危及生存的严重问题。到 1986 年革新开放前，越南全国高等院校只有 84 所，在校大学生 15 万人，教师 1.6 万人，群众能接受高等教育的比例很小，每万人只有 20—25 个大学生。[1]

1986 年 12 月，具有重大转折意义的越共六大召开，正式提出革新开放政策。越共六大提出：教育的目的旨在在青年一代中全面树立和发展社会主义风格，培养有纪律、有技术、适应社会劳动分工要求的劳动大军。教育事业，尤其是大学和专科教育，直接为改革经济和社会管理服务；要将

---

[1] 陈莉莉. 越南革新开放下的高等教育发展历程 [J]. 中国校外教育，2011（4）：14.

越南的经济完全转向具有多种成分的市场经济，就必须推行相应的教育变革。当时提出教育改革的方向和对策为：社会化、民主化、多样化、现代化。1987 年 8 月，越南召开了革新开放后的第一次全国高等教育会议。会议通过了《1987—1990 年大学和职业教育的方向、目标和行动纲领》，评估了越南高等教育的现状，分析了过去教育系统和结构中暴露出的问题，指明了建设越南社会主义高等教育系统的主张和措施：培养的大学生和专业技术学生不仅要面向国家机关和企业，而且要面向多种经济成分，同时满足人民的学习需求；除按国家计划指标外，还要根据多样性的学习需求进行培训工作；大学毕业生不一定僵化地按国家计划指标包分配，部分可由社会自行调配；除利用国家财政预算外，学校要主动地开发和有效利用其他资金来源；改革教育培训的目标、内容、规模和方法，改革各培训部门的结构；按专业扩大科研和生产经营劳动，促使师生提高职业本领，同时增加收入，改善培训条件，添置设备，改善生活。会议提出了对越南高等教育改革发展具有重大历史意义的三大行动纲领。这三个纲领分别是：纲领一，大学和职业教育的结构、系统、目标、内容和方法；纲领二，推进科学研究和劳动生产，改善教育的物质和技术条件；纲领三，大学和职业教育教师和管理干部队伍建设。三大行动纲领不仅对 1987—1990 年越南高等教育进行了规划，它同时也是 20 世纪 90 年代越南高等教育改革的指导纲领，基本确定了当今越南高等教育的发展模式、管理模式、机构体制。1987年全国高等教育会议之后，越南高等教育的服务对象、投入体制、办学体制、毕业生就业均发生了明显的变化。具体而言，高等教育开始为其他经济成分的组织培养人才；办学经费呈现多个来源，包括政府拨款、学生学杂费、与企业签订的合同费用等；统包统分制度被取消，普通奖学金的支出开始收缩，自费生大量涌现，大部分毕业生需要自谋职业；学校开始从事对外服务性的活动；第一所民办大学升龙大学于 1988 年在河内近郊诞生，部分学校引进了西方的学分系统和两段培养制度。

革新开放路线的确定，扫清了观念上和体制上的一些障碍，为越南高等教育新的发展铺平了道路，越南实现了教育体制的基本转变。1992 年越南通过新宪法，第一次将教育置于国家优先发展的战略地位，国民的教育观念开始有了全新转变，高等教育得到越来越多的关注与重视，高等教育的数量和规模逐渐扩大。1987 年，越南全国有 101 所大学（本科高校，下同）和大专（63 所大学、38 所大专），2013 年发展到 421 所大学和大专（207 所大学、214 所大专），是 1987 年的约 4.2 倍。1987 年大学和大专招生人数是 34 110 人，2009 年招生人数是 503 618 人，是 1987 年的约 14.8 倍。1987 年大学和大专在校人数是 133 136 人，2009 年在校人数是 2 177 299 人，是 1987 年的约 16.4 倍。1987 年大学和大专毕业生有 19 900 人，2013 年有 425 208 人，是 1987 年的约 21.37 倍。[1] 在全国高等学校分布网中，在河内、胡志明市、太原、顺化、岘港等城市共有 5 所综合性大学，还建有一些非公立高校，满足了为国家经济社会发展提供人力资源的需求，拓展了国际合作关系，学校教师有了向国外同行学习及进行学术交流的机会。随着高等教育规模的扩大，在提供公平教育机会方面也有了重要进步。教育公平得到良好实施，山区、少数民族或偏远地区的学生可优先被大学和大专学校录取。各民族之间接受教育的差距缩小了。

"现代社会的分工取决于教育背景，特别是在专业工作领域，如果没有受到相应的系统的学校教育训练就不可能获得从业资格。"[2] 进入 21 世纪以来，越南政府高度重视教育事业，使得高等教育发展不断深化。2001 年越共九大通过的《2001—2010 年社会经济发展战略》指出要合理调整教育和培训系统的学级、专业、地区结构，满足人民接受教育及社会经济和战略发展的需求，发展和提高大学、大学后教育质量，集中投资建设几所地区和国家重点大学，继而达到国际水平。越南《2011—2020 年教育发展战略》

[1] 阮黎琼花. 越南高等教育发展现状及对策研究 [J]. 东南亚纵横，2014（6）：50-54.

[2] 刘捷. 专业化：挑战 21 世纪的教师 [M]. 北京：教育科学出版社，2002：21.

强调："党和国家明确发展教育是第一国策，投资教育即投资发展，教育既是经济社会发展的目标，也是经济社会发展的动力。"[1] 自此，越南高校布局更加合理，招生规模不断扩大，高等教育各个方面都出现了不同程度的新进展，高等教育与市场经济体制相适应的新局面已经形成，高等教育的发展相对以往有了巨大变化。表 6.1 展示了 2010—2016 年越南本科高校——大学的发展变化情况。

表 6.1　2010—2016 年越南大学教育发展情况统计 [2]

年份	2010	2014	2015	2016
大学数（所）	188	219	223	235
教师数（万人）	5.10	6.57	6.96	7.28
在校大学生数（万人）	143.59	182.43	175.32	176.79
毕业大学生数（万人）	18.74	35.39	35.28	30.56

二、高等教育的发展现状

（一）高等教育的学历层次和形式

高等教育是越南现代教育体系的最高层次，高等教育的学历层次包括专科、本科、硕士研究生和博士研究生。具体如下。大专程度：招收普通高中、职业高中、中等职业学校的毕业生，培养时间一般为 3 年。本科程度：招收普通高中、职业高中、中等职业学校的毕业生，培养时间为 4—6

[1] 李枭鹰，韦洁璨. 越南高等教育政策法规 [M]. 桂林：广西师范大学出版社，2012：201.
[2] 解桂海. 越南国情报告（2020）[M]. 北京：社会科学文献出版社，2021：369.

年。硕士程度：招收本科学历、具有学士学位的毕业生，培养时间一般为
2 年。博士程度：招收研究生学历、具有硕士学位的毕业生，培养时间为
2—3 年；招收本科学历、具有学士学位的毕业生，培养时间一般为 4 年。
教育和培训部有具体规定对某些特殊专业的大学毕业生进行深入的专业应
用能力和实践技能的培养。

越南《高等教育法》第七条规定，高等教育机构包括高等专科学校、
高等本科学校、独立学院、地区性大学、国家大学、具有博士生培养资格
的科学研究院。其中，高等专科学校、高等本科学校、独立学院是指各部
委及政府机构管辖的培养专业人才的机构、国家银行管辖的银行学院、越
南共产党党中央执行委员会管辖的新闻宣传学院、社会保障部管辖的传统
医药学院等。地区性大学是指 1994 年 4 月根据政策法令，将多所地方大学
整合而成的综合大学，包括顺化大学、岘港大学、太原大学等。《高等教育
法》第八条规定，国家大学是高水平的教学研究型综合性大学，由国家优
先投资发展，在教学、科学研究、财政、国际关系和组织结构上享有自主
权，能够对与教育和科学研究活动、财政、国际关系、组织构成等相关的
事项进行裁夺。越南国家大学 [1] 有河内国家大学和胡志明市国家大学两所。
科学研究院是越南从事自然科学和社会科学研究、培养相关领域高级研究
人才的官方学术机构。

（二）高等学校的类型

依据越南《高等教育法》第九条，越南高等学校分为研究型高等学校、
应用型高等学校和实践型高等学校三类。三种类型高等学校划分和排名的

---

[1] 越南国家大学并非实体大学，其中河内国家大学的成员单位包括九所实体大学，分别是自然科学大学、
人文社会科学大学、外语大学、工业大学、经济大学、教育大学、越日大学、医药大学、法学大学；胡志明市国
家大学的成员单位包括八所实体大学，分别是百科大学、自然科学大学、人文社会科学大学、科技大学、国际大
学、经济—法律大学、安江大学、环境与资源大学。

标准是：在高等教育系统的地位和作用，规模、专业和学历层次，教学和科学技术活动的结构，教学和科学研究的质量，高等教育质量评估结果。[1]政府总理认证高等本科学校排名，教育和培训部部长认证高等专科学校排名。根据排名，政府授权的有关部门决定优先投资计划，分配任务，决定高等学校的特殊管理机制，以满足国家经济社会发展和人力资源需求。

（三）高等院校的分布

越南对高等专科学校、高等本科学校、独立学院进行系统分布和安排，使职业结构、学历层次符合全国和地方各时期的人口规模、地理位置，与国家经济社会发展、国防安全战略相一致。大学、大专学校已经覆盖越南全国各省市，但大学和大专学校主要集中于河内、胡志明市、海防、太原、顺化、岘港、芹苴等较大的城市。

（四）高校教育目标

高等教育的总体目标是：培养具有政治和道德品质，具备实际工作的知识和技能，具有与其高等教育学历层次相对应的科学技术研究和应用能力，身体健康，具有创新能力和职业责任感，能适应工作环境，具有服务人民意识的学生；培养人力资源，提高人民素质，培育人才；开展科学技术研究以创造新知识、新产品，为经济社会发展服务，保障国防安全，融入国际社会。[2]

专科教育、本科教育、硕士研究生教育、博士研究生教育的具体目标：①专科教育要使学生掌握本专业的基本知识、熟练的实践技能，理解自然

---

[1] 越南高等教育法 [J]. 龚敏，译. 米良，校. 南洋资料译丛，2017（2）：58-80.

[2] 越南高等教育法 [J]. 龚敏，译. 米良，校. 南洋资料译丛，2017（2）：58-80.

与社会的原理和规律在实际生活中的作用，具有解决本专业常见问题的能力；②本科教育要使学生全面掌握本专业知识，牢固掌握自然与社会的原理和规律，具有基本的实践技能，具有独立和创新工作的能力，且具有解决本专业相关问题的能力；③硕士研究生教育要使研究生具有科学知识基础，具有能在某个学科或者专业领域进行有效研究的专业技能，具有独立和创新的研究能力，以及发现和解决本专业相关问题的能力；④博士研究生教育要使研究生具有高水平的理论与应用能力，具有独立和创新的研究能力，发现新知识和新的自然与社会的原理和规律的能力，解决新的科学技术问题的能力，指导科学研究和专业活动的能力。

（五）高等学校的校长

越南《高等教育法》第二十条规定：高等学校的校长是高等学校的法定代表人，负责高等学校的管理工作。校长由政府授权的有关部门任命或者认证，任期为 5 年，最多连任一次。[1]

选用校长的标准包括：具有良好的政治和道德素养，在科研、教学领域具有威信，具有管理能力，并且具有在高等学校的院系或职能部门 5 年以上的管理工作经验；高等本科学校、独立学院的校长须有博士学历，高等专科学校的校长须有硕士及以上学历；身体健康。

校长的职责和权限包括：根据学校理事会、董事会的决议颁行高等学校的规章制度；根据学校理事会、董事会的决议决定高等学校下属机构的设立、合并、分立和解散；任命、罢免高等学校下属机构的正、副职负责人；组织执行学校理事会、董事会的决议；制定学校和教师、管理人员队伍的发展计划；组织实施教学、科学研究、国际研究活动，保障高等教育

---

[1] 越南高等教育法 [J]. 龚敏，译. 米良，校. 南洋资料译丛，2017（2）：58-80.

质量；遵循信息和报告制度，按规定接受监督与检查；建设和实施基础民主制度；听取高等学校中个人、组织、团体的意见并接受其监督；每年须向学校理事会、董事会报告职责履行情况；法律规定的其他职责和权限。

（六）高校师资队伍

越南《高等教育法》专设"教师"一章，规定：高等学校教师的职称设助教、讲师、副教授、教授，高等学校要优先聘任具备硕士及以上学历的人为高等学校教师。教师的职责和权利包括：根据培养计划、目标进行教学，充分有效地实施培养计划；研究、发展应用科学和技术转让，保障教学质量；定期学习、培训提高政治理论、专业、业务水平，改进教学方法；保持教师的品质、信誉和名声；尊重学生的人格，公平对待学生，保护学生的正当权利；参与高等学校的管理和监督，参加党的活动、集体活动和其他活动；依法与其他高等学校、科学研究机构签署客座教师聘任协议和科学研究合同；依法获得表彰，有权被授予"人民教师""优秀教师"称号。[1] 进入 21 世纪以来，越南高校教师队伍迅速扩大，水平逐步提高，研究生水平的教师比例逐年攀升，具有博士学位与获得副教授、教授职称的教师比例明显提高。

---

[1] 越南高等教育法 [J]. 龚敏，译. 米良，校. 南洋资料译丛，2017（2）：58-80.

第二节 高等教育的特点

一、坚持社会主义办学方向

越南《高等教育法》规定：高等学校的越南共产党组织在宪法与法律的框架下，根据越南共产党章程的规定设立和运行，高等学校的社会团体和社会组织按照宪法、法律、社会团体和社会组织条例的规定设立和运行，高等学校有责任为设立和运行党组织、社会团体和社会组织创造条件。[1] 革命时期的外敌入侵，和平年代的思想冲击都给越南社会主义发展带来挑战，但是越南依然坚持马列主义、胡志明思想在国家各项工作中的指导地位，确保国家发展的社会主义方向不变，为社会主义文化和教育发展掌舵引航，奠定了社会主义文化和教育建设的根基。随着经济全球化和文化多元化的快速发展，全球的意识形态斗争愈演愈烈，越南始终高举马列主义伟大旗帜，坚持社会主义办学方向，并在全民各个阶层中开展以"向胡志明学习"为主题的运动，密切结合人民群众的生活实际，取得了非常好的实际效果。

越南社会主义文化和教育建设主要弘扬以爱国主义为核心的社会主义道德，同时在学习国内外优秀文化成果的基础上，探索构建符合时代特征、本国特色的思想道德体系，为高等教育道德建设注入源动力。越南把社会主义思想道德教育融入高等教育体系，坚持马列主义和胡志明思想的指导地位不动摇，坚定高校社会主义办学方向，践行胡志明道德榜样，不断强化胡志明思想理论教育与宣传研究。越南高校定期开展"忠于党、孝于民""热爱人民""勤俭廉正、大公无私"等道德学习活动，使传统文化的

---

[1] 越南高等教育法 [J]. 龚敏，译. 米良，校. 南洋资料译丛，2017（2）：58-80.

道德价值得到高校师生员工的珍视。越南官方调查显示，大多数高校师生员工均表示定期开展传统文化和道德学习纪念活动有利于思想认识的统一。特别是学习和践行胡志明道德榜样活动强化了大学生应对各种困难和挑战的责任意识，道德问题明显改善，节俭、反浪费之风盛行，大学生的社会主义定向改革信心明显增强。

二、提高高等教育的管理效能

越南非常重视高等教育的管理工作。越南教育和培训部内设高等教育司实施国家高等教育管理，致力提高管理效能。其主要任务有三项。一是颁布高等教育招生和学生培养条例，确定高等教育培养计划和培养标准，规定学习者在毕业后必须达到的最低知识量和能力要求，指导和检查高等教育培养清单的实施情况，编制培养计划中必修科目的教材和课程，组织实施马列主义理论和胡志明思想的必修课建设和教师培养计划。二是保证和提高高等教育与教师教育质量，检查高等学校、师范院校管理人员、教师、物质设施、财务、财产等与质量管理密切相关的情况，检查人才培养、科研成果、毕业生就业率等情况。三是规划高等教育机构和教师教育机构系统，颁布高等教育机构和教师教育机构的标准和条例，评估、批准和暂停高等教育机构的经营，颁布大学章程、师范院校章程、大学自治政策、重点经济区域人力资源培养政策，对高等教育院校进行分层和排名。2018—2019 学年，越南公立本科高校达 172 所，在校生 126.15 万人，毕业生 26.7 万人，教师人数 5.7 万人 [1]

---

[1] 解桂海. 越南国情报告（2020）[M]. 北京：社会科学文献出版社，2021：131.

三、构建高等教育法制体系

为响应越南革新开放政策，1998 年，越南首次制定了《教育法》，对包括高等教育在内的全部教育阶段进行了法制化规定。2005 年，越南对《教育法》进行修订，提出了与高等教育质量保障相关的第三方评价机制。同时规定，为确保所有高等教育机构实现其教育目标和教育内容，要定期对教育质量进行审查。2009 年，再次对《教育法》进行修订，开设副学士课程、学士课程、硕士课程、博士课程等高等教育机构的教育活动得到认可。此外，也规定了高等教育机构的教育目标、提供的课程、资源与财务等事项。2012 年，越南颁布《高等教育法》，并从 2013 年开始实施。此法律首次专门对有关高等教育相关的规则进行了体系化整理，全法由十二章七十三条构成。[1] 该法规定了高等学校的组织、职责和权限，教学活动、科学技术活动和国际合作活动，高等教育质量的保障和评估，高等学校的教师、学生、财政和财产，以及国家对高等教育的管理等。该法适用于高等专科学校、高等本科学校、独立学院、地区性大学、国家大学和具有博士生培养资格的科学研究院，以及与高等教育活动相关的组织和个人。《高等教育法》要求高等教育机构在内部设立高等教育质量保障组织，定期第三方评价。此外，有关外资高等教育机构、与外国大学共同开展的教育项目以及外国大学越南分校的事宜也有了相关的规定。

四、不断提升高等教育质量

越南发展高等教育事业的目的是为了培养高层次、高素质的人力资源，

---

[1] 越南高等教育法 [J]. 龚敏，译. 米良，校. 南洋资料译丛，2017（2）：58-80.

以满足国家经济社会发展的需求。因此，提高教育质量一直是越南高等教育发展的主题。在南北统一之前，越南高等教育事业的首要任务是恢复教育的自主权，抵制资本主义殖民统治的残余思想，逐步收复和接管各大学院校，保证高等教育有条不紊的发展。全国统一之后，高等教育制度也得到统一，提高教育质量成为国家和人民对教育发展最大的诉求。1979 年 1 月，越共中央《关于教育改革的决议》指出："教育内容改革的目的是全面提高教育质量，培养一批集体做主的新劳动者，全国人民全力担负起社会主义建设事业。"[1] 为此，越南政府积极采取各种改革措施以达到改革目的，例如：不断改革和发展高等教育，在大学教学中引进学分制；主张科学研究与生产劳动相结合，积极推进产、学、研的发展。20 世纪 90 年代之后，为满足社会经济的发展，实现越南高等教育的多样化、标准化、民族化、现代化、国际化，提高教育质量的措施也有了新的变化，包括推行国家教育社会化，努力实现全民教育、终身教育的目标，同时提倡教育公平，人人受教育机会均等，等等。1995 年，河内国家大学成立了教育质量保障与研究发展中心，大学质量保障体系开始建立。1996 年 12 月，越共中央《关于工业化、现代化时期教育培训发展战略及其到 2000 年的任务的决议》提出："发展教育和培训要与社会经济发展、科学技术进步、巩固国防安全的要求紧密结合。要注重三个方面：扩大规模、提高质量和发挥效应。实现教育与生产劳动、科学研究，理论与实际，学与行，学校与家庭和社会的结合。"[2] 1998 年，胡志明市国家大学成立了教育测试与质量保障中心。大学自我开展的质量保障活动推动了大学内部质量保障组织结构的建立。2002 年，教育和培训部高等教育司内设了与教育质量相关的教育测试与评价部门，国家评价体制开始逐渐完善。2005 年修订的《教育法》第十七条规定，教育评价由各教育机构定期实施，并且有义务公开评价结果。高等教育机

---

[1] 李枭鹰、韦洁璨. 越南高等教育政策法规 [M]. 桂林：广西师范大学出版社，2012：23.

[2] 李枭鹰、韦洁璨. 越南高等教育政策法规 [M]. 桂林：广西师范大学出版社，2012：104.

构在接受越南教育和培训部的认可后，每 5 年进行一次第三方评价及认定审查。2012 年制定的《高等教育法》规定了高等教育评价的目标、原则和对象。2013 年，设立了河内国家大学教育认证中心和胡志明市国家大学教育认证中心。2015 年，设立了岘港大学教育认证中心。2019 年 1 月，越南政府批准了《提高大学院校教育质量（2019—2025 年）》的决议，旨在满足国家对人力资源的需求，为提高劳动力质量和效率做出积极贡献。该决议的内容主要包括：推进高校内部管理体制改革，促进有效监察和管理机制相结合；提升教育质量，完善高等院校教育质量评估体系；创新教育培训的方式方法；大力促进高校和科研院所的科学研究和技术转移转化；加快高等教育国际化进程；构建人力资源规划体系；提升各类人才和各所高校的核心竞争力；制定人力资源培训政策和机制，营造大学教育培训健康竞争环境；引进国外先进的大学管理模式，提高教育的公开性和透明度；完善教师教育培养体系，全面提升教师队伍专业素质。[1]

根据《高等教育法》、教育和培训部的相关要求，高等学校需要定期进行自我评价，并接受第三方评价机构的评价。评价过程分三个步骤。首先，大学进行自我评价。其次，接受评价机构的认证与审查，评价机构首先审查学校的自我评价书，然后开展实地访问调查，生成评价结果报告书，并交给大学。大学如有异议，可以提出申诉。而后再对结果报告书进行评价，满足一定评价标准的机构方认定为合格。最后，经过公示期后，将评价结果在高校及评价机构网站上予以公布。

越南重视不断提高高等教育质量的效果比较明显。英国全球高等教育研究机构发布的 2020 年 QS 亚洲大学排行榜显示，越南高校在排行榜上排名呈上升趋势，有 8 所大学进入亚洲 500 强。它们是胡志明市国家大学（第 143 名）、河内国家大学（第 147 名）、孙德胜大学（第 207 名）、河内百科

---

[1] 资料来源于越南通讯社网站。

大学（第 261—270 名）、芹苴大学（第 401—450 名）、岘港大学（第 401—450 名）、维新大学（第 451—500 名）、顺化大学（第 451—500 名）。[1]

五、鼓励科学技术研究

越南强调高等学校要将教学与科学技术的研究和应用结合起来，提高高校教师研究和应用科学技术的能力，培养和开发学生的科学研究能力，发现和培养人才，满足高层次人才的需求，促进经济社会发展，保障国防安全。《高等教育法》规定，高等学校进行科学技术活动的内容主要是：进行基础科学、社会与人文科学、教育科学、科学技术方面的研究，创造新知识和新产品；将各项研究成果、技术应用于生活和生产实践；设立实验室和研究机构，建立技术开发基地，为教学与科学研究服务，将技术开发与新产品相结合；参加募集、咨询、评审和履行各项关于科学技术的任务和合同，以及既定的常规任务。国家鼓励高等学校开展科学技术活动，优先发展在科学技术的研究和应用型人才方面具有巨大潜力的高等学校，确定其科研任务并保障其科研经费需求。机关、社会组织、企业具有接受和促进学生和教师实践、实习、实施科学研究和技术转让的权利和责任。教育和培训部 2000 年颁布的《研究生教育规章制度》也强调，不论是在硕士研究生教育阶段还是博士研究生教育阶段，对课程、教学的考核主要以培养学生独立思考能力为主，要培养学生发现问题、解决问题的能力，从而在学术上有个人的造诣。特别是博士研究生教育，从学术专题的答辩到发表一定数量的学术论文方可毕业等毕业条件的设定，都充分体现了对科学研究能力培养的重视。

---

[1] 解桂海. 越南国情报告（2020）[M]. 北京：社会科学文献出版社，2021：132.

进入 21 世纪 10 年代以来，越南自然科学和社会科学领域的论文发表数量均呈猛增态势。2015 年，越南在 ISI（Institute for Scientific Information）数据库发表的论文数量与前一年相比增速为 114%，2018 年为 129%，2019 年为 143%，2020 年高达 144.7%。国际科学研究论文数量强劲增长对提升越南高等院校在世界上的排名做出了重要贡献。2018 年，越南首次有两所大学（河内国家大学和胡志明市国家大学）跻身 QS 世界大学排名 1 000 强榜单。2019 年，越南河内国家大学和河内理工大学首次跻身泰晤士高等教育（THE）世界大学排名 1 000 强。河内理工大学、河内国家大学、胡志明市国家大学和芹苴大学 2020 年也跻身 QS 世界大学学科排名。2020 年，越南共有 12 所大学上榜世界大学学术表现排名（URAP），较 2019 年增加 4 所。[1]

六、推动高等教育社会化

高等教育社会化是越南高等教育改革历程中一项具有重要意义的决策措施。越南高等教育在计划经济时期，一切经费都由政府承担，加上国家经济不景气，财政方面承受着巨大的压力，对高等教育投资也未给予相应的重视。革新开放后，1987 年，越南提出了扩展多渠道投资方式，试行收取学费制度。1993 年 1 月，越共中央在《关于继续改革教育培训事业的决定》中提出，要"逐渐增加教育和培训在财政预算中的比重，动员各种民间基金投入，国家组织援助，包括国外借款，以发展教育"，"祖国阵线、各人民团体、社会组织、所有家庭和个人与教育培训的各行业一起根据'国家与人民一起做'的方针，担负起教育事业的建设重任，尤其是营造好学校、家庭和社会的教育环境"。[2] 此后，越南开始实施全面的高等教育收

---

[1] 资料来源于越南通讯社网站。

[2] 李枭鹰，韦洁璨. 越南高等教育政策法规 [M]. 桂林：广西师范大学出版社，2012：94.

费制度，各校收费标准由校长决定，并为学生建立起相应的奖贷学金制度。为鼓励和促进民办高等教育的发展，越南于 2000 年 7 月颁布了《民办高等教育法规》，指出民办高校是由社会组织建立起来的教育机构，有来自政府之外的预算，其财产属于创建学校的股东、教师及其他教职人员；民办高校的设立、管理委员会的成立、招生、学校内组织、学校规章制度等必须经由教育和培训部部长的同意并由国家总理批准。2005 年 6 月修订通过的越南《教育法》专设第十二条"教育事业的社会化"，提出："发展教育、建设学习型社会是国家和全体人民的事业。国家在发展教育事业中占主导地位，实行学校和教育形式的多样化，鼓励、号召各组织和个人参与发展教育事业并为其创造必要的条件。各组织、家庭和个人都有贡献教育事业，配合学校实现教育目标，创建健康和安全的教育环境的责任。"[1]《教育法》明确了民办高等教育的地位以及对于越南教育发展的意义。过去，人们通常认为私立高校不如公立高校，但现在这种观念发生了变化。自政府呼吁进行私人投资以来，私立高校一直快速发展。在教职员工方面，私立学校的数量和质量都有了相当大的改善。现在私立高校不仅在大城市，而且在全国范围内都有。大多数私立高校都以实践和应用为导向，并且许多私立高校有良好的设施。在被英国民间组织认可为符合三星级设施标准的越南高校中，有两所是私立高校。[2] 2018—2019 学年，非公立本科高校达 65 所，在校生 26.46 万人，毕业生 4.46 万人，教师人数 1.63 万人。[3]

越南教育社会化的宗旨是政府和人民共同承担教育责任。人民根据自己的能力承担一定的责任，政府保证增加或不减少支出并加强管理。越南倡导"实现社会化高等教育；在土地、税收、信贷、干部培训方面为非营利性的私立教育机构和外资高等学校提供优惠政策；优先批准设立投资数

---

[1] 李枭鹰，韦洁璨. 越南高等教育政策法规 [M]. 桂林：广西师范大学出版社，2012：120.

[2] 资料来源于越南新闻网。

[3] 解桂海. 越南国情报告（2020）[M]. 北京：社会科学文献出版社，2021：132.

额大的私立高等学校，保证其依法设立的各项条件；禁止利用高等教育活动非法牟利"，同时强调"增大对高等教育的国家预算投入，有重点地投资以形成一些高水平的高等学校，定向研究基本科学、高科技和重点经济社会专业，以达到地区和世界先进水平"。[1]

七、重视高校教师队伍建设

教师是教育事业发展的中坚力量，越南一直将教师队伍的建设工作放在重要位置。越南《高等教育法》提出，要制定合适的吸引、聘用和待遇政策，以建设和提高教师队伍质量，重点发展高等学校中具有博士学位、教授和副教授职称的教师队伍。

在国家经济困难时期，由于本国能力有限，为培养出优秀的教师干部队伍，越南政府采取选送有能力干部到国外学习的措施。1955 年越南劳动党中央《关于选送学生到各友好国家进行专门学习的通知》和 1965 年《关于选派人员到国外学习科学技术的通知》就体现了这一方面。全国实现统一之后，对于在资本主义制度下培养的教师，政府也没有采取打击的方式，而是对他们进行再教育和再培养。1975 年 6 月越南劳动党中央《关于新时期南部大学教育和专业教育工作的指示》就提出，要"培养和利用旧制度留下的教师，同时让部分教师，特别是家乡在南部而又在北部工作且有良好专业水平和政治品质的教师，补充到南部学校的教师队伍中，使其成为骨干"[2]。1979 年 1 月越共中央《关于教育改革的决议》强调："教育改革一定要做好教师和教育管理干部培训和培养工作，增强和发展一支无论在政治上还是在业务方面都达到标准的教师和教育管理干部队伍，使其具有适

---

[1] 越南高等教育法 [J]. 龚敏，译. 米良，校. 南洋资料译丛，2017（2）：58-80.

[2] 李枭鹰，韦洁璨. 越南高等教育政策法规 [M]. 桂林：广西师范大学出版社，2012：11.

应学生全面发展要求的知识结构，有能力及时跟上新社会和少年儿童教育体系的不断发展。"[1] 教育和培训部的《1987—1990 年大学和职业教育的方向、目标和行动纲领》将"大学和职业教育教师和管理干部队伍建设"作为其中一个独立纲领，提出要建设一支足够强大的，在数量、结构和质量上既能满足当前要求，又有一定剩余储备的大学教师和管理干部队伍；其中具有研究生学历的大学教师比例要从 1986 年的 9.1% 上升到 1990 年的 12%，到 2000 年达到 15%。[2] 随着教育发展水平的提高，越南同时也在关注着教师队伍的待遇问题。1993 年 1 月越共中央通过的《关于继续改革教育培训事业的决定》提出："实行对教师物质和精神的激励政策，鼓励优秀人才参与技术教学。实行优惠政策，特别是针对高原贫困地区、偏远地区、海岛和一些山区学校教师的薪水和补贴。国家出台吸引优秀学生进入师范学校的政策，提高投资力度并加强指导，使师范学校实现质的转变。"[3] 越南《教育法》和《高等教育法》中都专设"教师"一章，对教师的权利和义务、培养目标和标准、业务和待遇等方面做出规定。进入 21 世纪之后，越南政府颁布的教育发展战略规划也都强调要提高教师队伍的数量和质量，优化教师队伍结构，提高教师的专业技术和培训水平。越南教育部门和高等学校落实相关法律和规划，不断加强高校教师队伍建设，具体做法有三点。一是优化团队结构。高等教育院校通过建立健全岗位聘用制度、完善岗位激励机制、明确分工、实现技能互补优化团队结构，实现教学管理团队结构的梯度化和动态平衡。二是提高教育队伍整体素质。高等教育院校为教育工作者提供更多的学习平台和机会，开创多种学习途径，营造良好的学习氛围，形成全员学习、全过程学习、终身学习的良好局面，提高团队整体理论水平和工作能力。三是重视团队建设和人才吸引。越南政府鼓

[1] 李枭鹰，韦洁璨. 越南高等教育政策法规 [M]. 桂林：广西师范大学出版社，2012：31.

[2] 李枭鹰，韦洁璨. 越南高等教育政策法规 [M]. 桂林：广西师范大学出版社，2012：64.

[3] 李枭鹰，韦洁璨. 越南高等教育政策法规 [M]. 桂林：广西师范大学出版社，2012：94.

励各高校制定教师团队的发展规划，给予制度保障和资金支持，切实提高教学管理团队的地位和待遇，营造有利于教师成长、发展、实现自我价值的良好环境，从而吸引更多优秀人才。

八、扩大高教领域的国际合作交流

进行国际合作交流一直是越南教育事业发展中的一项重要内容。越南自古就受到儒家文化的熏陶，到 19 世纪末之后又经历了长期的殖民统治，因此越南也受到西方文化的影响，可以说越南其实是一个典型的东西文化交融的国家。另外，越南也意识到自身的高等教育发展起步晚，基础薄弱，对于一些先进领域和科学技术人才的培养能力有限，必须借助外部力量来完成，因而越南长期以来都积极创造国际合作交流机会。在革新开放之前，越南国际合作的形式主要为选派优秀人员到国外培养以及接受外国的资助，选送的国家为苏联、中国和其他社会主义国家，一切培训费用由国家承担。随着市场化经济的发展以及革新开放政策的实施，越南开始寻求多样化的国际合作形式，以拓展高等教育的发展道路。1995 年，越南加入东盟，并与美国确立外交关系，之后又陆续与多个国家建立了良好的外交合作关系，越南的国际合作向着新的方向发展。同时越南也鼓励人们自费留学。2005年修订的《教育法》第一百零八条和第一百零九条就分别提出了"鼓励与外国开展国际教育合作"和"鼓励与越南进行国际教育合作"的要求。第一百零八条指出："国家鼓励并为越南各学校和其他教育机构与外国组织和个人、定居国外的越侨在教学、学习和科学研究领域进行合作创造必要条件。国家鼓励并为越南公民通过自费或通过国内外组织和个人资助的方式到国外进行教学、学习、研究和学术交流创造必要条件。国家利用财政拨款派送品质、道德和水平达到要求的人员到国外学习和研究相关尖端专业，以服务祖国建设和保卫祖国的事业。"第一百零九条指出："越南鼓励并为外国组织和个人、国际组织、定居海外的越侨到越南进行有关教育的教学、学习、投资、资助、合作科学和技术应用提供必要条件；越南根据越南法律有关规定和越南社会主义共和国作为成员国之一的国际条约保护其合法权益。在海外定居的越南侨胞以及在越南领土范围内的外国组织、个人、有关国际教育合作组织，设立学校或其他教育机构等事宜由政府决定。"[1] 根据法律法规，越南围绕高等教育国际化制定了一系列具体政策。一是政府执行国际协定和承诺，制定国际一体化和提高高等教育竞争力战略。二是开设以英语为教学语言的课程，学习世界高级课程，吸引国际学生，与国际高等教育机构达成学位等值协议，鼓励联合项目和师资交流，促进越南侨民回国，增加留学项目。三是在跨境高等教育方面，政府致力于为国际投资者和世界一流大学在越南开设国际分校或与当地大学合作创造条件和机制。[2] 越南高等教育国际化发展成果明显。2011 年 6 月，韩国国际合作机构驻越南总代表与越南教育和培训部在河内签订帮助越南设立东南亚国家联盟网络大学的援助备忘录。为此，韩国政府将出资 180 万美元。这笔款项将由韩国国际合作机构分配。该项提案是韩国于 2009 年在东盟—韩国峰会上提出的，旨在促进韩国与柬埔寨、老挝、缅甸和越南四国的合作。根据韩国国际合作机构的调查，越南是上述四国中通信技术最完善的国家。越南将通过科技中心为其他国家提供技术指导与运作管理经验。[3] 2013 年 3 月，联合国教科文组织与越南教育和培训部在河内签署了可持续发展教育倡议书，旨在加强教育系统应对当代挑战及可持续发展的能力。越南是第一个受惠于此项协议的国家。该项目的总体目标是帮助越南创建一个灵活、可持续的学习型社会。具体目标有：提高社会各界，尤其是学校的环境危

[1] 李泉鹰，韦洁璨. 越南高等教育政策法规 [M]. 桂林：广西师范大学出版社，2012：151.

[2] 王焕芝. "一带一路"视域下越南高等教育国际化态势研究 [J]. 比较教育研究，2020（7）：12-19.

[3] 韩国援助越南 180 万美元设立东盟网络大学 [J]. 世界教育信息，2011（7）.

机意识，团结公众力量，应对环境危机，为可持续发展教育创造有利环境；制定和实施在线培训课程，增强教师对可持续发展教育的理解，提高他们把可持续发展教育整合到课堂教学活动中的能力，并督促学校制定应对自然灾害的防灾计划。[1]

第三节　高等教育的挑战和对策

一、高等教育面临的挑战

从整体情况看来，越南高等教育的改革发展现况，包括高等教育机构数量的迅猛增长、高等教育经费来源多样化、高校管理体制的调整、寻求高等教育自主性等方面，都取得了重大的进步，与世界高等教育发展有着趋同的态势。但是，越南的高等教育改革仍面临着许多挑战。

（一）教育观念待更新

越南的高等教育管理观念需要进一步改进，提升各个部门的管理职能势在必行。高校主管部门和高校职责不清。高校在自主权扩大的同时，相应的责任并未增加。旧的标准已经不能适应新的形势，新的高校教育监督规定也没有制定，一定程度上阻碍了高等教育的进一步发展。而且越南的高等教育并没有切实地融入地区和世界中，改革的力度和方法还不够到位，改革的进程比预期的慢。有的大学生崇拜个人主义，追求物质享受，有的大学

---

[1] 张婷婷. 教科文组织与越南签署可持续发展教育倡议书 [J]. 世界教育信息，2013（7）：75.

生学习不认真，不负责任，作弊成风，甚至个别学生还认为有钱就有一切。总之，学生、教师、教育管理人员和家长的思想和观念都有待进一步转变。

（二）区域发展不平衡

越南高等院校教学资源分布不均，特别是培养研究生的高校在国内的分布极其不平衡，主要集中在一些大城市和经济相对发达的地区如河内市、胡志明市等。而在农村或是其他边远山区，如越南北部山区、西南地区和西原地区高校很少。2012 年，越南全国有 204 所本科大学及 215 所专科学校。在 204 所大学当中，102 所在北部地区，占 50%；63 所在南部地区，占 31%；39 所在中部地区，占 19%。河内和胡志明市这两大城市共有 107 所，其中河内 65 所，胡志明市 42 所。[1] 从大学分布的地域性来看，北部比南部多，南部比中部多，平原地区比山区多。高等院校分布不均直接影响了师生数量及结构的不平衡。山区和中部招收的学生数量少，教师数量也不够均衡。教学资源分布的不均衡导致经济欠发达地区高素质人力资源供应不足，制约了地区经济发展。

（三）学科课程有偏颇

进入 21 世纪以来，经济全球化快速发展，越南经济改革也有重大的突破。随之而来的是知识爆炸性增长，科研成果转化周期缩短，学习方式发生深刻变化，高等教育正在从学校教育向终身教育迈进。这要求毕业生掌握现代科学技术，有较强的应变能力，有自学能力，使自己能适应社会经济的不断变化，从而在激烈的就业竞争下赢得挑战。但这却是越南高等教

---

[1] 阮克雄. 中越高等教育改革的比较研究 [D]. 上海：华东师范大学，2014：128.

育最薄弱的环节。越南大学一般采用学校设系科、系科办专业的苏联模式来组织专业体系。无论综合性大学还是理、工、医、师范等独立院校，都按各门学科的性质下设若干系科，每个系科开设一种或两种以上专业。如文科类下设文学系、语言学系、东方学系等，理科类下设数学系、物理系等。每个系至少有一个专业，有的还设有多个专业。越南现行的高等教育科类结构分为六大类：自然科学、技术科学、社会人文科学、医药科学、农业科学、军事科学。全国有工科、农科、林科、医科、文科、理科、师范、财经、政法、体育、艺术等。工科又分为地质、矿业、动力、冶金、机械、电子、化工、轻纺、建筑、运输等几百个学科。每个学科类别下又分许多专业。

越南高等教育遇到的问题是，很多毕业生不能胜任他们本应该独立担任的、与专业相关的工作，他们要经过一段学习时间才能胜任那份工作。越南高等教育系统是封闭的，针对学生专业技能的培养课程较为薄弱，教学与科研生产之间没有密切联系。高等教育课程设置和教学方式的保守性使得学生在批判性思维、实践能力、创新能力等方面发展缓慢，严重缺乏教学和市场需求之间的联系。最近几年，越南大学注重对学生进行专业技能的培养，相应的课程设置有所增加，但部分高校仍然延续"满堂灌"和"填鸭式"的教学方法。学生被动地参与教学，学习负担太重，目的主要是拿到学分。教学方法陈旧，教师只是授课和传授知识，而教师与学生之间缺少互动和意见交流。在这样的条件下，学习处于被动状态，只能激发学生的认知能力和理解力，而不能培养学生的批判性思维、创造性思维和创新能力，也难以促进学生个性发展。因为学科分布不合理，导致越南高校人才培养结构不合理，越南高校大学毕业生实际能力弱、综合素质低、适应性差、应用能力弱，难以向社会提供符合市场需求的人力资源，大量大学生毕业后难以找到与专业对口的工作。

（四）师生比例不协调

越南高校大学生的数量呈逐年增长的态势，教师和学生的比例不恰当。根据越南国家统计总局的统计，1995 年高等院校的教师数量为 2.29 万人，2012 年教师总数量为 8.72 万人，大约增加了 2.8 倍。不过，同期学生数量则增长了 7.3 倍，[1]教师数量的增长比学生数量的增长低很多。因此，高等教育在规模发展的过程中，人力资源显然还跟不上，教师数量显得不足。有些学校教师负荷严重超标，工作时间多，工作量和压力大，直接影响工作质量、科研时间甚至个人生活。

（五）教育投入不充足

越南在高等教育上的经费投入少，人均培养费用低，一定程度上影响了培养质量。自从 1986 年越共中央提出由计划经济向市场经济过渡的革新开放的路线和方针之后，越南高等教育规模有了迅速的扩张。越南政府鼓励各省份开办大学。为了满足上大学的需求，每一省份尽量开办一所高校。数量发展较快，而越南政府投资教育的经费无法跟上学生数量扩增速度，远低于同为东南亚国家的泰国、新加坡和马来西亚。学校设备缺乏并陈旧，无法满足学生学习的要求，教师数量不足。很多地方高校学生入学数量低于招生名额，甚至有的学校报考人数低于招生名额。片面追求学校规模和学生数量使得教育质量下降，毕业生的就业能力难以满足用人单位的需求。学生创业能力低，缺乏创新能力，与工作所要求的胜任力还存在一定差距。除此之外，学校没有加强学生的职业道德教育，毕业生纪律性差，合作意识淡薄，良性竞争精神不足。同时，越南大学教师的工资收入不高，越南

---

[1] 阮克雄. 中越高等教育改革的比较研究 [D]. 上海：华东师范大学，2014：131-132.

的大学教师经常下班后或是空闲时间都到其他学校或培训机构做兼职，以维持正常生活开支。这样，教师们对学生的指导时间就变少，影响了对学生的教育培养。

（六）教育合作待验证

虽然越南政府在高等教育改革议程中重视国际化，并发布了推进国际化进程的系列政策，但这些政策尚未取得预期的良好效果。当前，越南政府缺乏指导教育国际化的明确概念和促进国际化实施的具体行动计划。在国家层面缺乏统筹机制，对学术带头人、学者和教师缺乏参与国际化所需的相关专业和基础设施方面的支持。在机构层面，关于国际化的基本原理、规模、优先事项、行动计划和实施方式模棱两可。在跨国项目及合作关系中缺乏一个系统的、透明的质量保证和认证监管框架。此外，大部分合作项目面临着经费不足的窘境。在人员流动层面，外向学生流动持续递增，留学教育服务贸易存在较大逆差。除了各类国际奖学金计划，越南还通过政府资助计划派遣政府雇员和大学讲师出国留学，然而资助计划没有附加吸引这些人员或越南侨民回流的相关政策，导致人才流失严重。[1]

二、高等教育的发展对策

2021 年 12 月，越南教育和培训部召开会议，讨论、制定了《2021—2030 年越南高等教育发展战略框架》草案。根据这个框架草案，到 2030 年，越南高等教育的总体目标是发展优质、高效、公平、开放和现代化的

---

[1] 王焕芝.“一带一路”视域下越南高等教育国际化态势研究 [J]. 比较教育研究，2020（7）：12-19.

高等教育，使之成为国家核心竞争力、发展推动力，满足国家社会经济发展的要求，满足人民公平地接受高质量高等教育的学习需求。[1]

（一）调整高等教育培养目标

进入 21 世纪 10 年代以来，科学技术、通信和传媒、知识经济的革命与发展越来越迅猛，教育全球化已成为必然趋势，这也直接影响到越南高等教育的发展。越南越来越重视高等教育的社会功能，强调高等教育要为社会主义和经济发展服务，既要注重加强品德教育，也要注重加强专业教育，使学生具有坚定的理想信念、广阔的眼界胸怀、更宽的知识面、更广的就业面，从而更好地适应未来职业和社会发展的需要。根据标准化、现代化、社会化、民主化和国际化的越南教育改革发展总目标，越南提出了高等教育革新的目标："完善职业教育和大学教育系统；调整专业和培训结构，提高培训质量，满足经济社会发展对人力资源的需求；培养出一批有创造能力、独立思维，有责任感、职业道德，有技能、外语能力、劳动技术、工业化作风、自主创业能力，能适应劳动力市场不断变化的人，其中有一部分具备参与地区和世界竞争的能力。"[2]

越南高等教育目标的调整主要是在传授给学生基本知识的同时促进学生能力和素质的全面发展，即将传统的以知识传授为主的目标让位于知识、能力、品德三位一体，兼顾学生个人发展和社会需求的教育目标。越南高等教育目标调整的重点是要解决学生能力培养的问题，特别是众多与市场关系密切的、培养应用型人才的院校，应该以能力为核心，以就业为导向，培养学生扎实的专业知识和实践能力。因此，进入 21 世纪 10 年代以来，越南对高等教育的目标的调整主要遵循了如下原则：逐步增加劳动的智慧含

---

[1] 资料来源于越南教育和培训部网站。

[2] 李枭鹰、韦洁璨. 越南高等教育政策法规 [M]. 桂林：广西师范大学出版社，2012：151.

量；扩大劳动者的专业知识面；加强专业技能培养并为工作者转行提供便利；以提高劳动者的品质、道德，改善劳动者的作风来提高劳动质量；加强劳动者的政治意识，树立为民富国强，为社会公平、民主、文明而奋斗的劳动意识；加强劳动者的灵活性、创造性和适应性；提高劳动者的外语水平、计算机水平和社会知识水平。[1]

（二）优化高等教育管理

受计划经济时期统包统管模式的影响，越南的教育管理直到如今还带有集权管理的性质，存在中央对地方教育的干预较大、教育管理责任分担不明确、教育法律法规滞后等问题。针对这些问题，21 世纪 10 年代以来，越南采取相关措施，不断完善高等教育管理。一是建设同步、完善的教育法律法规系统，改革行政，实现管理的统一。国家对教育实行分级管理，按照分配好的职能、任务完善和建立各部门、行业、地方之间的配合机制，权责分明，加强社会和人民对教育管理的检查、监督，保证教育民主化。二是完善国民教育系统。保证毕业生的分流工作，保证各级、各类型教育直接的衔接，制定符合国内和国际教育要求的教育建设和发展计划。教育发展计划要符合政治、经济、社会、国防等各方面的实际发展需要。三是制定高等教育的国家质量标准，各教育机构单位都要有达到既定标准的计划，建设重点学校，培养高质量人才。四是集中对教育质量进行管理，采用教育科学、技术科学和管理科学新成就和新标准，加大通信、传媒技术在教学中的应用，建立社会监督制度和独立的教育。

---

[1] 阮清雄. 人才培养与社会需求相结合：越南高等教育改革趋势探析 [J]. 教育观察，2013，2（31）：35-39.

（三）扩大高校办学自主权

越南高等教育改革越来越强调扩大高校的自主权，努力实现内部管理体制的改革，其中包括校内分配、人事以及内部部门管理权限等方面。越南《高等教育法》规定，大学的职责和权限非常广泛，包括：制定大学的发展战略和计划；管理、运营、组织大学的教学活动；调动、管理、使用资源，分享大学的资源和设施；遵循信息和报告制度，按规定接受教育和培训部、政府检察人员、其他相关部委和所在地省级人民委员会的监督与检查；在教学、科学研究、技术、财政、国际关系、组织机构等方面具有高度的自主权；法律规定的其他职责和权限。[1] 在政府的职能方面也逐渐进行了转变，从直接管理走向了组织协调、统筹规划和政策指导，有效地实现了自主办学与宏观管理结合的运行机制。教育管理的思维和方法也进一步得到了发展和更新，使政府教育部门的责任感和主动性得到了发挥，提高了政府的管理效力。

（四）改革高等学校招生制度

越南高等教育在扩大大学数量、招生数量的同时，大力推进招生制度的改革，以适应高等教育的培养特点和劳动使用需求。革新开放之前，越南实施的是全国统一考试，择优录取。革新开放之后，高校在招生中拥有出题、组织考试、评分、录取的权力。每所学校可根据国家政策和社会需求向教育和培训部申报招生总名额及某个具体专业的招生名额。越南《高等教育法》提出："高等学校自主确定招生指标，负责公布招生指标、教学质量和教学质量保障条件"；"招生方式包括招生考试、审核招生、招生考试与审核招生相结合";"高等学校自主决定招生方式并对招生工作负责"。[1] 越南高等教育以专业为基础，兼顾学科和职业的需要。在这种培养模式中，大学需要选拔具备相应基础素质和能力的学生，并力求在培养的过程中激发学生的专业兴趣、开发学生的专业潜能。2013年12月，越南提出《各大学自主招生方案》，各高校进一步优化自主招生的模式。自主招生方案是一个非常灵活而实用的方案，各大学独立招生，考试内容、考试时间、考试录取成绩各校均不相同。考生可以同时报考几所大学，并根据成绩选择其中一所学校就读。目前，大学招生强调要改革以考试成绩为主的招生选拔方式，除了基础学科的学业考试外，还要补充其他相关能力的考核。

（五）更新高等教育教学内容

越南加强对社会发展和人才需求的研究，把社会需求作为大学发展的有力杠杆，将社会资源和生活资源转换成教育资源，完善课程结构，科学调整培养计划和教育内容。为了避免学生毕业后知识迅速老化，需要扩大学生知识广博性的同时兼顾知识的可延展性，即不必要掌握所学专业的所有知识，但要求学生掌握学科和专业的基本原理。因为科学技术发展迅猛，如果专业知识面太窄，学生毕业后就难以具备拓展和更新知识面的能力。为了实现这样的目标，各大学的培养计划应该增加基础性知识课程、减少过于精细的技术性课程。事实上，每个高等教育单位都为一定范围内的学科和专业提供服务。学科是体现高等教育单位特色的关键，要将学科摆在突出位置。高等教育单位要注重把学科与产业发展、社会就业需求、科技发展前沿趋势结合起来，调整优化学科结构，加快新兴学科和交叉学科的建设，打造高质量的学科品牌。这是评价高等教育单位教育质量的一个重

---

[1] 越南高等教育法 [J]. 龚敏，译. 米良，校. 南洋资料译丛，2017（2）：58-80.

要标志。可以说，与产业发展、社会就业要求、科技发展前沿趋势相衔接的学科建设是越南高等教育未来发展的生力军。知识范围的拓宽及加深，技能的熟练和延展将由大学毕业后的继续教育、自我教育和自我完善来完成。换句话说，面对科学技术的不断加速发展，高等教育阶段的学习不是一劳永逸，终身教育已成为一种必然，高等教育需要为此奠定良好的知识和能力基础。

（六）革新高等学校教学方法

改革高等教育的教学方法是适应现代社会要求的必然路径。进入 21 世纪 10 年代以来，越南高校特别强调要根据研究和应用两大方向发展大学教育课程，改进教育方法，发挥学生的积极性、自觉性、主动性、创造性和自学能力，实现可持续发展，并使其创造性思维和解决问题能力得到进一步的锻炼和培养，最终实现为现代科技以及工业生产服务。越南强调高等教育要注重学生的自主研究学习能力的培养，为学生发展创造性思维、锻炼实践技能、参加研究、实验、应用提供条件。本着这样的教育改革精神，加快教学改革势在必行，特别要注重对学生思维的培养，激发学生的创新能力和自学能力。第一，教师的作用不再是简单的传授知识，更重要的是培养学生的思维能力和创新意识。教师要进行自我反思，理智地思考自己的教学，全面研究教育对象，把握学生的个性差异。运用个性化的教学，适时调控、优化教学行为，启发学生的思维能力，培养学生的创新能力，变经验型教学为反思型教学，从而达到预期的教学效果。第二，高等学校需要把传统与现代的教学方法结合起来，加强讨论课、联合作业、模拟讲课、实验研究等教学形式的运用，通过启发引导等方式使学生获得调节、控制、改造自身心理结构和外部环境的能力，教会学生自己发展、自己学习，获得自我教育、自主研究、自主解决问题的能力，让学生的身心得以全面发展。第三，教师要学会运用多媒体等现代教育技术，丰富教学手段。为了有效地发挥教育信息化在教学、助学、远程教育等工作中的作用，教师应该参与发展教学软件、制作课件、教学咨询等活动。当教师运用教学软件时，并不是用计算机和软件代替教师，而是用这些辅助工具呈现教师的教学智慧和综合经验。

（七）培养学生实践能力

多年来，越南高等院校的学生社会实践活动已经反复证明，校外实习活动对培养学生实践能力的效果并不显著。学生的实习报告大多数或根本没有实践性可言，或抄袭杜撰成风。解决这个问题，一方面需要用人单位积极参与学生实践能力培养。实习单位在学生实习期间，要对学生提出具体的、可操作的、需要解决的问题和工作岗位对实践技能的要求，实习后指导教师需根据学生工作岗位的职业要求和学生实践中遇到的实际困难有针对性地组织教学，使专业教学更加符合企业实际，学生对专业知识的理解更加深刻，从而提高实践的效果。另一方面，也需要学校加强对学生实践能力的培养。实现高等教育人才培养与社会需求相结合的目标，仅仅通过派遣学生到用人单位，在有限的时间内进行实习是不够的。高等院校在各门课程中要注重发挥学生的主观能动性以及独立解决问题和自主研究的能力。目前急需解决的问题是缩短或取消一些没有实践意义的实习项目。这样，既能加强学生的实践能力，缩短职业技能培养的时间，又能为学生发展其他能力，进而为未来的知识更新和补充教育打下良好基础。此外，加强学生实践能力的通常做法是经常聘请客座教授、科学家、企业家、专家、学者等校外人员来讲座，由他们讲解专业课程的实践内容，而理论问题的讲解就由校内教师来完成。这些校外专家、学者讲解研究、生产、经营、管理经验等问题，可以使学生的实践意识增强。这种做法能促进学校与企业、学校与用人单位之间的沟通和联系，为学生的学习、实习、实践、就业等提供便利的条件。

（八）强化民族和边境高等教育

越南属于多民族国家，共有 54 个民族，其中京族在人口总数中占了绝大多数，其他少数民族多分布在高原地区、山区、北部和西部边境地区以及南部偏远地区。发展民族教育成为维护民族稳定、保证社会和谐的重要措施，也是越南教育事业发展的重中之重。越南对少数民族、边境地区给予的政策扶持力度是十分明显的。越南《教育法》第九条指出："要优先对偏远地区、贫困地区、少数民族地区进行财政投资，发展大学教育。"越南《2011—2020 年教育发展战略》提出："制定和落实各项政策，保证少数民族地区、贫困地区、各享受社会政策对象和贫困者平等的学习机会，扶持并优先发展其教育和人力资源。"[1] 越南积极为少数民族学生接受高等教育创造便利的条件，重视少数民族预科教育的发展。2011 年越南政府颁行的《关于少数民族教育、文化保存及干部培训可持续发展的民族工作新政策决议》提出，贫困地区的少数民族学生、大学生可享受免交学费的权利。

在少数民族、边境地区的教师政策方面，越南政府努力为教师们实现"三高"，即地位高、待遇高、素质高，同时鼓励优秀教师干部及大学毕业生到少数民族、边境地区参与当地教学工作。越南党中央《关于继续改革教育培训事业的决定》提出要"实现对教师物质和精神的激励政策，鼓励优秀人才参与技术教学。实行优惠政策，特别是针对高原贫困地区、偏远地区和山区学校教师的薪水和补贴"[2]。越南《教育法》第六十一条指出："民族寄宿制、半寄宿制普通中学、预备大学在教师安排、基础设施、设备建

---

[1] 李枭鹰，韦洁璨. 越南高等教育政策法规 [M]. 桂林：广西师范大学出版社，2012：208.

[2] 李枭鹰，韦洁璨. 越南高等教育政策法规 [M]. 桂林：广西师范大学出版社，2012：94.

设和财政上享有优先权。"[1] 第八十二条指出："国家对在经济社会条件特别困难地区工作的教师和教育管理干部实现轮换政策；国家实行优待政策，鼓励经济社会条件优越地区的教师和教育管理干部到经济社会条件特别困难地区工作；国家为在经济社会条件特别困难地区的教师和教育管理干部能安心工作创造条件。"[2]

（九）提升教师和管理人员素质

21世纪10年代以来，越南进一步关注教师和教育管理干部队伍的发展。越南《2011—2020年教育发展战略》强调，要提高大学教师培养质量，集中投资建设各师范学院和师范学科，巩固完善教师培训系统，根本全面地革新教师培训，改革教师培训的内容和方法，形成一支有革新能力的教师和教育管理干部队伍。要注重提高教师队伍的职业道德、作用和资格，为学生做出榜样。越南政府采取很多措施以便提高教师的质和量，如鼓励教师出国进修、攻读学位；很多院校要求在职的教师提出自己的进修计划并按照此计划完成自己的学业；举办进修班，特别是暑期培训班；跟外国的很多大学进行教师交流研讨，等等。

为提高教育培训机构的教师和教育管理人员的水平和能力，2021年4月，教育和培训部批准《2019—2030年高等教育机构教师和管理人员能力提升计划》。该计划提出，要为大学教师提供攻读博士学位的机会，提高文化、艺术和体育专业教师的学历层次，为高等教育机构管理人员培养管理技能。[3]

---

[1] 李枭鹰，韦洁璨. 越南高等教育政策法规 [M]. 桂林：广西师范大学出版社，2012：137.

[2] 李枭鹰，韦洁璨. 越南高等教育政策法规 [M]. 桂林：广西师范大学出版社，2012：143.

[3] 资料来源于越南教育和培训部网站。

（十）促进教育与培训的国际合作

越南国际教育合作的目标是获取地区和世界先进高等教育办学经验和支持，为高等学校的稳定发展创造条件，提高面向现代化的高等教育质量，培养为国家的工业化、现代化事业服务的高层次人才。高等学校的国际合作形式多种多样，主要包括：国内外联合培养；在越南设立外国高等学校的代表处；联合开展科学研究和技术转让活动，组织科学会议和研讨会；咨询、赞助、投资发展设施、设备；培养和交换教师、研究人员和学生；共享图书馆，交换教学、科学技术活动信息；提供培养计划；交换教学、科学技术活动的印刷品、材料和成果；参加教育、科学组织和地区与国际专业会议；在国外设立越南高等学校的代表处。越南《高等教育法》强调国家对国际合作负有重要法律责任，规定："政府采取适当的措施落实双方或多方协议，促进高等学校的国际合作，以满足国家对经济社会发展的需求，符合高等教育的发展战略和规划；加强对国内外联合办学和联合培养的管理。"[1]

越南不断加强教育对外交流与合作，政府以及高校经常邀请包括联合国教科文组织、世界银行、亚洲发展银行在内的国际组织、地区组织以及一些海外著名大学参与其高等教育项目的建设，其中包括制定教育战略规划、科学研究项目以及人员交流等。进入 21 世纪 10 年代以来，越南高等教育国际化发展进入了快车道。2016 年 3 月，越南教育和培训部同芬兰驻越南大使馆在河内联合举行越南与芬兰教育论坛。此次论坛的目的是推动两国教育合作发展，为两国高等院校开展合作提供机会。会议强调，越南与芬兰教育论坛在越南是在对教育培训进行根本性的全面改革的背景下举办的。在此次论坛上，双方就进一步推动两国有关教育培训的重要方向

---

[1] 越南高等教育法 [J]. 龚敏，译. 米良，校. 南洋资料译丛，2017（2）：58-80.

和战略交换意见和分享经验。[1] 2019 年 2 月，在伦敦举办的关于越南和英国开展合作与教育投资的论坛上，两国的教育机构签署了 23 项教育谅解备忘录，涵盖高等教育、中等教育、职业培训、出版等多个领域。备忘录旨在加强越南和英国教育机构在培训、政策对话、教育管理经验方面的分享，以及加强科学研究等方面的合作。[2] 2019 年 6 月，越南与意大利签署了《关于 2019—2022 年越南与意大利教育合作行动计划》。越意两国将在语言与文化发展、教育合作、教师培训、奖学金资助等方面进行合作，包括互相提供各种教育类书刊、视听设备和学习工具，鼓励开展多种形式的高校间的合作办学及互访活动，增进两国教育体系的互鉴。[3] 2021 年 7 月，越南教育和培训部部长阮金山会见了世界银行驻越南行长卡罗琳·图尔克女士。多年来，世行与教育和培训部的合作关系非常好，体现在各个领域。世行协助教育和培训部实施 12 个项目，提供资金以支持越南普通教育改革，建立新的学校模式，制定高等教育发展政策和确保教育质量。目前，世行正在协助教育和培训部实施师范学校发展计划、高等教育质量提升项目、通过手语提高小学听力障碍学生教育质量的项目和越德大学建设项目。世行希望与越南教育和培训部在教育政策研究和教育创新等战略领域开展合作。同时，将越南教育和培训部与世界组织联系起来，促进教育和培训的发展，从而为越南的社会经济发展创造动力。[4] 2021 年 11 月，越南和瑞士就越瑞两国进一步加强各所高等院校合作进行会谈，其中特别关注旅游、酒店、保险、银行、高新技术等培训领域，与此同时增进教师、学生交流。[5] 2021 年 11 月，越南教育和培训部与加拿大不列颠哥伦比亚省签署了关于促进教育合作和双边交流机会的谅解备忘录。该谅解备忘录内

---

[1] 资料来源于越南通讯社网站。

[2] 熊岚. 越南与英国签署 23 项教育谅解备忘录 [J]. 世界教育信息，2019（6）：79.

[3] 解桂海. 越南国情报告（2020）[M]. 北京：社会科学文献出版社，2021：135.

[4] 资料来源于越南教育和培训部网站。

[5] 资料来源于越南通讯社网站。

容包括加强师生交流、实施质量保证评估、举行年度工作会议等。[1] 2021年12月，越南和俄罗斯就高等教育合作进行了座谈，旨在提升越俄教育合作水平，使其与新时期两国的全面战略伙伴关系相称。越方建议俄方继续援助越南俄语教学和支持将东南亚地区普希金分院提升为俄语中心的计划。[2] 2023年4月，由中外语言交流合作中心、汉考国际、越南VIMISS VIETNAM教育公司联合举办的2023年越南HSK中国留学展在越南河内国家会议中心举行。此次留学展有清华大学、复旦大学、浙江大学等52所中国"双一流"大学，以及众多知名企业参展，为越南中文学习者提供了留学中国及实习就业的宝贵机会。[3]

[1] 资料来源于越南通讯社网站。

[2] 资料来源于越南通讯社网站。

[3] 中外语言交流合作中心. HSK中国留学展在越南河内举行 [EB/OL].（2023-04-23）[2023-05-20]. http://www.chinese.cn/page/#/pcpage/article?id=1405.

第七章 职业教育

第一节 职业教育的发展和现状

一、职业教育的发展历程

职业教育是国民教育体系的重要组成部分，直接作用于人力资源培训，广泛应用到生产、销售、服务等方方面面，既是促进经济发展的"加速器"，又是维护社会稳定的"压舱石"。为了满足经济社会发展需要，尤其是对人力资源提出的新要求，越南党和政府对职业教育给予了高度关注，并提供了大力支持。越南职业教育由职业技术教育和职业培训两大部分构成。2014 年 11 月 27 日，越南国会审议通过了《职业教育法》，自 2015 年 7 月 1 日起生效。《职业教育法》明确指出：职业教育是国民教育体系中的一个层次，旨在为劳动者提供初等、中等、高等培训和其他职业培训，以满足生产、经营和服务等方面的人力资源需求，采取正规培训和继续教育培训两种形式。职业培训是一项使学习者具备必要的专业知识、专业技能和职业道德，以便其在完成课程后成功求职或提高职业能力的教学活动。[1]

---

[1] Quối hội. Luật Giáo dục nghề nghiệp[M]. Hà Nội: Nxb. Lao động, 2015: 7.

（一）1945—1986 年的职业教育

1945 年前，越南长期遭受法国殖民统治。法国殖民时期，越南职业技术教育学校已开始出现，其中，岘港实业学校（1889 年创立）、河内实业学校（1898 年创立）和海防实业学校（1913 年创立）等就是最初的代表。为了能够维持殖民政府的正常运转，法国当局通过在学术教育机构下设立分支机构开展职业教育，培养为殖民政府工作的各类人员。

1945 年 9 月 2 日，越南民主共和国成立后，越南北部解放区的职业技术教育迅速发展，为国家的统一和建设输送了大批急需人才。1946 年年初，越南民主共和国成立教育部，专管全国教育事业。1946 年 8 月 10 日，越南民主共和国政府颁布文件，提出教育的"大众化、民族化和科学化"三大基础原则，第一次以法律形式确定了与实现民主国家发展理想相结合的教育原则。自此，越南教育体制开始发生重大转变。1950 年 7 月，越南民主共和国政府通过改革教育系统提案，明确提出建立以基础教育、普通教育和职业技术教育为主的教育体制，职业技术教育开始成为越南教育体系的一个重要组成部分。1955 年 5 月，越南民主共和国政府成立了直属劳动部的人力管理司。1969 年 10 月，越南民主共和国政府颁布决议，从中央政府层面正式成立了归属劳动部的职业技术工人培训部，这标志着职业技术教育体系在越南北部的正式确立。这是越南职业技术教育发展史上的重要里程碑，同时也体现了越南党政高层对发展职业技术教育、培育专业人才的重视。

1976 年，越南社会主义共和国成立后，职业技术教育才真正开始在越南全国范围内发展起来。从这时起，越南各方面的工作中心，也开始从革命战争年代的军事斗争转向和平过渡时期的经济建设。全越各级各类学校，全部都统一纳入社会主义教育系统之中，越南政府也对职业教育制度进行了改革调整。其间，越南政府还选派了大量优秀人才到国外进修，以苏联、中国和东欧社会主义国家为主，将先进的专业技术带回越南。从 20 世纪 80

年代起，越南逐渐调整经济发展道路，作为人才培养重要方面的职业技术教育也受到了越南党和政府的重视，职业教育得到了长足发展，教育规模迅速扩大，师生数量大大提高。

（二）1986 年以来职业教育的政策法律环境

1986 年 12 月，越南共产党（以下简称"越共"）召开了第六次全国代表大会，确立了以经济建设为中心的工作路线。这一路线也对越南教育事业，尤其是职业技术教育提出了新要求。面对经济社会和人力资源的发展需求，职业技术教育也进行了结构性调整、规范了管理模式，为技术型人才的培养创设良好的环境和条件。进入 21 世纪，为不断完善职业教育的教育体系、扩大教育规模、提高教学质量，越南政府又颁布了一系列政策及法律法规，如《教育法》《职业培训教育法》《职业教育法》等。2014 年颁布的《职业教育法》明确提出职业教育的总体目标是：为生产、经营和服务活动直接培养人才，使其具有与培养层次相适应的执业能力，具备良好的身体条件、职业道德、职业责任感和创新能力，能够适应国际一体化背景下的工作环境，确保提高生产力和劳动质量；为学习者在完成课程后成功求职、自主创业或升学创造条件。[1]

在国家发展政策纲领方面，越共十二大政治决议提出的重要目标之一就是经过培训的劳动者比例达到 65% 以上，其中拥有文凭和证书的劳动者比例达到 20%。为了保障职业教育在全国范围内的实施，2001 年，越南政府颁布了《2001—2010 年教育发展战略》，提出了越南职业技术教育到 2010 年的发展目标，即："职业培训学校，小学毕业后学习基本职业训练技能者，2005 年就学率将达到 10%，2010 年将达到 15%。中专（职业技术中学），初

---

[1] Quối hội. Luật Giáo dục nghề nghiệp[M]. Hà Nội: Nxb. Lao động, 2015: 8.

中毕业后选择职业技术教育者，就学率将由 2000 年的 6% 提升到 2005 年的
10%、2010 年的 15%。高专（高等学校），高中毕业后选择职业技术教育者，
2005 年就学率将达到 5%，2010 年将达到 10%”，"通过非正式教育，鼓励开
设在职进修、短期及定期培训课程，以提升教学队伍、管理人才及公务员
的培训质量等"。[1] 此后，《2011—2020 年教育发展战略》又进一步提出：在
职业教育方面，到 2020 年，30% 的初中生毕业可以进入职业培训机构接受
职业教育；经过职业技能培训和大学教育的劳动者比例达到 70%，经过各类
职业培训的大学生比例达到 3.5%—4%。[2]

在职业教育的法律法规制度方面，2006 年颁布的《职业技术教育法》
明确规定了职业技术教育的目的、组织结构、资格评审、质量评估等方面
的内容。此后，又陆续颁布了关于职业教育的系列发展战略规划。其中，
《2006—2010 年职业技术教育发展规划》为发展职业技术教育做出了战略部
署。《2011—2020 年职业技术教育发展战略》明确要求越南各级政府贯彻越
共十一大精神，全面认识职业技术教育在人力资源发展战略过程中的重要
地位，按照规划制定的具体步骤与措施进行人力培养。《2021—2030 年职业
教育发展战略及 2045 年远景》明确提出，职业教育发展战略的总体目标是：
快速发展职业教育，是为了满足劳动力市场和人民的多样化需求，以及在
国家发展各个阶段对人力资源在数量、结构和质量方面日益增长的要求。
到 2045 年，职业教育满足国家发展对高技能人才的需求，成为东盟地区在
职业教育发展方面领先的国家，赶超世界先进水平，在多个领域、行业内
具有显著竞争力。2014 年颁布的《职业教育法》进一步规定了职业教育的
目标、职业教育机构的组织框架、企业在职业教育中的权利与义务、教师

[1] Thủ tướng Chính phủ. Chiến lược phát triển giáo dục 2001-2010[R]. Hà Nội: Chính phủ, 2001.（这是一份由越南政府总理签发的文件，文件名为 "2001—2010 年教育发展战略"，签发日期是 2001 年 12 月 28 日，签发地为河内。）

[2] Thủ tướng Chính phủ. Chiến lược phát triển giáo dục 2011-2020[R]. Hà Nội: Chính phủ, 2012.（这是一份由越南政府总理签发的文件，文件名为 "2011—2020 年教育发展战略"，签发日期是 2012 年 6 月 13 日，签发地为河内。）

和学生的权利与义务、职业培训质量认证等。此外，越南有关部门还陆续出台了与 2014 年《职业教育法》相关的配套政策（见表 7.1）。这些法律政策的颁布和实施，为越南职业技术教育发展提供了良好的保障。

表 7.1 2014 年越南《职业教育法》相关配套政策 [1]

序号	类别	发布机构	政策名称	发布时间
1	组织实施	劳动、荣军和社会事务部，教育和培训部，内政部	关于初级水平培训的规定	2015 年 10 月
		劳动、荣军和社会事务部	关于继续培训的规定	2015 年 10 月
			关于职业教育培训中心的条例	2015 年 12 月
			关于职业教育领域的投资和运营条件的规定	2016 年 10 月
			高等学校条例	2016 年 12 月
			中级学校条例	2016 年 12 月
2	支持政策	越南政府 [2]	关于支持初级水平培训的政策	2015 年 9 月
			关于针对高等学校和中级学校的学生的寄宿政策	2015 年 10 月
			关于支持职业培训和为被征地的工人创造就业机会的政策	2015 年 12 月
		劳动、荣军和社会事务部	关于指导执行《就业法》的政策	2015 年 7 月
			实施支持职业培训的政策	2016 年 12 月
			指导完成监禁人员的职业培训和创造就业的政策	2016 年 12 月

[1] 王忠昌、姜秀玲. 越南《职业教育法》：修订背景、文本分析及经验启示 [J]. 职教论坛，2021（2）：161-169.

[2] 2015 年《越南政府组织法》规定，"越南政府是越南最高的行政机关，是国会的执行机关，并对国会负责。越南政府的成员包括政府总理、副总理、各部部长和其他部级单位的首长。"目前，越南政府的组织机构下设 18 个部和 4 个部级单位。在越南行政公文的左上角处，会标有文件的签发机构，凡标为政府的，本书采用直译，写作"越南政府"。

续表

序号	类别	发布机构	政策名称	发布时间
3	实施方案	越南政府	关于批准国民教育机构体系框架的决定	2016 年 10 月
			关于颁布国民教育体系的教育和培训清单的决定	2017 年 1 月
		劳动、荣军和社会事务部	关于组织编制、评估和发布中级、高等水平培训课程计划的通告	2017 年 3 月
			关于颁布高等水平、中级水平的 IV 级职业培训课程清单的通知	2017 年 3 月
4	教育者	越南政府	关于为公立职业教育机构的教师提供特殊津贴、优惠津贴、责任津贴及危险津贴的规定	2015 年 11 月
			关于教师津贴若干条款实施的通告	2015 年 11 月
		劳动、荣军和社会事务部	关于职业教育教师的招聘、就业和培训的通告	2017 年 3 月
			关于职业教育教师工作制度的通告	2017 年 3 月
			关于职业教育教师专业水平的通告	2017 年 3 月
5	招生	劳动、荣军和社会事务部	关于中级水平和高等水平的招生制度及指标的通告	2017 年 3 月
6	财政支持	越南政府	关于国家教育机构收费和管理机制的政策	2015 年 10 月
		财政部	关于初级培训和 3 个月以下培训的资金管理和使用的规定	2016 年 10 月
7	质量认证	越南政府	关于对职业教育领域的行政违法行为进行制裁的规定	2015 年 9 月

二、职业教育的发展现状

（一）职业教育的体系和层次

越南职业教育由职业教育和职业培训组成，职业教育机构与职业培训机构一道构成了越南职业教育体系。根据2014年《职业教育法》的相关规定，越南职业教育的办学主体包括政府、企业、社会组织和个人，越南职业教育机构则主要包括职业教育中心、中职中专学校、高等专科学校。根据办学主体的不同性质，又分为公立职业教育机构、私立职业教育机构和外资职业教育机构。

越南职业教育主要分为三个等级或层次，分别是初等、中等和高等（详见表7.2）。职业教育机构按照规定的名额指标，每年进行一次或多次招生。初级阶段招生，主要采取选拔形式。各个等级都有相应的培训时间、最低知识和技能要求。完成相应的等级培训并达到合格标准后，可以获得职业教育机构颁发的培训证书，证书相关信息可在职业教育机构电子网站上检索查询。

表7.2 越南职业教育的主要层次 [1]

类型	学习时长	入学要求	水平认证	证书颁发机构
初等培训	3个月至2年	具有所学专业基础	职业初级证书	职业教育机构或具备职业培训资格的企业
中等培训	1—2年	持有初中及以上毕业证	中职中专毕业证	中职中专学校、高等专科学校
高等培训	1—2年	相同学科的中专毕业生和高中毕业生或修完高中课程且通过考试的人员	高等专科教育毕业证，授予专业学士或专业工程师称号	高等专科学校、具备高级职业培训资格的大学教育机构
	2—3年	高中毕业生		

---

[1] 本表为作者依据2014年越南《职业教育法》制作。

1980 年，越南全国仅有 366 所职业教育机构；而到 2011 年，越南全国约有 136 所技职学院、308 所中等职业学校、849 个职业培训中心。[1] 2010 年，每万人中有 227 人拥有大专以上文凭；受过培训的劳动者占比达到 40%，初步满足劳动力市场需求。2018 年，越南共有 1 948 个职业教育与培训机构，初步建立起覆盖全国的职业教育与培训机构网络。其中，包括 397 所技职学院、519 所中等职业学校、1 032 个职业培训中心。[2] 截至 2020 年，越南职业教育培训机构达到 1 907 个，其中包括 400 所高等职业学校、463 所中等职业学校和 1 044 个职业培训中心。[3] 这些机构通过与企业在招生、培训方面达成的合作，与劳动力市场实现良好对接和挂钩，并积极为在校生和毕业生创造实习和就业机会。

根据越南劳动、荣军和社会事务部职业教育总局的统计数据，2018 年越南全国职业教育招生人数为 221 万人，达到计划招生的 100.5%。其中，高等专科学历约 23 万人，占总招生的 10.4%；中职中专约 31.5 万人，占总招生的 14.3%；初级培训和其他职业培训课程仍占主导地位，约 166.5 万人，占总招生的 75.3%。[4]

（二）职业教育的资金来源

越南职业教育发展的资金来源形式多样。其一，由国家财政预算进行投资，而这也是越南职业教育发展的主要资金来源。根据越南《财政法》，政府每年都要投资职业教育，下一年度投资金额一定要超过上一年度，且地方有权向政府提出投资项目需求。其二，来自学员的学费、考试费等，

---

[1] 丁钜河，阮氏美香. 产业需求互动视角下的越南职业教育发展 [J]. 职业技术教育，2020，41（36）：77-80.

[2] 丁钜河，阮氏美香. 产业需求互动视角下的越南职业教育发展 [J]. 职业技术教育，2020，41（36）：77-80.

[3] 资料来源于越南职业教育总局网站。

[4] Viện Khoa học giáo dục nghề nghiệp. Báo cáo giáo dục nghề nghiệp Việt Nam 2018[M]. Hà Nội: Nxb. Thanh niên, 2019: 51.

而这也是越南职业教育重要的资金来源渠道。职业技术学校有权向在校生收缴学费，在每学年伊始，学校都将公开学费标准，方便学员进行了解。其三，由社会团体、企业、个人进行投资或培训、科技、生产、经营等方面的合作收入。越南政府鼓励职业教育社会化发展，提倡团体、企业、个人等成立或投资、资助职业教育机构，以此扩大资金来源渠道。其四，由国外投资或国外企业入股进行投资。越南政府鼓励外国投资商通过成立职业技术教育单位、企业单位或开发职业教育项目等方式，投资职业技术教育。尽管如此，目前外国投资在资金来源中仅占较小比例。

根据教育资金来源和机制形式的差异，又可将职业教育机构分为不同的性质和类型。公立的职业教育机构，是由中央政府设立的职业技术学校，主要由国家投资建设，属国家所有。地方的职业教育机构，是由各个省、直辖市政府或政府相关部门出资建立。半公立的职业技术学校，由政府提供基础设施，但不由政府提供经费投入，学校自行收支。私立职业教育机构，是由社会组织、社会行业组织、私营经济组织或个人投资建设，自行收支，属于社会组织、社会行业组织、私营经济组织或个人所有。由外国投资在越南建立的职业教育机构，首先必须符合越南的法律法规，需要提供银行的相关税收证明，承诺在越南法律的监督和管制下，进行教育教学工作，并自负盈亏。2015—2018 年，越南国家预算中用于职业教育的经常性支出增长趋于稳定，年均增加超过 10 万亿越南盾。仅 2018 年，越南国家预算中用于职业教育的经常性支出就达到了约 230 万亿越南盾，较 2017 年增加了约 14 万亿越南盾，比 2015 年增加了超过 45 万亿越南盾。[1]

---

[1] Viện Khoa học Giáo dục nghề nghiệp. Báo cáo Giáo dục nghề nghiệp Việt Nam 2018[M]. Hà Nội: Nxb. Thanh niên, 2019: 78.

（三）职业教育的管理体系

1998 年以前，职业教育由教育和培训部主管，下设专司负责中等职业与技术教育；职业培训由隶属于教育和培训部的职业培训总局主管。1998年，职业培训总局从教育和培训部划分出去，改为隶属于劳动、荣军和社会事务部主管。根据政府的分工，自 2017 起，由劳动、荣军和社会事务部负责国家职业教育管理，具体负责单位是其下属的职业培训总局。2019 的《教育法》第一百零五条第三款明确规定：劳动、荣军和社会事务部对除中级师范和高等专科师范外的国家职业教育管理工作负责。[1]

（四）职业教育的师资情况

越南职业教育师资队伍的来源呈现多元化特点，主要有五种途径：其一，本科院校培养的毕业生以及少量的硕士、博士生；其二，职业学院和职业技术学院培养的毕业生；其三，高职、中职学校的留校生，但他们在正式任教前需进修大学和高等教育课程、取得本科学位；其四，由工矿企业技术人员转行的教师；其五，从社会各渠道聘请的专职、兼职教师，如有经验的技师、熟练工人、有专家和能工巧匠等。越南政府允许从熟练工人和能工巧匠中选拔职业教育师资，但不要求他们接受过大学教育。截至 2018 年，职业教育院校教师总数为 86 910 人。其中，高等专科院校教师 38 086 人，中职中专院校教师 18 328 人，职业教育培训人员 15 571 人，其他开展职业培训活动的机构人员 14 925 人。同年，越南职业培训总局还组织了 12 374人次的国内外教师培训。[2]

---

[1] Quối hội. Luật Giáo dục[M]. Hà Nội: Nxb. Lao động, 2019: 82.

[2] Viện Khoa học giáo dục nghề nghiệp. Báo cáo Giáo dục nghề nghiệp Việt Nam 2018[M]. Hà Nội: Nxb. Thanh niên, 2019: 58.

（五）职业教育的质量评估与认证

根据越南官方统计数据，2018 年，高等专科院校、中职中专院校毕业生首次就业率达到 85%，[1] 这是越南职业教育质量评估与认证结果应用的最佳证明。2014 年颁布实施的《职业教育法》第六章对职业教育质量认证的目标和原则、组织与管理、职业培训机构从事职业教育认证的权力和责任、职业教育质量标准认证、职业教育质量认证结果的应用等进行了专门的规定，具体包括以下四个方面。

第一，明确了实行职业教育质量认证应该遵循的"两大具体目标"和"四项原则"，为职业教育质量认证组织和机构开展认证工作提供了行动指南。"两大具体目标"是要保证和提高职业教育质量以及确认每一特定阶段职业教育机构或职业教育计划目标的实现程度。"四项原则"包括：一是要遵循独立、客观、依法的原则，二是要遵循如实、公开、透明的原则，三是要遵循平等、定期的原则，四是国家、地区及国际重点机构、项目、专业以及国家级机构、项目要遵循强制性原则。

第二，明确了职业教育质量认证机构的设置。在越南，职业教育质量认证机构主要是由国家设立，也有由个人设立的。这两类机构对职业教育机构和职业教育计划进行质量评估和认证。

第三，明确了职业教育质量认证的基本流程。职业教育机构在接受职业教育质量评估与认证的过程中，需要提交相关的材料，包括：实施和提高职业教育质量的长期或年度计划、职业教育质量自我评估、按照职业教育质量认证标准提供的相关信息，还要向认证部门缴纳相应的认证费用。职业教育机构通过质量认证后，获得职业教育质量认证合格证书，有效期为五年。如在有效期内发现未能满足有关认证标准的，将被撤销合格证书。

---

[1] Viện Khoa học giáo dục dục nghề nghiệp. Báo cáo Giáo dục nghề nghiệp Việt Nam 2018[M]. Hà Nội: Nxb. Thanh niên, 2019: 57.

第四，重视职业教育认证结果的应用。职业教育质量认证结果可以应用四个方面：一是评估职业教育机构的教育质量；二是学习者选择职业教育机构和各层次职业教育的培训项目；三是用人单位的招聘；四是国家对职业教育机构投资、投标，委托其培训和交付其任务。

第二节　职业教育的特点和经验

一、职业教育的特点

（一）加强职业教育立法，完善制度保障

作为越南教育体系的一个重要组成部分，越南政府高度重视职业教育的发展，先后颁布实施了《职业技术教育法》《职业教育法》等法律，从法律层面明确了国家相关部门的权责范围，为广大职业教育参与者提供了制度保障和行动准则。同时，越南政府还陆续颁布了一系列配套政策，这些配套政策不仅是对《职业教育法》的补充和完善，也为《职业教育法》的顺利实施提供了具体操作层面的指导，有利于职业教育活动的有序推进。自《职业教育法》及其配套政策实施以来，越南在技术技能人才培养、职业教育机构设置、职业教育质量认证、师资队伍建设等方面均取得了显著成效，为促进职业教育事业的健康发展做出了有益贡献。

（二）职业教育机构多样化，能满足不同学习者差异化需求

越南职业教育体系相对复杂，职业教育机构多样化，能在不同程度上

满足社会上广大学习者的差异化需求。根据办学主体的不同，越南的职业教育机构主要分为公立职业培训机构、私立职业培训机构和外商投资的职业培训机构。学习者可以根据自己的需求，选择相应的培训机构接受职业培训，通过系统的学习获得相应等级证书后服务社会。

二、职业教育的经验

经过多年的建设发展，越南职业教育事业取得了可喜成效。《2011—2020年教育发展战略》规定，越南职业教育改革的目标包括：建立普通教育和职业教育的双向沟通机制，通过多种手段和培训机制提升职业教师师资水平，将中等职业教育延展到高等职业教育中，打通终身职业教育培训机制。越南在职业发展方面的一些经验也值得学习和借鉴。

（一）加强交流和合作，有效利用国外先进经验

越南党和政府重视职业教育工作。鉴于国内教育基础设施薄弱和职业教育质量起点较低，越南多措并举，灵活应对，通过加强对外交流合作、吸引投资和接受援助等方式，从国外引进大量资金、人才和管理经验，提升了国内职业教育的软硬件水平。其具体手段和举措主要包括：大力争取国际资金，包括贷款和援助，用于更新和提升国内职业教育基础设施及设备，提升硬件条件；学习和借鉴先进管理经验，更新职业培训需求的理念和理论；依靠政策优惠，大力吸引有资质的、在行业内具有知名度的跨国企业到越南国内投资建厂，增加就业岗位，建成培训和实习基地；鼓励国外职业教育机构开展职业培训，借此提高产业工人的职业技能水平和能力。

（二）加大职业教育投入，探索创新办学模式

近年来，越南加大了对教育的投入力度，政府财政收入用于教育的支出逐年增加。但尽管如此，却仍然无法满足日益增长的国内需求。有鉴于此，在职业教育领域，越南政府出台了政策，提出"教育社会化"理念，鼓励职业教育机构向社会募资，加强与企业的横向联系，搭建校企合作平台，通过多种途径吸引民间资本和国际资本进入职业教育培训市场，鼓励建立半公立和私立职业教育培训机构。上述举措对越南职业教育发展起到了一定推动作用，使越南职业教育的活力不断增强。

（三）坚持政府主导、社会化办学和国际化办学相结合

职业教育要植根于越南经济社会发展实际，要符合越南党和政府制定的路线、方针和政策。但由于国内教学资源有限，越南职业教育面临种种发展困境，因此，越南政府在坚持政府主导的同时，鼓励社会化办学和国际化办学。这也是越南发展职业教育的重要经验。

（四）利用国外教学资源，培养国际化人才

除了国内职业教育外，越南还鼓励学生出国参加职业教育。在亚洲银行的牵头和协调下，越南与周边国家中的中国、缅甸、老挝、泰国、柬埔寨共同建立了大湄公河次区域合作机制，在经济、文化、教育等各领域开展合作，提升区域经济发展水平。2022 年 7 月 4 日，澜沧江—湄公河合作第七次外长会联合新闻公报指出，同意加强教育和人力资源开发合作，推进大学在线课程平台建设，探索职业教育和技能发展新渠道、新模式，提高各国技术人才培养能力。近年来，越南在职业教育改革和对外交流合作

中取得了一定成绩，值得其他国家参考和借鉴。

第三节 职业教育的挑战和对策

一、职业教育面临的挑战

尽管越南职业教育取得了长足的进步，但就总体而言，仍然存在教育资源总体不足、师资队伍数量不足且水平参差不齐、教学硬件设施陈旧、课程设计及教学方法落后、进修与实习渠道有限、难以满足市场需求、社会认可度不够、城乡与区域教育资源分配不均、教育机构管理经验欠缺、国际竞争力不强等问题，造成越南职业教育体系无法跟上经济快速发展所带来的社会期待与人才需求。当然，上述症结也与政府行政改革相对滞后、财政预算管理效率低下、劳工薪资制度及政策连续性不强等因素相关。这些主客观因素都制约了越南职业教育改革发展的进程。

（一）对职业教育的认知观念有待进一步改进

长期以来，受传统观念影响，越南民众大多轻视职业教育，社会各界普遍认为职业教育是含金量较低的教育。从社会民意来看，大多数民众认为考取大学和获得更高的文凭是最好的出路，职业教育只能作为其他备用方案，接受职业教育只是无奈的选择。此外，部分决策者主观认为发展职业教育难有立竿见影的效果，而且投入周期长，效果不明显，因此对职业教育缺少足够的信心，导致尽管越南政府对职业教育比较重视，但效果却不明显。越南急需从政府层面、社会层面、家庭层面转变对职业教育的态度和观念。

（二）越南职业教育与社会互动尚不紧密

越南职业教育的社会功能和经济功能虽然在一定程度上得到了发挥，但与产业、行业及企业的互动共生机制还不健全。在当前阶段，职业教育培养的学生与社会上企事业单位的用人要求有差距，需要加强与企事业单位的对接，开展实习与劳务合作，有针对性地开展职业教育。将来，越南的职业教育与社会运行的关系必将越来越紧密。

（三）越南职业教育评价体系仍需创新完善

市场是职业教育的试金石，职业教育的最终检验依据是履行职业岗位的能力，这直接反映职业教育与社会接轨的程度。作为职业教育，其任务就是针对岗位需求培养专业实用型人才，使学生能胜任具体的工作岗位。目前，越南职业教育机构对教师教育教学工作质量的评定最常见的反馈还是一般的常规教学问题，很多机构还没有根据专业岗位的具体情况细化评价标准。职业教育和职业培训的课程，很多都是理论知识，对实操技能培训重视不够，理论联系实际还不充分。此外，在学生的考核方面也没有统一的标准，教学质量评价系统还不完善，有的评价指标与学生考核及职业培训要求不一致，不能适应越南职业教育发展的需要，难以发挥应有的作用。

（四）职业教育师资队伍建设存在的问题

1. 职业教育从业人员的准入标准有待规范

由于越南职业教育本身具有多样性，因此职业教育的师资管理难以制定出一套相对健全的规范和准入标准。例如，职业技术师范院校培养的教师虽然教学能力较为突出，专业理论相对扎实，但缺乏生产经验，难以有效地传授专业技能。而来自工矿企业的技术人员虽然实践能力很强，专业理论水平也很高，但教学能力较弱，对教学工作心有余而力不足。虽然越南已有职业教育教师、讲师标准的相关规定，但却没有一套健全的规范和准入标准。而且，由于缺少明确的标准和规范，还可能限制高素质专家型的能工巧匠进入教师队伍，造成"劣币驱逐良币"的现象。

2．职业教育师资综合素质有待提高

尽管越南很早就开始并重视职业教育师资及其队伍建设工作，并制定了职业教育师资标准，但在整个师资标准文件内容中，对综合素质的规定尚不完善，导致教师队伍综合素质总体水平较低，难以有效地指导和提升学生的专业能力。从越南职业教育教师培养过程来看，培养模式同普通教育重叠度较高，特色不鲜明，重学术轻实践，课堂理论学习占课程结构比重大、具体实操与企业实习时间较短，重模仿轻创新。此外，部分学校的实操设备、设施不齐全，对外合作机制不稳定，这些都不利于提升职业教育师资队伍的综合素质与能力。

3．职业教育师资入职后培训缺乏系统规划

与普通教育相比，职业教育非常重视教师的实践能力和实践经验。但科技发展日新月异，教师在职培训也因此变得更加重要，在职培训是职业教育师资知识更新的必要途径。越南已有不少职业教育高校将教师培训和进修作为职称晋升的重要条件，但职业教育师资入职后培训仍缺乏系统规划，体制与机制还有待完善。

二、职业教育的发展对策

（一）提高社会对职业教育的认识

自 2012 年首届"东盟职业教育论坛"在中国广西举办以来，包括越南在内的东盟各国，对职业教育越来越重视。近年来，职业教育在越南的经济发展、促进就业、改善民生等方面都起到了积极的推动作用，逐渐得到社会认可。然而，在越南还有很多地区、很多领域尚未树立起针对职业教育的正确导向，这就需要政府加强对职业教育的支持，加大宣传普及力度，影响和改变民众的传统观点，使民众充分认识到职业教育对提高劳动者素质的作用。对越南职业教育部门而言，需要提高服务意识，明确职业教育培养实用型人才的基本理念，推动改善越南的整体社会环境，让社会各界正确认识职业教育，发挥职业教育在经济社会发展中的作用。

（二）加强对职业教育的支持与引导

职业教育的发展离不开国家政策的扶持与引导。在这方面，越南可以借鉴欧美发达国家的经验，将一些办学水平较高、学习环境较好、办学条件优良、师资力量雄厚的学校，作为职业教育机构的示范性试点。实施政策突破，招收一些较好的生源进行职业教育和职业培训，从源头上保证职业教育学校的教学质量。除此之外，指导职业教育机构加强校企合作，通过这种办学方式，培养实用型的专业技术人才。学生在学校学习了一定的理论知识和操作技能后，由教师带队到企业实习，将自己掌握的专业理论应用到实践中，解决职业教育和职业培训长期以来重理论知识而轻实践能力的不利局面。

（三）完善职业教育评价指标体系

在越南，政府是职业教育的主管部门，主要由政府建立职业教育和职业培训的评价系统。完善职业教育评价指标体系，需要从多个方面开展。例如，要细化评价内容，从实用性、技术性和实践性等方面出发，从教师教育方法、学生素质要求、社会需求契合度等方面入手。在学生评价体系上，也应注重学生的个性发展，培训专业的高等技术应用人才。在教师评价体系设置上，可以根据职业技术的具体岗位要求进行细化，对理论教育和实践操作教育提出定量要求，使教师充分发挥自己的能力，形成自己的教学风格，激发教学积极性。[1]

（四）加强职业教育师资队伍建设的对策

1. 创新职业教育管理体系

在越南，职业教育管理机制基本上还处于计划、集中、官僚和"大锅饭"的阶段，市场化程度有限，还没有激励机制来激发培训机构和教师的动力、活力和创造力。职业教育系统管理方法仍以行政命令为主，还不能充分应用信息技术进行管理，管理效率低下。越南在从计划经济转向社会主义市场经济的过程中，对人力资源培训也提出了新的要求，职业教育师资培养也面临不少挑战。职业教育的发展也要遵循市场的基本规律，如供求规律、价值规律和竞争规律，为从业人员发展创造条件。

---

[1] 陈传忠. 越南职业教育的现状分析与对策 [J]. 教育教学论坛，2016（19）：231-232.

2．完善职业教育师资准入标准

越南职业教育师资来源较为广泛多样，但缺乏"双师型"教师。因此，在未来几年，职业技术师范院校要进一步发挥职业教育教师培养培训的功能，努力培养标准化职业教育师资队伍，增强职业教育教师的教学能力，提高职业教育教师的专业知识技能和高新科技运用能力等。除此之外，还要完善职业教育教师吸纳体制机制，从而使职业教育从业人员来源多样化，吸引更多普通技术工人、熟练工人、已有实际生产经验的技师并有从事教职意愿的人员加入。上述人员的培养时间较普通毕业生明显缩短，只需集中培养教学能力并适当补充职业知识、技能即可。丰富师资来源及改善职业技术师范院校的培养模式，有助于解决职业教育机构师资短缺的问题。此外，各职业技术师范院校也要改善教学方法，在课堂教学和实践教学中，大胆运用新的教学方法。

3．实施职业教育师资综合素质提升计划

教学工作培训是职业教育师资队伍培训工作的重要内容，要面向所有教师，树立以人为本的教育教学理念。首先，培养教学能力，其中就包括组织教学过程的能力。因此，要不断帮助教师在教学内容、教学方法等各个方面进行调整和革新，提高教师处理教育教学不同情景的能力。其次，培训专业知识。专业知识是教学能力的基础和杠杆，要有良好的教学能力就必须具备扎实的专业知识。再次，教育社会化工作能力，贯彻"国家和人民一起做"的理念。使教师掌握教育社会化的内容和要求，就是"鼓励、引导和创造条件让全社会参加发展教育"。创造机会让所有人，无论年龄和水平，不断学习、终身学习，最终迈向学习型社会。最后，补充培训其他相关的知识，如外语、信息和经营管理等。随着职业教育的不断发展和科

技的日新月异，教师也不能故步自封。外语和信息水平薄弱是提升教育、教学等其他活动的阻碍因素之一。此外，还要及时更新教师的知识体系，使其具备吸收先进技术、理念与知识的能力。

4．健全职业教育师资入职后培训机制

在职培训与终身学习的理念相通，旨在为师资队伍长期健康发展做准备。现有的职业教师队伍，虽然水平参差不齐，但却是未来职业培训的主要力量，因而不能舍弃而要继续使用。为此，必须制定合适的培训方案培训现有的职业教师，让他们能够满足未来职业教育不断发展的需求。制定长期教师培训计划，包括标准化的培训课程、培训方式等。应尽早建立和完善各门课程，落实职业教育师资队伍培训工作，从而满足各职业教育机构教师的需求。开展多样化培训活动，更新培训内容、形式等，定期组织各级教学比赛和说课活动，创建竞赛机制提高教学质量。另外，加强实地考察学习，有计划地组织教师每年到国内外企业和生产一线进行专业实习和技能训练。建立培训激励机制，为所有教师参加培训积极创造条件，提高教师参加培训的思想认识。选派职业教育教师到国外进修学习，培养骨干教师和专业带头人，将培训、聘任和考核挂钩，做好职业教育师资长期培训规划和管理工作。

第八章 成人教育

据联合国教科文组织《成人学习和教育全球报告（四）》，所谓成人教育，是相对于普通教育来说的，英文表述为"Adult Education"。此类教育不受年龄、性别等条件限制，由各类成人学校承担教育教学任务，旨在让有意愿再接受系统教育的社会成员能够继续扩展知识、提高能力、完善技术，并获得相应的专业资格。成人教育一般形式多样、内容丰富、功能齐全、系统完备，其学历层次主要分为成人小学、成人初中、成人高中和成人中专、成人本专科等。[1]

第一节 成人教育的发展和现状

一、成人教育的发展历程

1945 年越南民主共和国成立后即着手发展成人教育。1945 年 9 月 8 日，越南民主共和国颁布了法令，决定设立平民学务部。该部门以扫除文盲为

---

[1] 资料来源于联合国教科文组织终身学习研究所网站。

首要任务，在全国推行人民教育，越南的现代成人教育正是发端于此。[1] 越南民主共和国首任教育部部长武廷槐也曾指出："学校教育和校外教育必须被视为教育体系的两个组成部分，一个组织的两项工作同等重要，且有密切的关联。"[2] 由他主持编写的《大众教育》为越南成人教育提供了理论指导。

在 1965—1976 年文化补习时期，越南民主共和国政府意识到文化补习班与正规教育有很大不同，于是允许在中央和地方建立文化补习师范学校，以培训文化补习教师队伍，提高当时的文化补习质量。文化补习师范学校数量由此迅速增加。1966—1970 年，文化补习师范学校从 13 所增加到 21 所。1968 年 7 月 13 日，越南民主共和国颁布了政府决议，其中明确指出：国家培养各类文化补习教师，从政治、文化、专业方面等进行培训。[3]

1998 年 12 月，经越南第十届国会审议通过的《教育法》规定：越南的教育分为正规教育与非正规教育两种形式。这里所指的非正规教育，就是一种在职教育、持续学习和终身学习的方式，旨在完善学习者的人格，拓宽学习者的认知，提高其教育水平、专业知识和职业素养，提高学习者的生活质量，找到适合学习者需求的工作，使学习者能够适应社会发展。这一阶段的非正规教育面对社会开放，教学计划灵活、教学内容多样，其教学内容和计划主要分为：扫盲教育和扫盲后继续教育、定期进修和技能培训、按学习者兴趣定制的教育和在职攻读文凭。非正规教育除在成人（终身）教育中心开展教学外，还可以在普通中学、职业中学、技术培训机构、高校（大专和本科）开展。此外，学员在接受非正规教育后，参加考试，达到一定条件，可以分等级获得由越南教育和培训部颁发的毕业证书，或非正规教育机构中心校长颁发的学历证书。

---

[1] 资料来源于越南教育和培训部网站。

[2] 资料来源于越南教育和培训部网站。

[3] 资料来源于越南教育和培训部网站。

由于教育质量监管体制的长期缺位，在个人及社会教育投入不断增长的情况下，教育质量低下已经开始影响到越南民众对教育的信心。2005年6月越南修订了《教育法》，越南政府更加重视全民教育，开始切实探索维持和改善教育质量与效益的有效途径，并首次将教育质量管理纳入国家教育管理的视野中，同时将非正规教育更名为终身教育（成人教育）。2005年修订的《教育法》强调：成人教育的宗旨是发展终身教育，实施全民教育，建设学习型社会；终身教育要激发学习者的主观能动性，充分挖掘学习者的经验，注重培养学习者的自学能力；通过现代设备、网络技术提高教学质量和效果；终身教育要保证提高学习者的劳动能力、生产能力、工作能力和生活质量。[1]此外，2005年修订的《教育法》较1998年《教育法》进一步细化了成人（终身）教育教学内容，规定了成人（终身）教育的学习形式、办学机构及其权限、文凭等级和颁发机构。成人（终身）教育的教学内容主要围绕四个方面进行：①扫盲及扫盲后的继续教育；②满足学习者需求、知识更新、技能提升及技术转型；③专业业务能力的培训和提升；④获取国民教育体系文凭的教学计划。成人（终身）教育的学习形式主要是在职、远程和指导自学。成人（终身）教育的办学机构主要是省级或县级成人（终身）教育中心、乡（坊、镇）级社区学习中心，同时普通中学、职业教育机构、大学教育机构及大众传媒也可以开展成人（终身）教育教学活动。省级或县级成人（终身）教育中心要组织落实上述四个方面的教学内容，但不允许开展与获取中级、专科、本科毕业证书相关的教学计划；乡（坊、镇）级社区学习中心组织开展上述教学内容的①和②；普通中学、职业教育机构、大学教育机构只允许开展上述教学内容的④，其中大学教育机构在开展获得专科和本科文凭时，只能与大学、大专、中专、省级成人（终身）教育中心等地方教育机构联合颁发文凭。关于文凭等级，小学、

---

[1] Quốc hội. Luật Giáo dục[M]. Hà Nội: Nxb. Chính trị Quốc gia, 2005: 30.

初中、高中、本科和职业培训的毕业证书按照国民教育体系的颁发规定执行，成人（终身）教育中心颁发成人（终身）教育证明。

随着经济社会的发展和国际形势的变化，越南更加重视职业教育的发展。2006 年越南修订颁布的《职业培训法》首次提出"职业终身教育"概念，职业终身教育工作的规范化管理更加得到重视。《职业培训法》指出：为满足学习者需求，要灵活安排时间、地点和培训方式，为劳动者创造终身学习条件、提高相应的职业技能，以适应市场需求，增加其就业机会，并鼓励学习者自主创业，实现激发学习者主动性、自学能力和经验的目的。

为了适应新时期经济社会的发展需要，越南国会于 2014 年 11 月 27 日通过了《职业教育法》。《职业教育法》指出："职业教育是国民教育体系中的一个层次，旨在为劳动者提供初等、中等、高等培训和其他职业培训，以满足生产、经营和服务等方面的人力资源需求，采取正规培训和继续教育培训两种形式。"[1] 该法将职业终身教育更名为成人（终身）教育，对成人（终身）教育培训的合同、内容、时间和方法、教师资格、组织和管理、文凭证书、培训班等方面进行了详细规定。《职业教育法》的出台推动了越南形成多元教育投入、多元主体办学的基本格局。

2019 年修订颁布的《教育法》对成人（终身）教育的目标做出了进一步规定："成人（终身）教育旨在为人们创造在职学习、持续学习、终身学习的条件，为提升个人能力，完善人格，拓宽视野，提高学历、专业技能和专业资格，达到使个人能够就业或自主创业以及适应社会生活发展的目的，为建设学习型社会贡献力量。"[2] 该法明确了成人（终身）教育的任务，延续了成人（终身）教育的教学内容，调整了成人（终身）教育的学习形式，增加了成人（终身）教育的办学机构，规范了成人（终身）教育的文凭颁发，并从法律上给予成人（终身）教育方向性的政策保障。首先，国

[1] Quối hội. Luật Giáo dục nghề nghiệp[M]. Hà Nội: Nxb. Lao động, 2015: 7.

[2] Quối hội. Luật Giáo dục[M]. Hà Nội: Nxb. Lao động, 2019: 34.

家出台政策，发展成人（终身）教育，建设学习型社会；鼓励组织和个人参与并提供优质的终身教育服务，满足学习者终身学习的需求。其次，机关单位和组织要为定期学习和终身学习创造有利条件，以帮助个人全面发展和提高生活质量。再次，职业教育和高等教育机构负责配合成人（终身）教育机构，为学习者提供相关的学习资料；教师培训机构负责开展教育科学研究，培训、培养成人（终身）教育的教师队伍。随着社会成员对学习的需求增加，成人（终身）教育也得到进一步发展，开展成人（终身）教育的场所、方式也更加灵活、多样，成人（终身）教育的教学也更加务实。

基于以上法律的陆续颁布与实施，可以说越南政府愈发重视加强成人（终身）教育机构法制化、制度化建设，强调成人（终身）教育的多元化、灵活化，为进一步完善越南国民教育体系做出了重要贡献。

二、成人教育的发展现状

目前，越南的成人（终身）教育包括七个部分，即成人（终身）教育目标、教育任务、教育内容、教育形式和方法、教育机构、教育质量认证，以及发展成人（终身）教育的政策。

（一）成人（终身）教育内容

相较于 2005 年的《教育法》，2019 年的《教育法》中对越南成人（终身）教育教学内容的界定更加明晰，主要包括四类：一是扫盲教育，二是满足学习者需求（知识更新、技能培训或技术转型）的教育，三是提高职业能力的教育培训，四是在职攻读国民教育体系文凭的教育。成人（终身）教育教学形式更加多样、灵活，主要包括四类，分别是在职学习、远程学习、自学或指导性自学、按照学习者需求的其他学习形式。扫盲教育及扫盲后继续教育仍是越南成人（终身）教育的重要任务之一，目前已经取得了显著成效。2013—2019 年，越南全国参加扫盲教育及扫盲后继续教育的学生，从数量上呈现递减态势。截至 2019 年，扫盲教育和扫盲后继续教育的学习者人数分别为 17 101 人和 9 898 人（见表 8.1）。

表 8.1 2013—2019 年越南扫盲教育学习者人数情况 [1]

学年	2013—2014	2014—2015	2015—2016	2016—2017	2017—2018	2018—2019
扫盲教育学生人数	22 694	27 512	29 503	20 220	23 189	17 101
扫盲后继续教育学生人数	15 363	12 867	9 122	8 166	9 078	9 898

满足学习者需求（知识更新、技能培训或技术转型）的教育和提高职业能力的教育培训，是越南成人（终身）教育中涉及面最广的两种类型，包括外语培训、计算机培训、职业培训（短期、长期）、文化与技能培训、少数民族语言培训等。这两种类型的学习在教学方法上注重理论教学与实践技能训练相结合，可以让学习者不断学习、拓宽知识、提升专业技能，确保结业后具有较强的实践能力。据越南教育和培训部数据统计，学习者人数从 2017—2018 学年的 22 143 827 人，上升至 2018—2019 学年的 24 079 140 人。[2]

此外，对需要获得国民教育体系证书的学习者的教育内容要符合以下几点要求。一是要确保符合普通教育的内容要求，能够体现普通教育的目标；规定接受各级教育后学生的素质、能力和全国义务教育内容的要求；

[1] 资料来源于越南教育和培训部网站。
[2] 资料来源于越南教育和培训部网站。

规定组织教育活动的形式、方法和评估每个年级、每个班级普通教育的学习效果。二是由越南教育和培训部设立国家普通教育评审委员会对教育内容进行评审，并对评审结果负责。三是越南教育和培训部制定普通教育的质量标准，颁布评定委员会通过的教育内容；制定在普通教育机构试点教学内容和新方法的教育目标，划定教育对象、教学规模和教学时间；规定国家普通教育评定委员会的任务、权限、活动方式、标准、数量和成员结构。非获得国民教育体系证书的教育内容只需确保教育内容的实用性，能够帮助学习者提高劳动能力、生产能力、工作能力和生活质量。

（二）成人（终身）教育机构

越南的成人（终身）教育由越南教育和培训部统一管理，教育和培训部下设成人（终身）教育司，地方教育和培训厅直接管理成人（终身）教育机构。成人（终身）教育司的主要职能如下：一是颁行成人（终身）教育计划，主要是负责颁行非国民教育体系毕业证书系列的成人（终身）教育计划，指导实施获取中学毕业证的成人（终身）教育以及短期培训、国内外的越南语教学，审定扫盲及扫盲后继续教育的学习资料；二是确保成人（终身）教育质量，指导成人（终身）教育机构落实相关规定，并对其进行定期检查和评估，指导管理干部、教师队伍的专业能力培训，指导建设学习型社会；三是组织成人（终身）教育机构的各类活动。

越南的成人（终身）教育机构主要包括成人（终身）教育中心、职业教育—成人（终身）教育中心、社区学习中心、落实成人（终身）教育任务的其他中心。为建立学习型社会，实现全民终身学习，从省、市、郡到县，从工作单位到居民社区，成人（终身）教育机构网络已经覆盖越南全国各地。就 2013—2020 年这一时段来看，越南的成人（终身）教育机构数量虽然有小幅度的波动，但基本处于平稳状态（见表 8.2）。截至 2020 年，全国共有成人（终身）教育机构 17 450 所，其中省级成人（终身）教育中心 72 个，县级成人（终身）教育中心 620 个，外语—信息学教育中心 5 648 个，社区学习中心 10 469 个，生活技能教育中心 641 个。[1]

表 8.2 2013—2020 年越南成人（终身）教育机构情况 [2]

单位：个

学年	成人（终身）教育中心数量	社区学习中心数量
2013—2014	705	10 944
2014—2015	726	10 992
2015—2016	733	11 057
2016—2017	766	11 057
2017—2018	695	11 019
2018—2019	662	10 917
2019—2020	692	10 469

2021 年 4 月越南教育和培训部颁布了《关于成人（终身）教育中心的组织与活动规定》,[3] 从成人（终身）教育中心的名称、任务和权责、组织结构、教学活动、师资队伍等方面进一步规范了成人（终身）教育机构。

成人（终身）教育中心的命名方式主要有两种：一种是自命名 + 成人（终身）教育中心，另一种是地名 + 成人（终身）教育中心。成人（终身）教育中心设有校长、副校长、各职能部门、各业务部门、生产组、经营组、教学服务部门、比赛（竞赛）委员会、纪律检查委员会、科学委员会、咨询委员会等。

成人（终身）教育中心的任务和权责包括：第一，成人（终身）教育

[1] 资料来源于越南教育和培训部网站。

[2] 资料来源于越南教育和培训部网站。

[3] 此文件中的"中心"包括了所有从事与成人（终身）教育教学活动相关组织或个人。

中心要组织落实《教育法》中规定的各类培训任务；第二，为学员组织、开展与培训相关的国内外实习、实践；第三，在法律框架下拥有一定的自主权，如制定中心的发展目标、计划，招生与管理，国际合作等；第四，成人（终身）教育中心还要落实民主制度和请示汇报制度，并积极主动调动社会资源参与教育事业。

（三）成人（终身）教育的文凭和证书

越南的成人（终身）教育是越南国民教育体系的重要组成部分。此类型的教育为未能升学或因某种原因辍学的成年人提供第二次学习的机会，使他们能够获得就业机会和发展自我的机会。在越南，对于有学习需求的成年人，根据越南教育和培训部规定，通过不同形式的成人（终身）教育后，可以获得以下类型的文凭或证书：完成扫盲教育的，可以被认为完成扫盲课程；完成国民教育体系中规定的初中课程的，可以由县级人民委员会主管机关授予初中毕业证；完成国民教育体系中规定的高中课程的，达到条件参加考试并通过的，可获取由省级人民委员会主管机关颁发的高中毕业证，若未能够参加考试或未达到参加考试条件的则由成人（终身）教育负责人颁发高中课程完成证明；按照越南国家学历层次，完成培训课程、达到要求的学习者，可授予与培训水平相适应的证书；完成技能培训、达到要求的学习者，可以颁发课程结业证明。其中，参与国民教育体系中规定的初中课程教育的学习者人数在2013—2019年持续波动，处于不稳定状态。接受初中教育课程学习者人数在2013—2016年处于持续下降态势，2017年上升至20 873人，但2018年又下降至16 835人。同样，接受高中教育课程学习者人数从2013年持续下降至2016年，但2017年开始转折上升，2019年达到227 554人（见表8.3）。这与早期越南国民接受程度、工作单位对文凭的认可度以及成人（终身）教育机构数量缩减导致需求减少有关。

在部分越南国民传统认知中，此类教育是为差生开设的，即使通过教育与培训拿到了相应的文凭或证书，在社会上也不被广泛认可。

表8.3 2013—2019年越南接受初中、高中成人教育课程学习者人数情况[1]

学年	2013—2014	2014—2015	2015—2016	2016—2017	2017—2018	2018—2019
接受初中教育课程学习者人数	44 951	35 732	27 703	10 338	20 873	16 835
接受高中教育课程学习者人数	198 515	188 699	187 847	178 021	199 777	227 554

2014年修订颁布的《职业教育法》，对越南职业教育的成人（终身）教育文凭、证书等级进行了更详细地划分。其中，获得初级、中级、高级职业培训证书的要求与正规教育职业培训相同，并分别由职业教育机构负责人、企业负责人颁发初级职业证书，由中专校长、大专校长颁发中级职业证书，由大专校长或有注册登记的大学校长颁发高级职业证书和公认执业学士、执业工程师称号；获得国外的职业培训证书将由国家职业教育管理机关负责人规定审核。

（四）成人（终身）教育管理人员及教师储备

成人（终身）教育的师资水平要求除了职业教育教师以外，都与正规教育相同。职业教育教师按《职业教育法》规定执行，任教初级、中级、高级职业培训的教师必须有相应级别的职业技能等级证书，任教高级职业

---

[1] 资料来源于越南教育和培训部网站。

培训理论和实践的教师必须有教师中级理论和实践证书，未获得师范学院（大专）、师范技术学院（大专）、师范大学、师范技术大学毕业证的教师，需具有师范技能等级证书。截至 2019 年，越南全国共有成人（终身）教育从业者 43 408 人，其中包括 27 770 位管理人员、7 087 位文化课任课教师、3 095 位职业教育教师、5 228 位公共学习中心任课教师、228 位外语机构管理人员及任课教师。[1] 目前，成人（终身）教育从业者人数有所下降，主要原因是社会、政府各部门、民众对终身教育的定位、功能还没有全面、正确的认知，导致多地政府、民众的参与度不高。另外，各部门和组织的配合度还不够紧密、有效。关于成人（终身）教育从业者的相关规定、政策较为粗略，缺乏统一性、合理性。

（五）成人（终身）教育发展的资金来源

越南不仅从法律、制度上对成人（终身）教育的发展予以保障，还从资金方面予以支持。成人（终身）教育发展资金来源主要有四类：国家财政预算；成人（终身）教育机构的依法自主收入，包括学费与合作收入；国内外组织、个人的合法援助、捐赠；其他合法收入等。

（六）关于"构建学习型社会"的提案

越南成人（终身）教育的目标之一就是要构建学习型社会，实现越南人的全面发展。围绕这一目标，越南政府先后在 2013 年和 2021 年出台两项关于构建学习型社会的提案，为成人（终身）教育的发展做出有益贡献。

2013 年 1 月，越南政府审议通过了《2012—2020 年构建学习型社会》的

---

[1] 资料来源于越南教育和培训部网站。

提案，提出到 2020 年达成四个目标：扫盲和普及教育；提高外语、信息学水平；提高劳动者的专业、业务技能；完善劳动者的生存技能，建设更加美好的个人生活和社会生活。具体是到 2020 年，在扫盲和普及教育目标方面，15—35 岁的人口识字率达到 99%，15—60 岁的识字率达到 98%，西北地区和西原地区各省的人口识字率达到 94%，西南地区各省达到 96%，扫盲后参加继续教育的人口比例达到 90%，各省、市要稳固适龄人口的小学教育、初中教育；在提高外语、信息学水平目标方面，干部、公务员和职员参加信息应用技术提升培训的比例达到 100%，具有第二等级和第三等级外语水平的干部、公务员和职员比例分别达到 40%、20%，继续增加具有信息技术和外语基础的劳动者比例；在提高劳动者的专业、业务、手工业技能目标方面，针对中央至县级、乡级、农村劳动者、工人做出了具体的规划；在完善职业技能、建设更加美好的个人生活和社会生活及社会目标方面，力争中学生和大学生在各教育机构学习职业技能的比例达到 50%。[1] 此外，该提案还从国家财政预算层面做出了明确的规定：总预算为 3 400 亿越南盾，其中宣传预算为 450 亿越南盾，提供给成人（教育）机构的学习资料预算为 1 350 亿越南盾，成人（教育）机构的日常管理和教师培训预算为 980 亿越南盾，国际合作预算为 470 亿越南盾，提案管理预算为 150 亿越南盾。[2]

据越南教育和培训部数据，截至 2020 年，在扫盲和普及教育目标达成度方面，各项指标完成情况参差不齐：在提高外语、信息学水平目标达成度方面，具有第二等级外语水平的干部、公务员和职员比例达到 43.53%，较规划指标高出 3.53%；在完善职业技能、建设更加美好的个人生活和社会生活及社会目标达成度方面，中学生和大学生在各教育机构学习生活技能的比例达到 64.6%，高出规划目标 14.6%；在提高劳动者的专业、业务、手

[1] Thủ tướng Chính phủ. Xây dựng xã hội học tập giai đoạn 2012-2020[R]. Hà Nội: Chính phủ, 2013.（这是一份越南政府总理在 2013 年 1 月 9 日签发的文件，文件名为《2012—2020 年构建学习型社会》，签发地为河内。）

[2] Thủ tướng Chính phủ. Xây dựng xã hội học tập giai đoạn 2012-2020[R]. Hà Nội: Chính phủ, 2013.

工业技能目标达成度方面，各项指标均低于规划指标，达成度不理想。[1]

基于《2012—2020 年构建学习型社会》提案的目标达成度以及第四次工业革命给全球带来的变化，2021 年 7 月，越南政府审议通过了《2021—2030 年构建学习型社会》的提案。提案提出构建学习型社会的总体目标是继续并在构建学习型社会方面做出根本性转变，以确保到 2030 年越南公民人人都能在开放、多样、灵活、互联和现代的具有多种模式、多种办学层次的教育体系中获得教育平等和机会，助力发展人力资源，特别是能够满足第四次工业革命和国际接轨的高素质人力资源需求。[2] 同时，为了保证有效实施，提案对 2021—2025 年和 2026—2030 年两个阶段分别提出了四个目标和具体指标（见表 8.4），以及五项任务。五项任务分别是：加强宣传和普及，提高对构建学习型社会的认知；完善构建学习型社会的政策与机制；大力推进数字化和信息技术在终身学习中的应用；大力开展社区学习中心的活动；组织开展各项比赛、竞赛、运动鼓励终身学习。

表 8.4《2021—2030 年构建学习型社会》提案的四个目标及具体指标 [3]

目标及具体指标	2021—2025 年	2026—2030 年
目标一：扫盲和普及教育	70% 的省份扫盲率达到第二等级标准；70% 的省份完成学前教育普及；50% 的省份小学普及率达到第三等级标准；力争全国各省份初中普及率达到第二等级标准，其中 20% 达到第三等级。	90% 的省份扫盲率达到第二等级标准；100% 的省份完成学前教育普及；70% 的省份小学普及率达到第三等级标准；40% 的省份初中普及率达到第三等级。

[1] Bộ Giáo dục và Đào tạo. Xây dựng xã hội học tập giai đoạn 2021-2030[R]. Hà Nội: Bộ Giáo dục và Đào tạo, 2021.（这是一份越南教育和培训部在 2021 年 3 月给出的报告，名为《2021—2030 年构建学习型社会》提案，颁发地为河内。）

[2] Thủ tướng Chính phủ. Xây dựng xã hội học tập giai đoạn 2021-2030[R]. Hà Nội: Chính phủ, 2021.（这是一份越南政府总理在 2021 年 7 月 30 日签发的文件，文件名为《2021—2030 年构建学习型社会》，签发地为河内。）

[3] Thủ tướng Chính phủ. Xây dựng xã hội học tập giai đoạn 2021-2030[R]. Hà Nội: Chính phủ, 2021.

续表

目标及具体指标	2021—2025 年	2026—2030 年
目标二：国民的基本能力和水平	法定劳动年龄人口中 50% 的劳动者具备信息技术；法定劳动年龄人口中 50% 的劳动者具备谋生技能；50% 的 15 岁以上劳动人口具有专业技术技能，其中 12% 的劳动人口具有本科水平及以上。	法定劳动年龄人口中 70% 的劳动者具备信息技术；法定劳动年龄人口中 70% 的劳动者具备谋生技能；60% 的 15 岁以上劳动人口具有专业技术技能，其中 15% 的劳动人口具有本科水平及以上。
目标三：教育机构和职业教育机构的运行效果	70% 的大学开展数字化和数据库建设；60% 的中学、成人（终身）教育、职业教育等教育机构开展数字化管理和教学；70% 的社区学习中心采取信息化技术管理和教学。	90% 的大学开展数字化和数据库建设；80% 的中学、成人（终身）教育、职业教育等教育机构开展数字化管理和教学；90% 的社区学习中心采取信息化技术管理和教学。
目标四：构建学习型社会的模式	40% 的公民获得由相关职能部门授予的"学习公民"称号；25% 的县、郡、乡（镇）、省属直辖市获得"学习县"称号；15% 的省份获得"学习省"称号。	60% 的公民获得由相关职能部门授予的"学习公民"称号；50% 的县、郡、乡（镇）、省属直辖市获得"学习县"称号；35% 的省份获得"学习省"称号。

第二节 成人教育的特点和经验

一、成人教育的特点

（一）法律保障不断完善

重视法律体系建设是越南成人（终身）教育发展的重要特点之一。越南 1992 年新《宪法》第 36 条首次提出鼓励多种教育机构的发展，包括公

办学校、民办学校及其他教育形式。越南《教育法》的历次修订（1998
年、2005 年、2019 年）都在不断补充和细化终身教育的任务目标、内容
框架、课程教学形式、教育机构的扩充和职责界定、各级各类文凭证书、
教育质量认证、国家支持等内容，是发展成人（终身）教育的重要基础。
2006 年《职业培训法》和 2014 年《职业教育法》都有单独条款对终身教
育中的职业教育进行规划与说明。越南成人（终身）教育覆盖领域越来越
广，面向对象越来越广泛，教学方式灵活，基本实现随时随地都可学，为
实现全民学习、建立学习型社会奠定了坚实的基础。

（二）教育形式灵活多样

越南的成人（终身）教育具有形式灵活的特点。成人（终身）教育机
构也是职业教育机构，同时履行终身教育、就业指导和职业培训的职能。
学习形式方面，越南成人（终身）教育不限年龄、时间、地点、学历，建
立起了开放式、灵活度高的学习形式。除了传统的在职学习、远程学习、
引导式自学，还根据学习者需求制定个性化上课形式，为学习者提供最大
化的便利。尤其在越南经济高速发展的阶段，成人（终身）教育形式也在
不断更新，借助现代设备、互联网技术的学习，弥补了传统学习方式的不
足，提升了教学质量和效果。办学地点方面，公共学习中心是在县、乡、
镇、村等建立的成人（终身）教育机构。

二、成人教育的经验

（一）将成人（终身）教育作为国家可持续发展的重要目标

越南非常重视人民持续学习问题，关注人民如何适应社会高速发展，实行全社会办教育和全体人民享受教育的政策。在 1998 年版《教育法》的"总则"部分就载明：教育和培训是越南第一国策，是国家与全国人民的事业，[1] 并且给予教育财政预算最优先拨付的待遇。2019 年版《教育法》进一步提出要建立学习型社会，全民终身学习。

（二）培训形式与时俱进

越南早期的成人（终身）教育以纸质材料作为教学的主要载体，但学习者在携带、储存方面都遇到问题，成为阻碍学习者学习的一个重要原因。随着科学技术的发展进步和电子产品的普及，教学工具也越来越丰富，学习者有了更多选择。目前，越南学习者可通过电视、电脑、平板电脑和手机进行学习，体现了成人（终身）教育的一大特点——开放式终身学习。

（三）重视成人（终身）教育的制度建设

越南政府高度重视成人（终身）教育的制度建设。回顾终身教育在越南的发展脉络，不难看到：越南不仅将成人（终身）教育作为越南国民教育体系中的重要组成部分进行专门立法，还出台了一系列成人（终身）教育的配套法规、政策。2021 年 4 月 5 日，越南教育和培训部发布通告，出

---

[1] Quốc hội. Luật Giáo dục[R]. Hà Nội: Quốc hội, 1998.（这是一份由第十届国会在 1998 年 12 月 2 日审议通过的《教育法》，文件签发地为河内。）

台了终身教育中心的组织和运营条例。此后发布了关于修改和补充终身教育评估和分级条例。同年 12 月 30 日，又发布了评估终身教育中级和高级课程的通告。越南教育和培训部颁布的诸多政策，标志着越南成人（终身）教育在不断完善，不断社会化、规范化、制度化，从而走向国际化。这为终身教育的发展提供了重要制度保障。

第三节 成人教育的挑战和对策

一、成人教育面临的挑战

（一）教学效果并不理想，体制机制仍待完善

从 2013—2019 年的统计数据来看，越南的成人（终身）教育在整体效果上尚未达到理想状态。成人（终身）教育仍然缺乏具体可以实施的指导方针、政策、法律和解决方案，来促进其发展。从顶层设计来看，缺乏具体部门负责相关工作，成人（终身）教育机构的合法权益尚不能得到有效保护。

（二）未从教育需求出发，办学特色不明显

越南的成人教育仍然存在教材编写和教授内容只为满足相关部门要求和标准的情况，并不能完全反映学习者的真正愿望和需求。同时，也忽略了市场对人才的需求。无法有效发挥学习者的特点、优势和价值，学习者缺乏学习动力，难以坚持学习和提升自己。

（三）成人（终身）教育的文凭、证书认可度不高，需完善相关配套政策

越南对于成人（终身）教育的作用，包括成人（终身）教育的社会化问题，仍然存在普遍的误解，其价值也经常被低估。目前，越南成人（终身）教育的目标、内容和解决方案都没有得到社会认可，因此新实施的诸多项目常常受到阻碍。大多数普通民众对成人（终身）教育的认知还存在偏见，甚至是歧视，对成人（终身）教育的教学质量、文凭或证书也存在质疑。同样，部分用人单位对成人（终身）教育的文凭、证书的认可度也并不高。教育形式和方法缺乏系统性、正规性和统一有效的指导，导致成人（终身）教育的毕业生被用人单位拒绝的比例高，被聘用机会较少，同时，这也给用人单位安排职工定期培训带来一定阻碍。

二、成人教育的发展对策

（一）逐步完善成人（终身）教育教学资源

完善成人（终身）教育教学资源是发展成人（终身）教育的必由之路。越南 2019 年修订实施的《教育法》提出：职业教育培训机构、高等教育机构有责任配合终身教育机构，为终身教育机构提供学习资料，满足学习者的学习需要；教师教育培训机构负责开展教育科学研究，培训和培养终身教育机构的教师队伍。

随着越南经济数字化的发展，成人（终身）教育的教学资源也应朝着数字化的方向发展。在管理方面，从中央到地方的相关行政人员要整合国内外资源，聚焦产业发展、市场需求、就业创业，提高对成人（终身）教

育的数字化管理能力，积极动员越南的数字化企业投资发展数字化基础设施，更好地为经济社会发展提供硬件支撑；在基础设施建设方面，要加强教学设备的现代化建设，建设"智慧校园"；在教学内容和教学方法方面，要加强建设数字化课程，加强课程团队建设，有计划、有步骤地推进教材编写、课程资源建设，促进成人（终身）教育的高质量发展。

（二）提高成人（终身）教育和经济社会发展需求的匹配度

成人（终身）教育是每个社会成员适应社会发展和实现个体发展的需要。越南一直都很重视成人教育和经济社会发展的匹配问题。其中，2014年《职业教育法》也对职业教育—终身教育教学内容提出要求："必须确保教学内容的实用性，能够帮助学习者获得专业对口的工作，提高学习者的工作效能，进而提高劳动生产率或帮助学习者实现行业转型。"[1]

在越南，为了实现与经济社会相匹配、相适应的目标，成人（终身）教育要与党和国家的发展战略相适应，与人民群众的现实需要相契合，与国家的综合国力和国际地位相匹配，与经济技术发展的阶段相吻合。增强成人教育的适应性，还要时刻保持与科技变革和产业升级的紧密联系，根据不同学习者的特征，从其自身状态入手，适当加以引导，实施符合时代和个人发展的成人教育方案。在日新月异的今天，成人教育不仅要使学习者紧跟时代，适应现代技术和经济社会发展的要求，还要促进学习者发展"综合适应能力"，确保学习者具备迎接未来世界新变化的能力。

---

[1] Quối hội. Luật Giáo dục nghề nghiệp[M]. Hà Nội: Nxb. Lao động, 2015: 47.

（三）提升成人（终身）教育认可度

发展成人（终身）教育，需要有系统思维，提升成人（终身）教育的认可度是发展成人（终身）教育的重要一环。2019 年修订的《教育法》指出：用人单位和组织有责任为干部、公务员、公职人员和雇员的定期学习和终身学习创造有利条件，以便其提升自我，提高生活质量。[1] 2014 年《职业教育法》规定：成人（终身）教育授课教师必须是教师、科学家、工程师、技术人员、匠人、高水平手艺人、优质的农夫。[2] 越南教育和培训部于 2021 年 12 月 30 日发布通告，规范了成人（终身）教育中级和高级课程评估，针对常态审查、定期审查、评估结果逐一做出了规定。

在越南，需进一步提升成人（终身）教育的社会认可度。首先，从内部来说，要提高成人（终身）教育的教学质量，深化成人（终身）教育模式改革，创新终身教育方式，更新和优化教学内容，强化师资队伍，整合国内外资源。其次，从法律和制度方面来说，要推动成人（终身）教育与普通教育学习结果认定的试点，推进成人（终身）教育和普通教育学历互认与人才流动，打破非学历教育与学历教育、职业教育与普通教育之间的壁垒，为成人（终身）教育毕业生未来发展提供更多的选择性与可能性，增强成人（终身）教育的吸引力。最后，在社会层面，要培养良好的终身学习理念。成人（终身）教育具有终身性、全民性、广泛性和灵活实用等特征，要把成人（终身）教育纳入终身教育的大体系中，开发各种社会教育渠道，使每一位学习者树立终身学习的理念，为学习者提供自我发展、自我完善的平台。

---

[1] Quối hội. Luật Giáo dục[M]. Hà Nội: Nxb. Lao động, 2019: 39.

[2] Quối hội. Luật Giáo dục nghề nghiệp[M]. Hà Nội: Nxb. Lao động, 2015: 48.

第九章 教师教育

教师职业伴随着人类社会的产生而产生，是人类社会古老而永恒的职业活动之一。但教师教育作为专门培养学校教师的专业性教育在世界上却只有三百多年的历史。教师作为人类文明的重要传递者和创造者，其社会功能、素质要求、职业劳动特点均在不断发展和变化。起初是"养老与育幼相结合、师长合一"的古老习俗，后来是"官师合一""僧师合一"的漫长历程。进入近代社会以来，伴随着教育普及化、教育理论与实践的丰富与发展，教师职业才逐渐成为一种专门的、科学的职业，并逐步形成专业化的特征。[1]作为发展中国家，越南教师教育起步较晚，但进入 21 世纪以来发展较快。

第一节 教师教育的发展和现状

一、教师教育的发展历程

现代越南教育的历史发端于法属殖民地时期，其现代化的教师培养也

---

[1] 刘捷. 教育的追问与求索 [M]. 北京：人民出版社，2021：109.

始于这一时期。从 19 世纪中叶起，法国开始了对越南近一个世纪的殖民统治。在西学东渐浪潮中，宗主国的法式教育模式传入中南半岛。1906 年，印度支那大学的建立，为越南现代大学教育的开启和发展奠定了基础。[1] 1917 年，法国殖民当局推行第二次教育改革。随着现代西式教育的引入，沦为法国殖民统治下的越南，开始涌现出一批专职的教学人员和教员队伍。1945—1975 年，受南北分治所限，南北越南的教师教育发展分别受到了西方体制和苏联模式的影响。1986 年，越南推行革新开放政策，越南教育事业也在转型调整中得到不断发展，对教师和师范教育的要求也随之提升。进入 21 世纪，越南人民物质与文化水平不断提高，同时也提升了工业化与现代化的战略目标，其教育界更加重视教育"质"的发展，越南教育进入快速发展的新时期。

（一）法属殖民时期的教师教育

1885 年，越南沦为法国殖民地。在此冲击下，越南传统教育的独统地位不复存在。为服务于殖民统治，法国殖民者在文化侵略中大力推行"教育改造"等奴化政策，推行了多次教育改革。20 世纪初，大学教育纳入法国政权对法属越南殖民教育改革的进程之中。为进一步传播西方文明，法国殖民者专门建立了培养教员的师范学校，其中就包括：科学学校和高等师范学校。1906 年 5 月 16 日，印度支那大学的成立，成为越南现代大学教育的开端，法国殖民当局从此加大了在意识形态领域对越南教育的殖民扩张。印度支那大学成立之时，下设五所学校，分别是政法和法律学校、科学学校、高等医科学校、高等民用建设学校和文科学校。其中，科学学校的任务就是"培养数学、物理、化学和生物等专业从事科学研究的人员及

---

[1] 陈立，刘华. 印度支那大学在法属越南的建立与发展 [J]. 宁波大学学报（教育科学版），2018（6）：39-49.

中学或高等师范学校的教员"[1]。法国殖民当局在对越南的"旧邦新造"中，迫使越南逐步取消了科举制度，将教育分为小学、中学和高等教育。为巩固和服务法国的殖民统治，以及培养各方所需人才，教师的需求量不断提高。在法属殖民政权下，越南公立学校的教师属于公职人员，由法国政权发放工资并执行法国教育体系。

在第二次世界大战前期，越南原有的高等师范学校组织机制保持相对的稳定，但在职能和结构上进行了调整。进入战争后期，随着日本帝国主义的入侵及对法属越南政权的取而代之，包括师范院校在内的所有的原法国殖民高等教育机构停止办学。这一时期，师范院校的教师培养受到一定程度的影响。在此阶段，越南并没有形成本土化的教师培养体系，但非本土化的教师教育发展为未来本土化的教师教育形成与发展奠定了基础。

（二）独立后至革新开放前的教师教育

1945年"八月革命"后，越南宣布独立，后于9月2日成立了越南民主共和国。当时的越南民主共和国政府意识到大众教育对国家建设和国家保卫事业的重要性，发起了一场全民扫盲运动，推行了第一次教育改革。扫盲运动对教师的需求大幅增加，但也只能简单任用受过教育的人士来担任教师。同时，越南全国的学校正式开学，但各学校教师数量极其有限。在此背景下，同年10月，胡志明主席签署了法令，在河内建立了新的大学委员会，即语言大学委员会，主要承担培养中学教师的任务。1946年10月，越南民主共和国政府又颁布法令，成立一个教育处，设立师范专业，建立师范教育学科，目的在于培养全国小学、普通中学、职业中学的专门化教师队伍。

---

[1] 武明江，等. 河内国家大学一个世纪以来的成长与发展 [M]. 李枭鹰，韦洁璨，译. 桂林：广西师范大学出版社，2012：4.

越南的师范专业在当时的发展阶段分为三个级别：第一，培养小学教师的初级师范专业；第二，培养初中、高中和实验教师的中级师范专业；第三，培养专业级和中专培训教师的高级师范专业。[1] 在长期的抗法战争中，越南对教师的需求更加迫切，培养教师的任务就更加急切，很多针对初中教师的培训班（师范大专部）纷纷成立，这些师范大专部成为后来的中级师范学校。一些教师速成培训班和暑期教师专业培训班在河内开班，培养了一批小学教师。越南还单独创办了很多幼儿园教师培训班和一些短期师范培训班。20世纪50年代初，抗法战争达到高潮，越南政府清楚地认识到统一国民教育的重要性。然而，对抗战时期的越南政府来说，确保中学教师数量充足是一个巨大的挑战。根据胡志明主席的指示，越南教育部颁布了决议，于1951年10月11日成立了国立河内师范大学（今河内师范大学）。同时，为了满足战争期间的人才需要以及经济建设的需要，越南与中国合作办学，培养了大批教师和有知识的干部。

1954年，越南北方获得解放，开始进入社会主义建设阶段。解放初期，越南各级各类学校恢复正常，巩固教师队伍是当时教育事业的首要任务。越南教育部成立"师范处"以专门管理师范教育，引导越南师范教育的发展。结合当时的国内和国际环境，越南急需外语专业人才，尤其是俄语和汉语人才。外国语大学和外语师范学校承担了培养精通外语人才的任务，为越南后来的外语教师建设打下了坚实的基础。这一时期的教师培养层次主要是：初级师范学校招收小学四年级学生，通过师范培训班快速为新解放区输送小学教师；中级师范学校培养的教师分为文科教师和理科教师；高等师范学校逐渐向更有序的方向发展。[2] 同时，越南政府发展师范学校系统：到1961年，越南北方共有两所师范大学，并在不同省份成立了12

[1] 许金凤. 越南开放式教师培养模式研究 [D]. 海口：海南师范大学，2020：18.
[2] 许金凤. 越南开放式教师培养模式研究 [D]. 海口：海南师范大学，2020：29.

所中级师范学校，包括理科师范和文科师范两个专业。[1]

1969 年，越南第一所幼儿师范学校——中央幼儿师范学校成立。在随后几年，其他省份也陆续成立了幼儿师范学校。1972 年，越南政府出台的决定明确指出：必须全面加强师范大学的建设，使其很好地完成培养教师的任务。为此，越南教育部多次指导组织优秀教师开展课堂示范教学，提高师范教育发展水平。1975 年前后，越南北方几乎所有地区都建立了师范中专学校，基本满足了当地学前教育和小学教育的师资需求。

1975 年 5 月越南南方全部解放，1976 年 7 月全国宣布统一。基于国家建设和发展的需要，越南不断提高全国师范学校教育质量。越南不断总结本国教学经验，借鉴国外先进的教学理论和经验，提出要完善教师教学方法，要求师范大学的教学方法和内容符合越南人学习和生活作息等特点。同时，越南分别对小学教师、初中教师、高中教师的资质提出了明确要求，具体是：小学教师必须在初中毕业后再进行 2 年师范学校学习，初中教师必须在高中毕业后再进行 3 年师范学院学习，高中教师必须在高中毕业后再进行 4 年师范大学学习。由于当时国内教育发展需求，越南在全国范围内先后成立了一批师专学校，培养了大批中学教师。同时，越南在南方地区，尤其在湄公河三角洲和其他偏远地区，创建了许多师范院校。越南南方师范院校在原来的基础上得到升级和快速发展，满足了从学前教育到高中教育对教师培养的需求。1975—1985 年，越南进一步加强师范大学的国际合作活动。在国际援助下，越南政府还与一些国家签订协议，选派一些教员到国外进行培养。同时，一些来自苏联、中国和法国等国家的专家在越南国内也担负起培养年轻教师的重任。

---

[1] 许金凤. 越南开放式教师培养模式研究 [D]. 海口：海南师范大学，2020：29.

（三）革新开放至今的教师教育

1986 年越南开始实行革新开放政策，越南走向更加独立、自主和开放的发展道路，越南的教师教育制度也发生了许多变化。师范院校规模逐步扩大，满足了基础教育对提高师资培养水平的新要求。师范类培养体系也逐渐得到完善，许多师范院校都设有硕士和博士培养点，有的师范院校还转型为多学科综合性学校，同时综合性、专科性的院校也开展了与教师教育相关的活动。越南建立了不同层次的师范院校，为地方各级教育培养了一大批能力强、素质高的教师。

进入 21 世纪之后，在实现工业化与现代化的战略目标下，越南政府和教育界对教师提出更高的要求，以实现教育"质"的发展，推动越南教师教育持续发展。越南不断完善现有的师范教育办学体制，完善开放性的教师培养体制，鼓励非师范类综合高校更多地参与教师培养工作，不断提高教师培养的规模和能力。

在教育立法方面，越南高度重视国家整体教育事业发展。1998 年，越南第十届国会审议通过了《教育法》，并分别在 2005 年和 2019 年对其进行了修订。2006 年，越南第十一届国会审议通过了《职业培训法》，后于 2014 年修订推出了《职业教育法》。2012 年，越南第十三届国会颁布了《高等教育法》，并于 2018 年进行了补充和修订。这一系列法律政策的出台，将越南的教育包括教师教育导入了法制化的道路，为教师教育的健康发展提供了法律依据。

二、教师教育的发展现状

在越南，每年的 11 月 20 日是国家法定教师节，每三年全国评选一次

"人民教师""优秀教师"，由国家主席授予荣誉称号。全国优秀教师是教育系统的楷模，集中体现了人民教育工作者的精神风貌。新时期为满足国家对人才的需求，越南教育和培训部秉持优良传统，紧跟时代步伐，继续推进教师的培训工作，深化教学方法、考核评价、规划编制改革，以优先培养具有高度政治意识和职业责任感的教师队伍。

（一）师资现状与培养

表9.1显示了2014—2020年越南从幼儿园到大学的教师数量与生师比概况。

表 9.1 2014—2020 年越南教师数量与生师比 [1]

学年	幼儿园	小学		初中		高中		大学		
	教师人数	教师人数	生师比	教师人数	生师比	教师人数	生师比	教师人数	教授人数	副教授人数
2014—2015	—	392 136	19.24	312 587	16.31	152 007	16.05	65 664	536	3 290
2015—2016	294 673	396 843	19.63	313 526	16.39	150 900	16.07	69 591	550	3 317
2016—2017	316 616	397 098	19.65	310 953	16.84	150 721	16.44	72 792	574	4 113
2017—2018	337 488	396 600	20.28	306 110	17.55	150 288	16.69	74 911	729	4 538
2018—2019	326 332	390 754	21.77	294 097	18.55	141 583	18.07	73 312	519	4 139
2019—2020	336 783	377 876	23.07	284 139	19.71	142 494	18.59	73 132	542	4 323

越南教育和培训部的数据显示，越南学前教育的教师和大学教师在数量上基本是保持稳中有增的态势，但基础教育阶段的教师数量呈递减的趋势，尤其是初中和高中教师流失比较严重。总体上，随着初中和高中招生

---

[1] 资料来源于越南教育和培训部网站。

人数的逐年增多，越南教师缺乏的现象也越发严重。

越南高度重视基础教育，基础教育阶段的教师培养主要分为以下两类。

第一类是小学教师教育。小学教师教育的学历层次分为中等师范学校学历、大专（高等）师范学校学历以及师范大学本科学历。在中等师范院校，职前教师接受能教授所有科目的师范教育（艺术类的科目除外），生源为初中毕业生，学制两年。中等师范院校学习者通过培训能获得小学教育的基本知识。在各大专师范学校，职前教师接受能教授所有科目的师范教育（艺术类的科目除外），生源为高中毕业生，学制三年，学生毕业后将获得小学教育大专文凭并可以继续接受专升本教育。在师范大学，生源为高中毕业生，学制四年，学习者在毕业后要具备小学各年级课程科目和教学活动的良好教学能力，具备心理学、教育学、教学方法、小学学习成果评估以及教育行政和管理的基础。此外，越南的教师教育体系也有专门针对艺术科目的教师培养计划。从事艺术科目教学的教师可以在注重艺术科目教学方法的师范类大专或大学接受教育。毕业生可继续在师范类或相关专业深造。

第二类是中学教师教育。越南的中学教师是教授单科或2—3门复合科目的教师。因此，各师范院校设置了相应的课程。中学教师教育的学历层次分为大专（高等）师范学历和师范大学本科学历。大专（高等）师范学历的学制为三年，师范大学本科学历层次的学制为四年，毕业时学生要在教学目标、教学内容、教学方法、教学组织形式等方面达到专业要求，同时成果考核评价也需满足创新要求。

此外，近几年来越南出现了一种针对本科学历中学教师的继续教育模式。在这种模式中，完成了三年专业课程的学生，将集中一年学习教育科学，以便获得教育学学士学位（3+1模式）。部分已经获得相关专业学士学位的学生，还可以再学习一年，获得教育类技能证书（4+1模式，相当于专业教育学学士学位）。这种继续教育培养模式在河内师范大学已成功实施。

（二）教师资格

现行的越南各级教师的准入标准如下：幼儿教师要求具有大专师范学校及以上毕业证书；小学、初中及高中教师要求具有师范专业大学本科及以上学位证书，若学科内师范专业的教师不足，则该学科教师必须具有相关专业的本科学位证书和师范技能培训证书；大学教师要求具有硕士及以上学位证书，硕士生和博士生导师须具有博士学位；职业教育的教师准入标准参照《职业教育法》执行。

（三）教师发展与专业能力提升

从 2002 年起，越南政府在世界银行和亚洲开发银行贷款的资助下，启动了小学教师培养发展项目（2002—2007 年）和高中、职业中学教师培养发展项目（2007—2011 年）。越南制定了小学教师专业标准和中学教师专业标准，明确提出了对教师专业水平的期望，列出了教师达到专业水平绩效的指标，并设立了教师质量标准，为中小学教师的培养指明了方向。[1] 2008 年 6 月 23 日，越南教育和培训部发布了《师范技能培训条例》。《条例》旨在帮助未受过教学培训的人员在掌握系统的教育学知识和实践技能之后，能够到高中、中专、大专院校任教，以规范教师队伍，提高他们的教学水平。《条例》明确规定了培训机构的主要职责，其中包括：制定培训专题和编制培训材料；制定培训计划和年度预算；管理学生的学习过程，评估学习结果并向学生发放成绩单；确定录取学员名单，公示其学习结果；管理培训经费和其他资源；颁发和管理教师技能培训证书，根据教育和培训部的规定，提交工作报告。《条例》还明确了培训对

---

[1] 王立科. 越南小学教师专业标准的研制及启示 [J]. 外国教育研究，2009（1）：79-84.

象，具体包括：无师范大学毕业证或未接受过教学技能培训的高中教师和中级职业教师；无师范大学毕业证或未接受过教学技能培训的高等院校、大学讲师；有意愿在大学、高等院校和中级职业学校做客座讲师的科研机构人员、国家机构人员、生产一线和企业人员；有意愿在大学、高等院校和中级职业学校担任讲师、具有良好道德品质、非师范专业的全日制大学毕业生。

教师队伍的继续教育培训是越南教师教育体系定期开展的一项重要工作。这项工作的目的主要是提升教师队伍水平、为教师更新知识和职称评定创造机会。教师根据所在机构和个人的需求，可以选择参加集中或非集中培养计划、在职或远程培训计划，学习更多知识，提升教学技能，完成相应培训后获得更高文凭。目前常见的培养项目有：幼儿园及小学教师的高等师范专科、本科在职教育，初中教师的大学本科在职、远程教育。

在教师能力提升的培训项目中，培训院校将在不同级别培训项目的基础上，提供比常规培训更短的培训项目，灵活组织在职教师的培训活动。很多地方都安排教师周末参加学习，也有培训院校把培训项目安排为 1 个月左右的时间，一学年安排 2—3 次学习。现任教师也需要经常参加培训，在各类定期和不定期的培训活动中更新自己的专业知识和教学技能。这种类型的培训课程通常是根据教师的具体需求安排的。

（四）教师发展与国际合作

进入 21 世纪以来，越南结合本国整体教育情况、教师现状和未来教师发展预期，学习借鉴国际上优秀教师的培养经验，重新规划教师培养，大胆革新教师培养模式。越南在教师培养方面加强国际合作，进行多方面交流，包括国家对部属师范院校和地方师范院校的政策支持、师范院校改革、城乡师资培养方式、师范生录取、教师资格证颁发、教师教育联盟等。在国内外共同合作项目下，大批优秀师范生脱颖而出。

2005—2009年，越南政府与比利时政府合作，帮助越南北方山区14个省的师范专科学校培养、培训小学和初中教师。2012年12月4日，越南教育和培训部发布了《关于培养大学毕业生成为高中教师的教育计划》，加强师范院校和综合大学的教师联合培养，以提高教师队伍的专业性和学术性。[1] 2013年12月，越南教育和培训部专门派遣六所重点师范大学的领导到韩国学习经验。越南教育界认识到教师教育在推行全国教育改革中的重要作用，推行教师培养计划全面创新。2018—2019年，越南师范院校加强了与中国的交流与合作。其中，越南太原大学所属的太原师范大学与中国的华东师范大学、广西民族大学、广西教育学院和河北外国语学院等开展了多项教师培养合作。在与华东师范大学的交流合作中，中越双方就师范生招生、教学、入职等各个方面进行深入讨论。在吸收国内外优秀发展经验的基础上，越南对本国教师的培养大胆创新，提出重新规划全国师范教育网络的计划。2018年8月17日，在越南国会主办的主题为"高等教育——标准化与融入国际"的教育会议上，许多代表提出重新规划师范院校的网络，目前国内有多种关于重新规划师范教育机构的方案，虽然具体内容有所不同，但都有一个共同目标，即：缩减教师教育机构的数量，在单科合并或多科划一的基础上，重新规划整合全国教师教育网络。

---

[1] 资料来源于越南教育和培训部网站。

第二节 教师教育的特点和经验

一、教师教育的特点

（一）教师教育的发展具有阶段性特征

18 世纪中叶以来，越南国家的发展大致经历了法属殖民时期、抗法抗美战争时期、南北统一以及革新开放四个阶段。法属殖民时期，越南的现代化教育处于形成和起步阶段，尚未形成具有特色的教育体系。1945 年获得独立后，百废待兴，越南的教师极其紧缺，成立了许多速成班，精简课程内容，此时期越南的师范教育具有速成化和基础化的特点。1975 年南北统一后，随着国家经济的发展，越南的师范教育得到进一步发展，在全国范围内建立起多所师范院校，分别对小学教师、初中教师、高中教师的资质做了硬性要求，师范学科得到继续发展，加上在与苏联、中国和法国等的国际合作中培养的本国教师，师范教育质量有了一定提升。这一时期的教师教育发展特点是标准化和规模化。1986 年革新开放后，越南各项事业蓬勃发展，师范教育体系得到稳固，并在发展中不断形成一体化网络体系，通过不同层次的师范院校培养不同层次的教师，也在与外界的交互合作中提升了培养水平。同时，通过政府颁布的一系列法律、政策、政令，越南的教师教育逐渐实现规范化和法制化。

（二）以师范教育系统为主，以综合大学教育系统为辅

目前，越南全国共有 66 所教师教育机构，其中包括 14 所师范大学以及 52 所隶属于综合大学的教育学院。就职前培养路径来看，越南中小学教

师更多依靠两条：第一，在师范教育体系下，通过正规教师教育机构培养职前教师；第二，综合大学和师范院校联合培养，即通过对非师范类综合大学的毕业生进行"硕士"阶段教师教育培养教师。[1] 长期以来，越南主要通过独立设置的师范大学和教育学院施行3—4年的师范教育来培养中小学教师。近年来，越南开始以河内国家大学为试点，"在全国率先采取'3+1''4+1'培养模式，学生在接受3或4年的综合大学学科专业教育之后，再接受1年的教师专业教育"。[2] 自2013年越南开始推行"针对有意向成为高中教师的大学毕业生的教育培养计划"[3] 以来，部分综合性大学的教师培养计划使教师培养模式更加多元。目前，高中教师队伍中有一部分教师是由综合大学和师范院校联合培养出来的。综合大学参与教师培养，逐步对师范教育系统发挥辅助作用，这在一定程度上有助于不断提高职前教师的综合素质，提高职前教师的学术性和专业性，为越南培养新型教师人才奠定了基础。

二、教师教育的经验

（一）借鉴国外经验，积极开展教师教育的国际合作

为适应教育改革的要求和教师的需要，越南不断更新及调整教师教育计划，帮助教师达到国家专业标准，并对照国际标准，跟上当今世界的教

---

[1] 阮春面. 21世纪越南中小学教师教育的改革与发展情况综述 [J]. 贵阳学院学报（社会科学版），2012（6）：73-76.

[2] 阮春面. 21世纪越南中小学教师教育的改革与发展情况综述 [J]. 贵阳学院学报（社会科学版），2012（6）：73-76.

[3] 阮春面. 21世纪越南中小学教师教育的改革与发展情况综述 [J]. 贵阳学院学报（社会科学版），2012（6）：73-76.

学发展趋势。例如，参照剑桥大学国际考试委员会的教师培训计划，越南侧重于培养教师的专业技能，这包括：准备阶段，在确定学生需求和能力的基础上，制定教学计划（大纲或课程），确定学习目标；实施阶段，根据课程或者主题目标的内容实施主动教学技能，支持学习者的主动学习；评估阶段，对学习成果进行评估，对教学改进进行评估。这些技能有助于越南教师朝着培养学生能力的方向发展，实施有效教学活动。

（二）教师职业能力鉴定体系的标准化

越南教师专业能力结构是按照教师专业标准构建的。其中，教师需要具备以下专业能力：了解教育对象和教育环境，实施教育教学活动，实现专业发展。基于上述能力的描述，有必要细化成一套标准体系，对教师的能力进行深入的评估。评估结果不仅要提供与标准相对应的教师专业能力情况的可靠信息，还要提出及时改进和更新的措施。例如，教师教学技能的评估基于三个信息来源：自我评估、同行评估、学科管理人和学生评价。教师的自我评估侧重于 5 项技能：教学对象和教学环境、教学规划、组织和实施教学、检查和评价学生的学习成果、自我评估以改善教学和专业发展。这 5 项技能相对应的是 15 项标准和对应的分数（1—4）以及其他证明。越南构建了一套评估教师教学技能的问卷，包括 2 份问卷：一份调查表（用于教师和专家团队）和一份学生意见调查。学生意见调查同样遵循 5 项技能和 15 项标准，但只关注学生对标准和证据的意见，从而收集信息作为评价教师教学技能状况的依据。基于以上评估，越南提出了符合中小学教学要求的师范大学教师培养方案和思路。

（三）重视教师的培养和再培训

师范院校的在校生虽然是接受统一培养，但毕业后，教师的水平程度不一，专业能力也不同。在工作过程中，大部分教师根据经验、习惯或直接管理者的要求进行教学工作，而不是真正出于自我评价或为学生着想。这不仅逐渐限制了教师的创新和创造力，也成为教育事业创新的障碍。因此，通过再教育、再培训，帮助教师逐步提高和发展其专业能力具有非常重要的作用。根据当前教育根本性和综合性革新的要求，教师培训的内容应围绕"根据最新的中小学课程标准对教师进行系统的专题培养"这一根本性问题。这些专题不仅要紧跟新的研究成果，还要注重学科内广泛而深入的内容，帮助教师更方便地选择和构建必修课、选修课，制定适合教学的教学计划。同时讲师或者专家不仅要注重讲解知识，还要指导教师做到如何组织主题，如何传授基础知识，如何提高学生的能力。通过培训，教师可以在制定详细的教学进度、教学计划，在教学组织、教学方法、测试和对学生能力发展的评估和改进等方面得到综合提升。此外，培训还包括讨论、交流等形式，以及如何把培训内容更好地应用在今后的教学实践中。

此外，组织优质科研队伍编写质量高、系统性强的有关教师教育的教材也是教师培养和再培训的关键一环。除根据培养方案要求编写的教材外，还应有更多面向学生能力发展的教材。例如，探索根据课程或主题目标确定的教学方法，如何利用好各类参考书、辅助资料或在线文档的。越南现行教师教育通识课程的教材或教师用书非常丰富，但与中小学课程联系不紧密，使教师难以选择和教学对象相符的内容并进行参考。在职教师的培训和继续教育计划也非常必要，需要培训内容和方法保持一致。同时，每位教师的自学、自研能力也有助于其自我提升。每所学校作为促进教师专业发展的基本单位，也要为教师的专业发展创造条件和动力。

第三节 教师教育的挑战和对策

一、教师教育面临的挑战

（一）教师和教育管理干部的素质提升仍存在较多问题

越南教师队伍和教育管理人员队伍建设及质量提升工作还存在局限和不足。人力资源培训成效低，无法与现代社会和国际接轨。人力资源需求预测与教师教育规划系统，与区域、地方和国家人力资源规划不匹配。一些部委、部门、地方和教育培训机构没有集中精力优化和分配资源，没有加强各级教师和教育管理人员队伍建设，教师和教育管理干部的素质有待提升。

（二）师资力量短缺

在新的基础教育课程计划实施过程中，师资力量不足是各地教育部门面临的难题。据越南国家统计局统计，2012—2022 年，学生数量从 1 780 万增加到 2 180 万，增加了 400 万，增长 22.47%，但教师数量只增长了 8.7%；中学生数量增长了 21%，而教师数量却减少了 4.05%。[1] 越南教育和培训部数据表明，仅 2020—2021 学年，越南全国师资力量缺口就达 9.47 万人，进一步凸显了教师短缺的严峻形势。2022 年 10 月 27 日越南政府网报道，据教育部门会同民政部门测算确定，从现在到 2026 年需要补充的教师数额达 10.7 万人。[2] 这个数字还可能会因为教师离职人员的增加而出现新的波动。

---

[1] 资料来源于越南快讯网站。

[2] 资料来源于越南政府报网站。

造成师资短缺的原因主要有：第一，部分地区多年不招聘教师或招聘人数少于退休人数；第二，部分地区人口向大城市或工业区转移，使得部分教师离职或转行；第三，学生数量增加，教师编制未及时得到扩充。

（三）教师教育内容与实际教学内容出现断裂

目前，越南教师教育内容往往是由培训院校根据越南教育和培训部发布的教学大纲制定，这些项目与基础教育课程设计不同步，存在诸多不足：教师教育内容的设计者对基础教学内容不了解，或者基础教育教学内容已经发生改变，但教师教育内容却没有相应地发生变化，因此师范生毕业时掌握的知识与他们即将在任职学校讲授的教学内容有差距。因此，当中小学需要创新教学内容或方法时，刚接受培训的职前教师不足以立即做出反应，迫使学校必须花费大量时间和资源进行再培训。因此，教师教育计划必须立即进行调整，确保有充足的合格教师来讲授新的普通教育课程。未来，教师教育的实际教学内容需要提前定位，以适应教育改革的要求。

二、教师教育的发展对策

要提高教育质量，就要加强党和国家对教师队伍和教育管理干部的建设，提高教师和教育管理人员队伍质量，完善各级教育师资队伍和教育管理人员的相关机制和政策。

（一）加强党和国家对教师队伍和教育管理干部的建设

教师教育的根本性和综合性改革必须符合国家的发展方向，适应社会主义面向市场经济和国际接轨条件下的工业化、现代化要求。越共十三大报告提出，要抓好教师队伍建设和各级教育管理人员队伍建设，合理设置机构，以符合教师教育根本性、综合性改革的要求，保证教育质量。要建立和完善教师队伍和教育管理人员法律文件体系，制定符合第四次工业革命要求的教师素质和能力标准，为数字化转型、数字经济和数字化发展制定高素质人才标准。注重培养少数民族教育管理人员队伍，确保人数、结构、资质、职称满足工作要求。结合地方、区域人力资源规划，对教育人力资源需求进行良好预测。加强学校纪律建设，提高教职工和教育管理人员的责任感和职业道德。加强教师和教育管理人员在提高人民知识水平、培养人才事业中的关键作用。依据质量、责任、道德和专业能力提升的要求，对教师和教育管理人员的培养目标、教育内容、再教育内容和学习成果评估进行创新。为未来提供优质、有能力、积极主动和具有创造性的师资力量。

（二）提高教师和教育管理人员队伍质量

对教师和教育管理人员的培训必须符合越共中央对越南教育进行根本和全面革新的要求。这些要求也是教师和教育管理人员培训的目标，即要提高教师职业素质、敬业精神、责任感、道德操守和职业能力。

根据不同的岗位要求，加强教师队伍的标准化建设：促进幼儿园、小学、初中、高中教师获得大学学历或更高学历以及相应的教育教学能力；促进大专院校教师具有硕士及以上学历并接受教学技能培训和培养；促进各级教育管理者接受教育管理技能培训；推动信息化在指导、管理、检查、培训和培养各级教师和教育管理者队伍工作中的应用，提高在管理和教学中应用科学技术、信息技术和数字化转型的能力；全面创新、精简教学内容和培养方案，重视思想政治建设，注重道德操守，重视专业知识、生活技能、教学技能、管理能力、现代化管理和行政管理能力的培养；提升教师的独立性、创造力、自学和终身学习能力，鼓励教师和教育管理人员进行自主学习，提高自身素质，以满足职业教育培训日益增长的要求；使组织培训和再培训方式更加多样，向开放、灵活的方向发展专业能力，满足各级教育行政部门教职工的专业标准、职称标准和培训标准。

（三）增加师资队伍中教育管理人员的工资福利

研究、修订教师和教育管理人员的工资、津贴、激励、吸纳政策规定，并确保贯彻执行。确保教师的福利待遇与国家干部和公务员一致。进一步细化各种专业级别的相关规定，制定山区、海岛、少数民族地区和社会经济困难地区教师队伍的优待政策。制定有针对性的政策解决方案，彻底解决同一地区或教育机构中师资过剩或短缺的问题。

第十章 教育政策

　　越南非常重视教育领域的法制建设，尤其是 1986 年革新开放以来，每一届越南共产党全国代表大会都重视教育的发展，并在《政治报告》中有所体现。越南国会和政府陆续颁布了一系列的法律法规、战略规划及政策，为推动越南的教育发展发挥了重要作用。在立法方面，越南国会先后颁布的《越南民主共和国宪法》《越南社会主义共和国宪法》为越南教育的发展提供了重要法律保障。越南国会于 1998 年、2005 年和 2019 年先后颁布、修订《教育法》。其中，1998 年越南第十届国会第五次会议通过的《教育法》是越南首部《教育法》。越南国会于 2006 年和 2014 年先后颁布实施的《职业培训法》和《职业教育法》，是当前越南职业教育的行动准则。此外，还于 2012 年颁布实施《高等教育法》，并在 2018 年进行了部分修订。在发展战略规划方面具有代表性的重要政策，包括:《2001—2010 年教育发展战略》《2011—2020 年教育发展战略》《2011—2020 年职业教育发展战略》《2021—2030 年职业教育发展战略及 2045 年远景》《〈政府落实党的十三次全国代表大会决议的行动计划〉的决议》《关于彻底全面革新教育培训以满足社会主义定向市场经济及接轨国际背景下的工业化现代化要求的决议》，并积极组织编制《2021—2030 年教育战略及 2045 年远景》。越南教育政策与法规的主要特点是教育法制化和系统化程度不断得到提升。本章尝试对重要政策法规及实施情况进行梳理和展望。

第一节 政策与规划

一、实行革新开放政策后的教育发展目标

20 世纪 80 年代以来，世界经济一体化进程日益加快，国际竞争日趋激烈，许多国家纷纷制定教育发展的长期战略，以此来谋求更大的生存和发展空间，促进国家经济社会的发展。教育发展水平是衡量一个国家综合竞争力的重要指标之一。"在国家经济社会发展中，教育事业具有基础性、先导性、全局性作用。教育强则国家强，教育兴则民族兴。"[1] 国家越发达越进步，人民的受教育能力和水平也就越高。此外，教育的普及也是衡量一个国家先进程度的重要标志。世界各国纷纷把教育改革视为首要改革方向之一，并出台了许多教育改革政策，提出了符合本国发展的教育目标。越南也不例外。1986 年越南实行革新开放政策以来，在经济领域进行全面的改革，而经济改革也要求教育做出相应的改革，以适应国家经济社会的发展需要。从越共六大到越共十三大，都提出了具体的教育发展目标，因时制宜地发布了教育改革策略，适应了越南国家经济社会发展的需要。

（一）越共六大政治报告提出的教育目标

1986 年 12 月召开的越南共产党第六次全国代表大会提出：教育旨在全面形成和发展青年一代的社会主义人格，培养与行业同步、有技术，且符合社会分工要求的劳动队伍；要建设学前教育部门，提高育儿质量，增加幼儿园班级；部分地方扫除文盲，基本完成儿童小学教育，有条件的地方

---

[1] 王定华. 教育路上行与思 [M]. 北京：人民出版社，2020：7.

完成普及中学教育，逐步扩大多种形式的高中教育；扩大职业学校和班级，以培训和培养技术工人，为年轻人和劳动者建立广泛的职业培训中心；定期开展教育工作者、教师素质和能力的培训工作。

（二）越共七大政治报告提出的教育目标

1991 年 6 月召开的越南共产党第七次全国代表大会提出：教育培训的目的是提高民智，培养人力资源和人才，[1] 形成一支有知识、有技能、有实践能力、有自制能力、有活力、有创造力、有道德、有革命精神、有爱国主义精神、热爱社会主义的劳动队伍。

（三）越共八大政治报告提出的教育目标

1996 年 6 月召开的越南共产党第八次全国代表大会提出：教育和培训是提高民智、培养人力资源和人才的首要国策；教育和培训领域的总体方向是开发满足工业化、现代化需求的人力资源，为人民，特别是年轻人提供就业机会；要克服教育和培训方面的缺点，重视扩大教育规模、提高教育质量、有效发挥教育作用。

（四）越共九大政治报告提出的教育目标

2001 年 4 月召开的越南共产党第九次全国代表大会提出：落实学习与行动相辅相成、教育与劳动生产相结合、学校与社会相结合的方针，实现标准化、现代化、社会化；继续全面提高教育质量，创新教学内容、教学

---

[1] 此处越南语的原文直译是培养人力资源、培养人才。越南语的人才特指人力资源中高质量的劳动者，本书保留文件的原意。

方法、学校体系和教育管理体系；培养学生独立思考和创新的精神，提高学生的自学能力、自我完善能力和手工技能，通过正规和非正规的教育形式促进全民学习运动，实施全民教育，让全国成为学习型社会。

（五）越共十大政治报告提出的教育目标

2006 年 4 月召开的越南共产党第十次全国代表大会提出：实现规范化、现代化、社会化，振兴越南教育；全面提高教育质量，革新组织结构、管理机制、教学内容、教学方法；将现有的教育模式转变为开放的教育模式——社会学习模式，使终身学习、持续学习与各学校、各学科的学习相衔接；建设和发展全民的学习体系和灵活多样化的学习方式，满足日常学习需求；为学习者提供更多不同的机会，确保教育的社会公平。

（六）越共十一大政治报告提出的教育目标

2011 年 1 月召开的越南共产党第十一次全国代表大会提出：全面提高教育质量，特别重视理想教育、革命历史传统教育、品德教育、生活方式教育、创造能力教育、实践技能教育、工业作风教育、社会责任意识教育；以现代化的方向革新课程、内容、教学方法、考试方法和检查方式；建设一支数量足、质量高的教师队伍；提高家庭和社会的责任意识，与学校紧密合作，共同培育年轻一代；继续建设和提升教育培训机构的物质技术基础，合理有效地投资建设一批具有国际水平的教育培训机构；完善教育培训社会化的机制和政策，整合社会资源，发挥社会监督作用，鼓励开展培养人才的活动；建设学习型社会，为人民终身学习创造条件；提高教育培训国际合作的成效。

（七）越共十二大政治报告提出的教育目标

2016 年 1 月召开的越南共产党第十二次全国代表大会提出：教育是头等国策，发展教育旨在提高人民智力水平，培养人力，培养人才；学习与实践齐头并进，理论与实践紧密相连，要大力推动教育过程从以知识为主向全面发展学习者的能力和素质转变；教育发展必须与经济社会发展、建设和保卫祖国、科技进步、人力资源开发和劳动力市场需求相结合；努力使教育在质量和有效性方面实现根本而有力的转变，更好地满足人民学习的需要；促进越南人的全面发展，发挥每个人的最大潜力和创造力；力争到 2030 年，越南教育达到地区先进水平。

（八）越共十三大政治报告提出的教育目标

2021 年 1 月召开的越南共产党第十三次全国代表大会提出：要同步建设教育体制和教育政策，有效落实把教育培训与科学技术视为头等国策和国家发展关键动力的主张；继续朝着现代化、融入国际、实现人的全面发展的方向迈进，满足经济社会、科学技术发展和第四次工业革命的新要求；进行教育培训目标、内容、课程、方法、方式的同步革新。

二、教育法律法规

教育政策是一个政党和国家为实现一定历史时期的教育发展目标和任务，依据党和国家在一定历史时期的基本任务、基本方针而制定的关于教育的行为准则。越南从革新开放后颁布了一系列关于教育的法律法规，见表 10.1。

表 10.1 越南重要教育法律法规

序号	文件全称	颁布时间	备注
1	《越南民主共和国宪法》	1946 年 11 月 9 日	—
2	《越南民主共和国宪法》	1959 年 12 月 31 日	—
3	《越南社会主义共和国宪法》	1980 年 12 月 18 日	—
4	《越南社会主义共和国宪法》	1992 年 4 月 15 日	2001 年 12 月 25 日对此部法律进行修订
5	《越南社会主义共和国宪法》	2013 年 11 月 28 日	—
6	《越南社会主义共和国教育法》	1998 年 12 月 2 日	
7	《越南社会主义共和国教育法》（修订）	2005 年 6 月 14 日	2019 年 11 月 25 日对此部法律进行修订
8	《越南社会主义共和国教育法》（修订）	2019 年 6 月 14 日	—
9	《越南社会主义共和国职业培训法》	2006 年 11 月 29 日	
10	《越南社会主义共和国职业教育法》	2014 年 11 月 27 日	在《职业培训法》基础上修订并更名
11	《越南社会主义共和国高等教育法》	2012 年 6 月 18 日	2018 年 11 月 19 日修订、补充部分条款

宪法是一个国家的根本大法，具有最高的法律效力，关系着国家的前途命运、公民的基本权利和义务。1946 年 11 月 9 日，越南颁布了《越南民主共和国宪法》，这是越南独立后的首部宪法。本部《宪法》共八章七十条，其中第十五条规定："小学教育实行义务教育，免除学费。在地方小学，少数民族有权使用自己的民族语言进行学习；政府帮扶贫困学生；私立学校可以自由开办，并按照国家计划进行教学。"本部《宪法》意味着学习不仅是越南公民的权利，还是义务。由于越南的经济、社会、文化发生了诸多变化，1959 年 12 月 31 日，越南第一届国会修订并颁布了《越南民主共

和国宪法》。本部《宪法》共十章一百一十二条，其中第三十三条规定："越南民主共和国公民享有学习的权利。国家逐步实行义务教育，逐步发展学校和文化事业单位，在城乡机关、企业和其他组织中开展文化、技术和职业培训教育，确保公民享有义务教育的权利。"本部法律首次明确了"学习"是越南公民的权利，并且鼓励其他形式的学习。1980 年 12 月 18 日，越南颁布《越南社会主义共和国宪法》，这是越南南北统一后的第一部《宪法》。本部法律共十二章一百四十七条，其中第四十条规定了教育发展的目标、应遵守的原则，第四十一条规定了教育事业由国家统一管理，同时胡志明共产主义青年团、家庭、社会与学校也具有教育青少年和儿童的责任；在发展包括学前教育、普通教育、专业教育和高等教育在内的越南教育体系的同时，也要发展职业培训学校、继续教育学校以及在职教育体系，提高全民文化水平。为了更好地适应越南的革新开放政策，1992 年 4 月 15 日，越南国会修订并颁布了《越南社会主义共和国宪法》。修订后的法律依然是十二章一百四十七条，其中第三十五条首次以法律的形式提出了"教育和培训是头等国策"，进一步体现了国家对教育的重视，此外还明确了"国家发展教育旨在提高人民的智力水平、培养人力资源和人才"，而教育的目标是"形成和培养公民的人格、素质和能力；培养有技能、有活力、有创新能力、有民族自豪感、有道德品质、有奋发向上意志的劳动者，为民富国强、满足建设需求、保卫国家做出贡献。"第三十六条进一步明确了国家统一管理教育的具体内容、方向、计划等，同时规定实行优先保障发展山区、少数民族地区和特困地区的教育政策，这充分体现了越南党和国家对教育公平的重视。进入 21 世纪之后，越南面临诸多深刻的变化，为了适应国内和国际发展的需求，2013 年 11 月 28 日，越南第十三届国会第六次会议修订、通过了新的《越南社会主义共和国宪法》。本部法律共十一章一百二十条，其中第六十一条从教育的重要性、国民教育体系的宏观部署以及进一步兼顾教育公平三个方面明确指出：发展教育是提高人民智力、发展人力资源、培养人才的头等国策；国家优先投资和吸引其他教育投资，照顾学前教育，确保小学教育是义务教育，国家不收取小学生学费，逐步普及中学教育，发展高等教育和职业教育，合理落实奖学金、学费政策；国家优先发展山区、海岛、少数民族地区和社会经济条件极其困难地区的教育，优先使用和发展人才，为残疾人和贫困人口学习文化和职业培训创造条件。

1998 年《教育法》确立了越南教育制度体制的基本框架，内容分为：总则，国民教育系统，学校与其他教育机构，教师，学生，学校、家庭和社会，国家教育管理，奖励与惩罚，条例实施，共九章一百一十条。关于教育体系的内容在总则第六条做出了明确规定："越南的国民教育体系包括学前教育（托儿所和幼儿园）、普通教育（小学、初中和高中）、职业教育（中专和职业培训）、高等教育（大专和本科）、研究生教育（硕士和博士）。"2005 年修订的《教育法》在内容上维持了 1998 年的框架，共九章一百二十条，比旧法新增十条。2005 版《教育法》更加强调教育质量、教育的社会效益和教育公平。2019 版《教育法》共九章一百一十五条，相比2005 版删减了五条。2019 年版《教育法》进一步提高了教师准入标准，规范了教材、教学大纲等，以保证教育质量；加大了教育的投入力度，以确保教育公平。

2012 年 6 月 18 日越南第十三届国会第三次会议审议通过了《高等教育法》，该部法律于 2013 年 1 月 1 日生效。该部法律共十二章七十三条，分为总则，高等学校组织，高等学校的职责和权限，教学活动，科学技术活动，国际合作活动，高等教育质量的保障和评估，教师，学生，高等学校的财政、财产，国家对高等教育的管理，条例实施。该部法律的颁行从法律层面保障了越南高等教育的健康发展，使高等教育的发展更有自主性。例如，该法第三十二条第一款规定："高等学校在组织与人事、财政与财产、教学、科学技术、国际合作等方面的主要活动享有自主权，保证高等教育质量。高等学校根据自身能力、排名和教育质量评估结果，享有较高的自主权。"[1] 此外，该法首次向高校赋予制定、审核、颁布、实施从专科生到博士生学位的培训课程，自主制定招生名额，印制并颁发学历证书等若干自主权。这些规定体现了越南政府对高等教育管理的新认识，表明越南高等教育改革取得了阶段性进展。

2014年11月27日越南第十三届国会第八次会议审议通过了《职业教育法》。该法于2015年7月1日生效，与此同时，2006年由第十一届国会颁行的《职业培训法》失去法律效力。2014年的《职业教育法》共八章七十九条，分别是总则、职业教育机构、职业培训活动与国际合作、企业在职业教育活动中的权力和责任、教师和学习者、职业教育的质量认证、国家对职业教育的管理、条例实施。该部法律的颁行使得职业教育的发展拥有了法律依据，进一步明确了在职业教育发展和管理过程中政府、企业、个人和社会组织的职责和权限，规范了行业标准和质量标准，一定程度上提高了职业教育在越南的认可度，推动了职业教育的有序发展，进一步健全了越南国民教育体系。

三、教育发展战略

教育发展战略是关于国家教育事业发展的宏观决策和总体规划。革新开放以来，越南先后颁布实施了一系列关于教育事业的发展战略，见表10.2。

---

[1] Quốc hội. Luật Giáo dục đại học[R]. Hà Nội: Quốc hội, 2012.（这是越南政府官网上公开由国会审议通过的《越南高等教育法》，签发日期是2012年7月2日。）

表 10.2 越南重要教育发展战略

序号	文件全称	颁布时间
1	《越南社会主义共和国 2001—2010 年教育发展战略》	2001 年 12 月 28 日
2	《越南社会主义共和国 2011—2020 年教育发展战略》	2012 年 6 月 13 日
3	《越南社会主义共和国 2011—2020 年职业教育发展战略》	2012 年 5 月 29 日
4	《越南社会主义共和国 2021—2030 年职业教育发展战略及 2045 年远景》	2021 年 12 月 30 日

《越南社会主义共和国 2001—2010 年教育发展战略》(简称《2001—2010 年教育发展战略》)提出了越南在 2001—2010 年的教育发展总体目标和四个指导思想。总体目标有三个。①使教育质量发生根本性变化,向世界先进水平看齐,符合越南实际,切实服务于国家经济社会发展;切实服务于每个地区、每个地方;迈向学习型社会;力争使越南教育与地区发达国家相比在一些领域摆脱落后的局面。②优先提高人力资源培训质量,特别重视高水平科技人才、优秀管理者、企业家和直接为提高经济竞争力做出贡献的熟练技术工人;加快实施普及初中教育。③革新教育和培训层次的教育目标、内容、方法和方案;建设一支既能扩大规模又能提质增效、创新教学方式的教师队伍;革新教育管理,构建法理基础,发挥教育发展的内驱力。四个指导思想如下。①教育是国策。教育发展是基础,高素质的人力资源是推进工业化和现代化事业的重要动力之一,是社会发展和经济快速、可持续增长的根本因素。②建设以马克思列宁主义和胡志明思想为基础的,具有人民性、民族性、科学性、现代性的社会主义定向教育。③教育发展必须与经济社会发展、科技进步、国防安全建设需求相结合。确保学历结构、职业结构和地区结构的合理性,在保证质量和效率的基础上扩大规模;培训与应用相结合,贯彻学习与实践相结合、教育与生产劳动相结合、理论与实践相结合、学校教育与家庭教育及社会教育相结合的

原则。④教育是党、国家和全民的事业。建设学习型社会，为不同年龄、不同层次的人终身学习创造条件。国家在教育发展中起主导作用。促进社会化；鼓励、动员和创造条件，让全社会参与教育发展。[1] 此外，还对国民教育体系中的不同教育层次做出了具体的规划。到 2010 年，对于学前教育，3 岁以下幼儿的入托率从 2000 年的 12% 提升到 18%，3—5 岁儿童的学前班比例从 2000 年的 50% 提升到 67%，5 岁儿童的幼升小比例从 2000 年的 81% 提升到 95%；对于基础教育，适龄儿童的小学入学率从 2000 年的 95% 提升到 99%，初中入学率从 2000 年的 74% 提升到 90%，高中入学率从 2000 年的 38% 提升到 50%；对于职业教育，就读中等职业学校和职业技术学校的学生比例均达到 15%，就读高等职业技术学校（大专）比例达到 10%；对于高等教育，本科生比例从 2000 年的 1.18% 提升到 2%，硕士和博士研究生培养规模从 2000 年的 11 727 人、3 870 人分别增加到 38 000 人和 15 000 人；对于残障儿童教育，残障儿童能够全融入学校、半融入学校或特殊学校的比例达到 70%；对于成人（终身）教育，主要是巩固和提高山区、偏远地区的扫盲成果，为实现到 2010 年普及初中教育的主要目标做出贡献，为大量劳动者创造继续深造的机会，规范从中央到地方的教师和管理人员队伍，构建终身学习型社会。[2]

《2011—2020 年教育发展战略》在总结《2001—2010 年教育发展战略》实施成就的同时，提出了 2011—2020 年的教育发展总体目标和四个指导思想。总体目标是：到 2020 年，越南教育将朝着标准化、现代化、社会化、民主化、国际化的方向进行根本性、全面性的改革；教育质量全面得到提高，包括道德、生活技能、创造能力、实践能力、外语能力和信息技术等各方面的教育；满足国家对人力资源的需求，特别是工业化、现代化和知

---

[1] Thủ tướng Chính phủ. Chiến lược phát triển giáo dục 2001-2010[R]. Hà Nội: Chính phủ, 2001.（这是一份由越南政府总理签发的文件，文件名为 "2001—2010 年教育发展战略"，签发日期是 2001 年 12 月 28 日，签发地为河内。）

[2] Thủ tướng Chính phủ. Chiến lược phát triển giáo dục 2001-2010[R]. Hà Nội: Chính phủ, 2001.（这是一份由越南政府总理签发的文件，文件名为 "2001—2010 年教育发展战略"，签发日期是 2001 年 12 月 28 日，签发地为河内。）

识经济建设事业所需要的高素质人才；确保每个公民的教育和终身学习机会的社会公平，逐步形成学习型社会。四个指导思想是：教育发展要真正成为头等国策，成为党、国家和全民的事业；建设以马克思列宁主义和胡志明思想为基础的，具有人民性、民族性、先进性、现代性的社会主义教育；朝着标准化、现代化、社会化、民主化、融入国际的方向，从根本上全面革新教育，与社会主义市场经济相适应；维护和发扬民族特色，维护国家独立和自主以及社会主义定向，推进教育国际化向纵深发展。此外，《2011—2020 年教育发展战略》在结合国家实际情况的基础上对学前教育、普通教育、职业教育、高等教育及成人（终身）教育做出了具体的规划。具体是到 2020 年，适龄儿童入托率至少达到 30%，入园率达到 80%；小学入学率达到 99%；初中入学率达到 95%，具有高中或高中同等学力水平的青年达到 80%，残障儿童入学率达到 70%；职业教育机构可以接收 30% 的初中毕业生，经过职业培训和本科教育的学生比例达到 70%；在成人（终身）教育方面，15 岁以上越南公民的扫盲率达到 98%，15—35 岁越南公民的扫盲率达到 99%。[1]

《2011—2020 年职业教育发展战略》在 2006 年《职业培训法》的基础上进一步明确了 2011—2020 年的国家职业教育发展的总体目标和指导思想。总体目标是：到 2020 年，职业培训在数量、质量、结构和培训水平等方面满足劳动力市场需求；多项职业培训质量达到东盟地区和世界发达国家水平；形成一支掌握熟练技术的劳动力队伍，为提高国家竞争力做出贡献；为劳动者普及职业培训，促进劳动力结构转变，增加劳动者收入，减少贫困，保障社会安全。四个指导思想是：职业培训发展是全社会的事业和责任，是国家人力资源发展战略和规划的重要内容，政府、部委及部门、地

---

[1] Thủ tướng Chính phủ. Chiến lược phát triển giáo dục 2011-2020[R]. Hà Nội: Chính phủ, 2012.（这是一份由越南政府总理签发的文件，文件名为"2011—2020 年教育发展战略"，签发日期是 2012 年 6 月 13 日，签发地为河内。）

方、职业培训机构、用人单位和雇员要共同参与，从而实现根据劳动力市场的需求开展职业培训；实现国家管理对职业培训根本性、大力度的革新，为职业培训向标准化、现代化、社会化、民主化、国际化方向发展注入动力；提高职业培训质量和扩大职业培训规模是一个过程，既要对劳动者普及技能，同时又要满足国内外各行业劳务派遣的高级技能人才的聘用要求；加强和扩大国际合作，发展职业培训，着力建设高质量职业学校，优先办好达到国际水平的学校，优先发展国家、地区和国际高级别的重点职业。[1]
《2011—2020年职业教育发展战略》分为2011—2015年和2016—2020年两个阶段执行。具体是到2015年，在培训人员的数量和学历层次方面，经过职业培训的劳动者比例达40%，相当于2 350万人，其中中级和高级水平占20%；在职业教育机构数量和质量方面，拥有190所高级职业培训学校，其中26所办学质量较高，300所中级职业培训学校和920个职业培训中心，每一个省（直辖市）拥有至少1所高级职业培训学校和1个职业培训示范中心，每一个郡、县和乡拥有1个职业培训中心或中级职业培训学校；在职业教育师资队伍建设方面，拥有51 000名从事职业教育的教师。到2020年，经过职业培训的劳动者比例达55%，相当于3 440万人，其中中级和高级水平占23%；拥有230高级职业培训学校，其中40所办学质量较高；310所中级职业培训学校和1 050个职业培训中心，其中有150个为职业培训示范中心；拥有77 000名从事职业教育的教师。[2]

根据越南共产党第十三次全国代表大会决议中提到的"两个百年目标"，越南政府也为越南职业教育在2030年和2045年两个重要的时间节点做出了规划，颁布了《2021—2030年职业教育发展战略及2045年远景》。该战略提出了越南职业教育发展的中长期总体目标和五个指导思想。总体

---

[1] Thủ tướng Chính phủ. Chiến lược phát triển dạy nghề thời kỳ 2011-2020[R]. Hà Nội: Chính phủ, 2012.（这是越南政府总理于2012年5月29日在河内签发的《2011—2020年职业教育发展战略》。）

[2] Thủ tướng Chính phủ. Chiến lược phát triển dạy nghề thời kỳ 2011-2020[R]. Hà Nội: Chính phủ, 2012.（这是越南政府总理于2012年5月29日在河内签发的《2011—2020年职业教育发展战略》。）

目标是：加快发展职业教育，以满足劳动力市场和人民群众多样化的需求，满足未来国家发展对技能型人力资源在数量、结构和质量方面日益增长的需求。具体目标是：到 2025 年，发展职业培训的规模，优化职业培训的结构，一些学校的培训质量接近东盟四国（印度尼西亚、马来西亚、菲律宾和泰国）水平，其中一些行业的发展接近区域或世界发达国家水平，通过培训获得文凭或证书的劳动者比例达到 30%；到 2030 年，着力提高职业教育的质量和有效性，满足越南现代工业发展对技能型人力资源的需求，主动参与国际人力资源培训，一些学校接近东盟四国水平，其中一些行业接近 G20 发达国家水平，通过培训获得文凭或证书的劳动者比例达到 35%；到 2045 年，职业教育满足发达国家对高技能型人才的需求；成为东盟地区职业教育领先的国家，赶超世界先进水平，在多个领域具有突出竞争力。

五个指导思想具体是：①职业教育发展是发展人力资源的重中之重，要抓住人口黄金机遇，培养高素质、高效率、高技能的直接人力资源，服务国家经济社会发展。②职业教育要朝着开放、灵活、现代、高效、融入国际的方向发展，注重培养规模、结构和质量；关注投资和大力促进国际合作，以发展一批与地区和世界水平相当的职业教育机构、部门和行业。③发展与劳动力市场需求密切相关的职业教育，充分发挥学习者的能力和品质，促进创业创新。④国家实行逐步对青年普及职业教育的政策，在教育培训财政预算方面，各部门及地方要优先分配给职业教育，加强地方、部门、行业的职业教育社会化。⑤职业教育的发展是各级政府、机关、组织、企业、职业教育机构和人民的责任，各部门和地方在发展计划、方案、提案和项目中要重视职业教育的发展。[1]

---

[1] Thủ tướng Chính phủ. Chiến lược phát triển giáo dục nghề nghiệp giai đoạn 2021-2030, tầm nhìn đến năm 2045[R]. Hà Nội: Chính phủ, 2021.（这是一份越南政府总理签发的决定，正式批准颁布《2021—2030 年职业教育发展战略及 2045 年远景》文件，签发日期是 2021 年 12 月 30 日。）

四、教育行动计划

2021年8月6日越南教育和培训部发布实施《落实党的十三次全国代表大会决议的教育行动计划》。《计划》按照越共十三大决议和越南政府对教育的要求，进一步明确了在未来的十项任务，具体是：加强教育系统党的建设，提高党的教育基层组织的领导力和战斗力，提高教育部门党员的素质；完善教育体制，有效提高教育和培训的国家管理，为革新和发展注入动力；规划和发展教育与培训的机构网络；继续大力革新教学计划和方法，满足高素质人才培训和人才培养的需求；发展教师队伍和教育管理干部；加强保障教育与培训活动的物质基础；加强教育中的信息技术应用和数字化转型；提高科学研究的质量和有效性，在大学教育机构中实现技术转型和创新；加强教育与培训的国际化；保证教育公平。

五、越共中央关于革新教育工作的决议

基于越南高等教育和职业教育的教育质量问题及其他方面存在的问题，2013年11月4日越南共产党中央委员会颁布了《关于彻底全面革新教育培训以满足社会主义定向市场经济及接轨国际背景下工业化现代化要求的决议》，提出了越南教育在未来的发展的总体目标和九项任务。

中央决议提出的总体目标是：使教育和培训的质量与有效性都取得根本性转变，更好地满足建设、保卫祖国以及人民学习的需求；促进越南人全面发展，发挥每个人的最大潜力和创造力，爱家庭、爱祖国、爱同胞，好好生活，高效工作；与建设学习型社会相结合，建设开放、便学、实用的教育，保证教好、学好、管好；构建合理的教育结构，改进教育方法，提高教育质量；推进教育和培训体系的标准化、现代化、民主化、社会化、

国际化；坚持社会主义方向和民族本色；力争到 2030 年，越南教育水平达到地区先进水平。[1]

"中央决议"提出的九项任务分别是：加强党对教育和培训革新的领导，加强国家对教育和培训革新的管理；按照重视学生素质和能力的培养方向继续大力同步革新教育和培训基本要素；根本性革新考试、检查的形式与方式，革新教育和培训结果的评估，确保真实、客观；按照构建开放型、终身学习的国民教育体系和建设学习型社会的方向，完善国民教育体系；根本性革新教育培训管理，确保民主统一，增加教育培训机构的自主权和社会责任感，重视质量管理；培养适应教育和培训创新要求的师资队伍；革新财政政策机制，调动全社会参与，有效提高投资以发展教育和培训；提高科学技术研究和应用的质量和效率，特别是教育科学和管理科学；积极融入和有效提升国际教育培训合作。[2]

第二节 实施与挑战

一、政策与规划的实施

革新开放后，随着系列法律法规和政策规划的颁布与实施，越南的教育得到进一步发展。进入 21 世纪以来，越南形成了从学前教育到高等教育

---

[1] Ban chấp hành Trung Ương. Nghị quyết về đổi mới căn bản, toàn diện giáo dục và đào tạo, đáp ứng yêu cầu công nghiệp hóa, hiện đại hóa trong điều kiện kinh tế thị trường định hướng xã hội chủ nghĩa và hội nhập quốc tế[R]. Hà Nội: Ban chấp hành Trung Ương, 2013. (这是越共中央委员会颁发的一份关于教育改革的文件，颁发日期是 2013 年 11 月 4 日。)

[2] Ban chấp hành Trung Ương. Nghị quyết về đổi mới căn bản, toàn diện giáo dục và đào tạo, đáp ứng yêu cầu công nghiệp hóa, hiện đại hóa trong điều kiện kinh tế thị trường định hướng xã hội chủ nghĩa và hội nhập quốc tế[R]. Hà Nội: Ban chấp hành Trung Ương, 2013. (这是越共中央委员会颁发的一份关于教育改革的文件，颁发日期是 2013 年 11 月 4 日。)

的相对完善、统一的国民教育体系，形成了包括公立学校和非公立学校的教育网络，办学类型和方式日趋多样化，并逐步与国际接轨。教育规模也不断扩大，2000—2001学年，越南的中学生有1 800万人，职业技术培训生有82万人，大专和本科生有100万人。基础教育公平基本得到保障，民族地区教育事业发生积极变化，建成少数民族寄宿制学校近250所和半寄宿制学校100多所。全国已完成扫盲工作和普及小学教育，15岁及以上年龄的人口识字率近94%。[1]教育社会化初见成效，社会力量以多种形式积极参与到动员儿童上学、兴建办学设施、投资办学、捐助教育等工作中。社会经费在教育总预算中的比重不断增加。教育质量在诸多方面也发生了变化，部分高中学校教育水平达到了区域或国际标准，在许多学科竞赛中获得国际奖项的高中学生人数逐年增加；高等教育蒸蒸日上，培养了一大批从本科、硕士到博士的科技人员。

2001—2010年，越南的教育规模和办学机构网络不断发展，更好地满足了人民群众的学习需求；基础教育网络遍及全国各地，初步建立起学习型社会。学生入学率得到提升，年满5岁的适龄儿童入园率从72%上升到98%，小学从94%提升到97%，初中从70%提升到83%，高中从33%提升到50%，职业培训规模增长了3.08倍，中级职业教育增长2.69倍，大学本科教育增长2.35倍。截至2010年，大学生占全国人口比例达到2.27%。[2]全国已完成扫盲目标，普及小学教育，加强初中教育和学前教育的普及。各级教育和培训水平的教育质量都有所提高，教育培训朝着更好地适应经济社会发展和科学技术需要的方向发展，开设了许多新的培训专业，初步满足了劳动力市场的需求。教育公平进一步得到改善，尤其是少数民族、贫困家庭儿童、女童和弱势群体也基本实现了教育公平。少数民族和边远地

---

[1] Thủ tướng Chính phủ. Chiến lược phát triển giáo dục 2001-2010[R]. Hà Nội: Chính phủ, 2001.（这是一份由越南政府总理签发的文件，文件名为"2001—2010年教育发展战略"，签发日期是2001年12月28日，签发地为河内。）

[2] Thủ tướng Chính phủ. Chiến lược phát triển giáo dục 2011-2020[R]. Hà Nội: Chính phủ, 2012.（这是一份由越南政府总理签发的文件，文件名为"2011—2020年教育发展战略"，签发日期是2012年6月13日，签发地为河内。）

区教育事业不断发展，实施了学费减免、奖学金、助学贷款等多项学生扶持政策，为落实社会公平与发展、培养高素质人力资源带来了实实在在的效果。教育管理也向着积极的方向转变，教师队伍和教育管理人员的素质得到提升，教学环境和办公环境均得到改善；教育管理权力下放，加强了教育机构自主权和责任制；形成对教育培训质量的社会监督，建立了从中央到地方各级和教育机构的质量管理体系。国家加大了对教育的投入力度，从 2001 年占国家财政总预算支出的 15.3% 增加到 2010 年的 20%[1]，教育投资来源控制日益严密，使用效率逐步提高。非公立教育迅速发展，尤其是职业教育和大学教育。2001—2010 年，非公办培训的规模扩大：初级职业培训从 28% 提高到 44%，中级和高级从 1.5% 提高到 5.5%，中专从 5.6% 增加到 27.2%，大专从 7.9% 增加到 19.9%，大学从 12.2% 增加到 13.2%。[2]

2011—2020 年，越南的教育改革取得了新的重要发展。首先，建立了从幼儿园到大学，从正规教育到终身教育的国家教育体系；教育的硬件设施和软件设施得到改善，诸多院校投入使用培训管理软件、E-Learning、智慧学校、智慧教室、在线会议室等。2019—2020 学年，适龄儿童入学率达到 99.35%，初中达到 96%；师范教育质量显著提高，达标及以上的教师比例提高，学前教师达标率达到 97.6%，小学达到 99.8%，初中达到 99.1%，高中达到 99.7%；经过培训的工人比例从 2010 年的 40% 提高到 2019 年的 62%。[3] 其次，重视学生的全面发展。学前教育包括了体能、认知、语言、情感、社会技能和审美等的综合教育，中学生水平超过了经济合作与发展组织（OCED）成员的平均水平。再次，国家投资建成了一批优质院校。国

---

[1] Thủ tướng Chính phủ. Chiến lược phát triển giáo dục 2011-2020[R]. Hà Nội: Chính phủ, 2012.（这是一份由越南政府总理签发的文件，文件名为"2011—2020 年教育发展战略"，签发日期是 2012 年 6 月 13 日，签发地为河内。）

[2] Thủ tướng Chính phủ. Chiến lược phát triển giáo dục 2011-2020[R]. Hà Nội: Chính phủ, 2012.（这是一份由越南政府总理签发的文件，文件名为"2011—2020 年教育发展战略"，签发日期是 2012 年 6 月 13 日，签发地为河内。）

[3] 资料来源于越南《大众科学》杂志网站。

家投资将河内国家大学和胡志明国家大学建设成为优秀教育单位。[1]

2020—2021 学年，新冠肺炎疫情在越南大部分省市爆发，对经济发展、社会民生以及教育与培训产生了消极影响。越南教育部门积极、及时调整学年计划，引导家长在家中照顾和教育孩子；积极引导并制定学习计划，明确学习的核心和基础内容；灵活运用网络进行融合式教学，促进了教育的数字化转型，实现了既积极参与课堂、抗击疫情、确保师生安全，又完成学年计划、确保教育质量的双重目标。

二、政策与规划面临的挑战

尽管近年来越南尤为重视教育的发展，陆续颁行了许多教育政策和法规，在一定程度上促进了教育事业的整体发展，但还存在诸多亟待解决的问题。因此，越南在未来仍要继续大力发展教育事业，继续推进研究教育领域的突出问题，制定相应的解决措施。

第一，各地区的教育基础设施和质量不均衡。一些学校仍然存在学习和教学设施、设备缺乏现象，特别是在偏远地区，教学设备满足教学需要的比例低于全国平均水平。高原地区和少数民族地区的普通教育质量仍低于全国平均水平，大众教育质量参差不齐。

第二，教育机构网点规划不集中。全国很多普通教育和学前教育的学校网点比较分散，影响了学生的入学动员工作及生源数量的稳定和质量保障等。学校数量多导致教育活动的管理和组织困难重重。

第三，教育管理部门间缺乏协调合作。少数民族地区各教育部门之间、民族部门和教育和培训部之间需要加强协调合作、互助交流、分享管理经

---

[1] 资料来源于越南教育科学院网站。

验、采取共同行动。

第四，缺乏强有力的师资政策，人才流失严重。部分管理人员和教师的资质、业务能力、教学方式等没有达到教育创新的要求，部分地区的师资存在短缺和流失问题。

面向未来，越南将会在以下几个方面出台系列相关教育政策：规划和发展全国教育机构网络；提高各级教师和教育行政人员的素质；实施新的基础教育课程改革方案，大力加强职业导向和普职教育分流；提高外语尤其是英语的教学质量；加强信息技术在教学和教育管理中的应用；加强国际化，使教育和培训进一步融入国际社会；加强教育基础设施建设，保障教育质量；更加重视开发人力资源，特别是高素质的人力资源。

第十一章 教育行政

    教育行政是国家和政府对教育这项公共事务进行决策、组织、调控和管理的干预性活动。越南的教育行政是在中央政府的统一领导下，由教育和培训部同劳动、荣军和社会事务部及其下属机构、地方各级人民政府的教育管理部门和单位等具有教育管理职能的部门，对教育这一公共事务进行的管理活动。

第一节　中央教育行政

一、中央政府对教育的管理

    2015 年，越南第十三届国会颁布了《越南社会主义共和国政府组织法》（简称《政府组织法》，后于 2019 年修订），对越南政府的地位、职能、任期、组织架构以及组织原则等进行了明确规定。其中，中央政府是国会的执行机关，是越南社会主义共和国最高国家行政机关。中央政府对国会负责，并向国会、国会常务委员会和国家主席报告工作。中央政府由总理、副总理、部长和部级机关负责人组成，政府成员人数结构由总理提请国会决定。国会根据政府总理的建议决定成立或撤销各部或部级机关。中央政府的任期和国会的任期一致，一般为五年。《政府组织法》第二章第十一条对中央政府在教育领域的任务和权限做了明确规定：一是统一管理国民教育体系；二是制定教育的具体政策，确保教育发展符合经济社会发展的要求，优先投入和鼓励发展教育培训事业，提高人们的知识水平，开发人力资源，吸引、培养和重用人才；三是制定和建立利用社会资源的政策与机制，目的在于发展教育与培训事业，为建设学习型社会创造条件；四是优先发展山区、海岛、少数民族地区和经济社会条件极其困难地区的教育，为残疾人口和贫困人口学习文化和接受职业培训创造条件。[1]

2019年修订实施的《教育法》进一步具体明确了教育由中央政府统一管理，明确规定了中央政府对教育的管理内容，具体是：制定并指导实施教育发展战略、总体规划、计划和政策；颁布并组织实施有关教育的法律文件，颁布学校章程、教育机构标准、教育机构组织和运作条例、学生家长代表委员会章程，规范校内外的教学和教育活动，规定学习培训成果考核标准，规定对学习者的奖惩制度；规定教师和教育行政人员的职称标准、工作制度，规定就业职位框架清单和在教育机构工作的人数标准，规定教育机构负责人和副负责人的标准，规定省、市人民委员会所属专业教育机构负责人正副主任职务标准，规定教师专业标准，颁布教师和教育机构行为守则，颁布教师招聘条件、标准和形式的规定；规定教育目标、课程及内容，规定国家教师资格框架和标准，规定学校设施、图书馆和设备的使用标准和规范，发布教材、教科书的编写和使用规则，负责考试、招生、联合培养和学历证书管理，确认外国教育机构颁发的在越南使用的文凭；负责制定教育质量评估条例，组织管理教育质量保障和教育质量认证工作；开展统计工作，提供有关教育组织和活动的信息；组织、协调教育管理机

[1] Quốc hội. Luật Tổ chức Chính phủ[R]. Hà Nội: Quốc hội, 2015. （这是越南国会在2015年审议通过的《政府组织法》，审议通过时间是2015年6月19日。）

构，使之形成合力；组织和指导培训和再培训，管理教师和教育行政人员；调动、管理和使用资源，发展教育事业；组织和管理教育领域的科学技术研究和应用；组织和管理国际教育合作和对外投资；检查和审核教育法的落实情况，受理投诉和控告，实施奖惩。

2021年7月，越南第十五届国会第一次会议在河内国会大厦召开。会议审议通过了新一届政府的组织机构，由18个部和4个部级机构组成。其中，18个部包括：国防部，公安部，外交部，内政部，司法部，计划投资部，财政部，工贸部，农业和农村发展部，交通运输部，建设部，自然资源和环境部，通信传媒部，劳动、荣军和社会事务部，文化体育和旅游部，科学技术部，教育和培训部，卫生部。4个部级机构包括：民族委员会、国家银行、政府监察总署、政府办公厅。在18个部中，主管教育的部门是教育和培训部及劳动、荣军和社会事务部。教育和培训部对中央政府负责，对学前教育、基础教育、高等教育、师范中级教育、师范学院（大专）和成人（终身）教育进行管理。劳动、荣军和社会事务部对中央政府负责，对除师范中级教育、师范学院（大专）以外的职业教育进行管理。各部和部级机构在其任务和权限范围内，必须与教育和培训部以及劳动、荣军和社会事务部协调执行国家对教育的管理。涉及教育领域管理工作的各部或部级机构的主要职责是：研究和预判所管理的行业、领域的人力资源需求，制定人力资源培训计划，将信息技术应用在各行业、各领域的人力资源管理工作中；落实教育社会化政策，调动合法资源，鼓励组织、个人和企业参与所属部门或领域的人力资源培训工作；按规定完成统计工作，定期或非定期地报告部级直属教育机构相关教育质量保障活动和情况。[1]

---

[1] Chính phủ. Nghị định quy định trách nhiệm quản lý nhà nước về giáo dục[R]. Hà Nội: Chính phủ, 2018.（这是越南政府在2018年9月21日颁发的《国家对教育管理的责任规定》。）

二、教育和培训部对教育的管理

1945 年越南民主共和国建立之初，越南就成立了教育部。1946 年，越南民主共和国第一届国会第一次会议选举武廷槐为第一任教育部部长。受抗法抗美战争的影响，越南教育部被迫疏散，从河内迁往河东、富寿、宣光等省的安全区。1951 年 7 月，越南教育工会成立。1975 年越南统一后，中央儿童保护和照顾委员会于 1987 年并入教育部。1988 年，职业技术教育总局并入专业中学和大学部，成立了技术、中学和大学部。1990 年，越南政府决定在教育部及技术、中学和大学部的基础上成立教育和培训部，由其统一管理从学前教育到高等教育的国家教育事业。自 2016 年 1 月 1 日起，由劳动、荣军和社会事务部负责政府对国家职业教育管理的所有责任，具体负责管理的单位是其下属的职业教育总局。

教育和培训部作为越南政府的一个重要部级机构，主要对教育目标、教育计划、教育内容，考试制度、学生录取、文凭和证书，教科书、教程、教学资料，教师队伍和教育管理干部队伍的管理与培训，学校基础设施和设备，教育质量的保障和鉴定，越南语和少数民族语言的使用，管辖范围内的公共事业服务，学前教育、基础教育、中级师范教育、高等师范教育（大专）、大学教育及其成人（终身）教育行使国家管理职能。

教育和培训部下设 20 个司（局）和 3 个直属事业单位。20 个司（局）分别是：学前教育司、小学教育司、中学教育司、高等教育司、体质教育司、民族教育司、成人（终身）教育司、国防和安全教育司、政治和学生工作教育司、干部组织司、计划和财政司、基础设施司、科学—技术和环境司、法务司、办公室、监察局、质量管理局、教师和教育干部管理局、信息技术局、国际合作局。3 个直属事业单位分别是：越南教育科学院、教育和时代报社、教育杂志社。

教育和培训部的职权范围是：制定并提交中央政府教育发展战略，规划高等教育机构和教师培训机构网络；颁布学前教育、普通教育和成人（终身）教育计划，制定高等教育培训课程标准，颁布中级师范、大专师范、本科、硕士、博士学位等教育培训名单，制定培训和联合培训的制度；对用于学前教育、基础教育和成人（终身）教育等教育机构的学习资料、教科书、讲义的编写以及评阅、审定、选择工作进行规定和引导，对中级师范学校、高等师范院校（大专）和大学培养计划的制定、评审和颁布等工作做出规定；制定考试规章制度，规范学习者的考试和评估体系，规范国民教育体系中的文凭和证书以及由国外教育机构授予越南学习者的文凭公证事宜，签署与各国、国际组织文凭、学历互认的协议；制定教师和教育行政人员的职称标准与工作制度，制定职位结构框架和教育机构工作人数的标准，制定学前教育、普通教育、成人（终身）教育、中级师范院校、高等师范院校（大专）的校长、副校长职位标准，制定教育和培训厅厅长和副厅长、教育处处长和副处长的职位标准，制定教师专业标准；制定关于学校基础设施、设备、校园卫生的标准和规范，提请上级机关审定并公布学费征收、使用机制和奖学金政策及其他相关学生政策；颁行在越南国民教育体系框架和国家教育层次中的部级管辖范围内的教育机构的国家标准，制定教育质量的评估标准，制定教育和培训部国家管理范围内各级教育培训机构的教育质量的检查规程和周期；颁发教育和培训部管理范围内的幼儿园、小学、初中、高中、成人（终身）教育、特殊教育学校、中级师范、高等师范（大专）学校等教育机构组织运行章程，规范校内外的教学和教育活动；管理和指导教育社会化政策的实施；组织统计工作，建立国家教育数据平台，实现信息技术在教育部门管理中的应用。

越南教育和培训部的具体职责分为以下若干方面。

在立法和法制建设方面，根据年度立法规划和制度，向政府提交国会法律、决议预案，向国会常务委员会提交法令、决议草案；向政府提交政府和总理指定的决议、项目和计划；对机关、组织、国会代表提交的国会、国会常务委员会与部属领域相关的法律、法令提出建议；提请政府决定组织实施宪法、法律、国会决议、国会常务委员会法令和决议、国家主席命令和决定；向政府总理提交决定、指示和其他各类文件的草案；颁布部属管辖范围内的文件通知，并指导、检查文件的执行情况；协同最高人民法院院长、最高人民检察院检察长颁布部属管辖范围内的诉讼与执法程序的通知；指导和组织实施部属国家管理范围内的法律宣传、传播和教育工作；审查各部委、省人民委员会颁布的部属国家管理范围内的有关法律文件，若发现上述机关的法律文件与部属国家管理范围内的法律文件相悖，建议按照律法处理。

在战略规划方面，提交教育发展战略、总体规划、长期及中期和年度发展计划、国家行动计划以及国家重大项目；公布并组织指导教育发展战略、总体规划的实施；为教育的发展和培训以及建设学习型社会制定调动社会资源的机制和政策；提交政府审议和决定高等教育与师范教育机构网络总体规划；规划残疾人教育机构体系和扶持全纳教育发展中心体系。

在制定教育目标、教育计划和确定教育内容方面，指导和组织实施教育和培训部管理范围内适合国民教育体系中各学历层次的教育目标；颁布学前教育计划、普通教育计划，制定编写和修订学前教育、普通教育课程的标准和程序；颁布高等师范教育（大专）和本科教育的培养计划，公布大学教育培养专业统计名录；制定成人（终身）教育计划；颁行大学预科培训大纲。

在越南语和少数民族语言管理方面，协同有关部委制定关于发展和保护越南语和少数民族语言的政策法规，并提交政府审批；指导外国公民和海外越南人学习越南语。

在教科书、教程和教学资料管理方面，规定学前教育机构使用的玩具和学习材料的标准；制定普通教育教科书的编写和修订标准及程序；规定普通教育机构的教材选择；规定成人（终身教育）教育的教科书、教程和教学资料；制定高等师范教育（大专）和本科教育教学资料的编写、选择、审定和使用标准。

在考试、招生、培训、考查和文凭、证书认定方面，提请政府颁布部属管理范围内的高等教育文凭、同等学力的特殊培训行业水平证书制度；规定部属管理范围内国民教育系统中的考试、考查、招生、培训、联合培训、文凭和证书的管理工作；制定外国教育机构在越南颁发文凭的规定。

在教师和教育管理人员方面，制定教师和教育行政人员的职称标准、工作制度、职位结构和工作人数标准；规定学前教育、普通教育、成人（终身）教育机构和师范学院（大专）院长和副院长的标准；颁布教师职业标准，根据教师、教员和教育部门工作人员的职称标准制定培训计划，颁布教师和教育机构的行为准则；提请政府总理制定教授、副教授职务任免标准及程序；颁布或提请主管机关颁布教师政策，管理和指导教育和培训部管理范围内关于教师和教育行政人员的培训、再培训和薪酬政策的实施。

在学习者管理方面，提交政府有关教育和培训部管理范围内的学习者政策；协同财政部门制定学生信贷优惠政策，并报请主管部门审批；规定校内外教学及教育活动，制定学习培训成果评估、考核标准，制定对学生的奖惩制度。

在学校设施设备管理方面，协同有关部门依法颁布学校设施、图书馆和设备的使用标准和规范；规定专用仪器设备的使用标准和规范，以及教育和培训部管理范围内的工程专用区域的使用标准和规范。

在财政预算管理方面，制定教育和培训部三年的国家预算、年度预算、财务计划，以及部门年度预算的详细分配计划；根据法律规定和政府的权力下放，对其管理的公共财产行使代表权利和义务；配合财政部制定教育培训领域预算支出制度、标准和规范；配合财政部及相关部委编制国家财政预算、年度中央预算分配方案、五年财政计划、三年国家财政预算计划、教育与培训领域的年度结算；检查和监督教育与培训领域预算的执行情况。

在资产管理方面，根据公共财产管理和使用法，在教育和培训部管理范围内或权力下放范围内颁布和指导公共财产使用标准、规范和制度；根据管理权力下放，指导、制定、评估及颁布教育和培训领域的经济技术规范；指导教育培训领域适用的教育培训服务定价办法；公开和执行法律规定的其管理范围内的公共资产管理和使用情况报告制度；根据公共投资法，制定该部的中期和年度公共投资计划，提出投资倡议，决定投资项目；依法管理和实施部属国家管理的公共投资项目；审查、评估和监督该部管理的计划、方案和项目的实施，并执行由政府或总理指定、授予的其他任务和权限；按规定报告公共投资资金的使用情况和项目的支出、结算情况。

在公共投资管理方面，提出投资清单、政策，批准由官方发展的援助资助、资助者优惠贷款的方案和项目的投资决定，以及各个机关、组织和外国公民依法投资给越南的不属于正式发展援助的无偿援助的资金来源的决定；监督和监察管理实施情况；履行有关资金的主管职能；审定部属管理范围内的计划、项目和方案的可行性研究报告。

在教育质量保障方面，颁布高等教育机构标准、高等教育培训课程标准；规定高等师范教育（大专）和本科教育专业开办、停办的条件和程序；规定大专（高等师范教育）、本科、硕士、博士的招生名额；指导教育与培训机构的教育质量保证工作。

在教育质量评估方面，制定教育质量评价标准、管理范围内各层次教育和培训的教育质量认证过程和周期，制定开展教育质量认证的组织和个人的认证原则、条件和标准；颁发和撤销教育质量认证证书；提请政府并按照政府决议制定、实施关于教育质量认证机构的设立、运行、停止和解散的条件和程序；规定经许可在越办学的外国教育机构的质量认证条件和程序；管理培训项目的认证和认证教育机构；指导组织、个人和教育机构对教育质量进行评估和认证；检查和评估教育质量认证条例的执行情况。

在教育和培训机构管理方面，颁布教育和培训部管理范围内的幼儿园、小学、初中、高中、成人（终身）教育、特殊学校、师范院校（大专）组织和运营的规章制度；提请政府制定教育机构设立、运行、停止、合并、分立、分离、解散的条件、程序和权限，高等教育（大学）机构设立分支机构的条件、程序和权限，管理高等教育（大学）机构的命名、更名，以及负责将各实体大学纳入大学集团，并设为大学集团教育单位下属的实体大学，整合各实体大学为大学集团，将私立高等教育（大学）机构转变为非营利性高等教育（大学）机构；对政府总理根据《科学和技术法》成立的院、大学、大学分校及依其他法律成立的教育机构的教育活动进行批准、停止管理。

在国际合作方面，提请政府制定加强和扩大与国外和国际组织关系的方针和措施；根据国家主管部门的授权组织谈判和签署国际条约，组织实施越南为缔约国的国际合作计划和条约；参加政府指派的国际组织；提请政府颁布教育领域对外合作与投资条例；管理和指导教育和培训部管理范围内的教育机构在教学、培训、基础设施建设、科学研究和技术转让等方面的国际合作；颁布或提请主管机关颁布关于在越南的外资教育机构的管理规定；颁布教育和培训部管理范围内教育机构中的来越留学人员管理条例；对越南公民在教育和培训部管理范围内的出国留学、教学、科学研究和学术交流实施管理。

在科学和技术发展以及环境保护方面，制定或提请上级主管机关制定有关教育机构科技活动和环境保护教育的规定；组织实施科技创新、教育和环境保护工作，依法有效管理和使用教育培训领域的科技资源。

在教育领域的比赛、奖项管理方面，制定教育领域比赛、竞赛表彰条例；提请政府制定授予人民教师、优秀教师称号的规定；组织开展教育领域的各种竞赛评比活动。

在公共服务方面，依法管理教育培训领域的服务价格；指导实施政策和法律，支持各个组织在部属机关管理范围内开展公共服务活动。

在统计工作和数据平台建设方面，组织和指导教育统计工作，收集、汇总、分析、管理、存储和发布教育统计信息，制定并颁布教育统计指标体系和统计报告制度；建立教育部门的数据库，依法共享数据。

在教育领域的信息技术应用和数字化转型方面，依法颁布在教育培训领域信息技术应用和数字化转型的法规、机制和政策；指导教育培训领域信息化应用和数字化转型的实施、监督和评估。

在检查和清查工作方面，检查教育和培训部教育管理范围内的政策和法律的执行情况；检查各部、部级机构、政府下属机构和各级人民委员会在教育和培训部管理范围内的法律、政策执行情况；处理教育和培训部管理范围内的相关组织和个人的投诉、检举、建议和意见，依照法律规定组织接待公民；负责依法处理教育行政违法行为。

三、劳动、荣军和社会事务部对教育的管理

劳动、荣军和社会事务部是越南社会主义共和国中央政府的一个机构，在劳动、工资、就业、职业教育、社会保险、劳动安全与卫生、革命有功之人、社会保障、儿童、性别平等、全国预防和打击社会弊病等领域履行国家管理职能，以及在所属管辖范围内履行对公共事业的管理职责。

对于教育领域而言，劳动、荣军和社会事务部主要负责针对职业教育进行管理，其主要的职责是：负责与有关部委、部门协调，指导、组织实施与职业教育相关的法律法规，制定和颁布发展职业教育事业的战略、规划、计划及政策，并组织落实和定期监察、检查；制定职业教育的培养目标，颁布大专、中级院校（中职中专）和职业教育中心章程，制定高质量培训计划的标准和公办职业教育机构分类的具体标准，颁行大专、中级院

校（中职中专）的专业目录；规定职业教育者的专业标准，管理和组织教授常规培训课程的教师和职业教育管理人员的培训和再培训，管理和组织职业教育质量认证；制定职业教育招生章程、考试考查规则，制定职业教育文凭、培训证书及海外职业培训资格毕业生适用的同等学力证书管理规定，指导制定国家职业技能标准，制定颁布国家职业技能证书的规定；制定职业教育机构的物质基础及设备标准；依法批准、决定大专院校设立、分立、分离、合并或解散，以及社会组织代表处和外国驻越职业教育机构的设立；合法管理和使用一切资源来发展职业教育，组织管理科研和职业培训的各项活动，主导并协同国防部、公安部、教育和培训部制定并组织实施职业教育机构国防安全教育课程和内容；开展职业教育国际合作，依法批准、决定外国驻越职业教育机构的设立；依法处理违反职业教育法律及与职业教育相关的违法行为。[1]

第二节 地方教育行政

一、省（市）人民委员会对教育的管理

省（市）人民委员会在其管理范围内对教育领域管理的主要职责包括以下几点。一是向上提请制定当地的教育发展战略、计划、政策，学费征收标准，公务员和公职人员编制，公立教育机构等总体规划。二是采纳建议，同意设立师范学院（大专）及其分校、高等教育机构（大学）及其分

---

[1] Chính phủ. Nghị định quy định chức năng, nhiệm vụ, quyền hạn và cơ cấu tổ chức của Bộ Lao động-Thương binh và Xã hội[R]. Hà Nội: Chính phủ, 2022.（这是一份越南政府 2022 年 9 月 12 日签发的文件，文件名为《劳动、荣军和社会部及其所属机构的职能、任务和权限》。）

校；颁发外商投资高等教育机构（大学）登记证书；颁发投资证书，审批私立高等教育机构（大学）建设规划和总体设计。三是依照法律法规招录、聘任及选派在读生到国民教育体系中的教育机构工作。四是依法管理省（市）属公立大学和私立大学。五是根据当地教育发展战略和规划，为教育机构划拨足够的土地，依法妥善、足额地拨付地方教育经费，落实教育社会化政策，逐步普及教育、扫除文盲，调动一切合法资源发展地方教育，构建本地学习型社会。六是指导所属教育机构公务员、公职人员及劳动者队伍的任用、考核、培训、培养及政策落实。七是贯彻执行国家和地方的方针政策，确保管理范围内教育机构的自主权、办学问责制的落实和教育质量；定期将管理辖区内的教师和教育行政人员队伍的信息更新到国家教育数据库中。

省（市）人民委员会主席在其管理范围内对教育领域管理的其他职责包括以下几点。一是依法批准公立、民办教育机构的设立、合并、分离、解散、更名，批准公立、民办教育机构变更其学校类型。二是按规定对外商投资的学前教育机构和基础教育机构准予设立、解散或终止运营。三是具有对校务委员会设立，公认、任免校务委员会主席，增补、更换校务委员会成员的决定权，具有对中级师范院校、高等师范院校（大专）、省（市）教育行政干部培训学校和省（市）直属公立学校校长、副校长进行任免、调动、奖惩的决定权。四是依法有权承认或不承认本地区民办教育机构的董事会、董事会主席和校长。五是依法有权决定教育和培训厅厅长、副厅长的任免、调动、表彰和处分。六是决定或报请主管部门决定，对为本地区教育发展事业做出重大贡献的组织和个人给予奖励。七是对其管理的教育机构行使行政检查权，指导省（市）教育和培训厅、县级人民委员会对其管理的教育机构进行行政检查。八是依法处理管理范围内的教育机构的投诉、检举问题，并对违法教育行为进行处理。

二、省（市）教育和培训厅对教育的管理

省（市）教育和培训厅的主要职责包括以下若干点。一是根据国家发展需求以及相关规定，向省（市）人民委员会提请参与制定符合本地区教育事业和地方经济社会发展战略规划的决定、计划、方案、项目及政策，组织并践行国家行政改革任务，促进当地教育事业的发展，促进学生就业分流，引导学生就业。二是在管理职权范围内，提请省（市）人民委员对县级人民委员会和教育培训厅进行分级、授权，要求其执行相关任务；规定教育和培训厅及其组织架构下各单位的职责、任务、权限和组织结构。三是依法制定省（市）公立教育机构学费标准（学年）；有权决定省（市）教育管理机关的公务员编制，批示公立教育机构的在职人员总数。四是提请省（市）人民委员会主席决定相关教育机构的设立、撤销、合并、分立、解散、更名及类型变更，校务委员会、校务委员会主席、校务委员会成员、董事会、董事会主席、校长、副校长的任免、调动、奖惩等。五是报请对于地方教育活动中有突出贡献的组织和个人进行奖励。六是指导、宣传、普及和履行各类有关教育的法律规范，开展普及教育，扫除文盲，指导教育和培训部门及其管理的教育机构的招生、考试、颁发和吊销学历证书、师生管理及教育质量认证工作。七是按规定对县级中心继续教育项目的落实进行专业管理。八是有权决定允许在高中、以高中为最高层级的学校、省（市）少数民族寄宿制高中、有初中层次的县级少数民族寄宿制高中、外语和信息中心（大学、高等院校下设的外语和信息中心除外）、外商投资教育机构（高等教育机构和外商投资的在越高等教育机构分支机构除外）开展及停止教育活动；按照规定颁发、终止和吊销中级师范教育活动登记证；核发、吊销经营许可登记证，依法停止在本地区开展留学咨询服务机构的经营活动。九是主持拟定教育和培训厅及其所属教育机构年度编制计划，对于省（市）人民委员会管理的各教育机构的公务员、公职人员

和职工，负责其招聘、录用、考核、培训、进修和政策落实等工作。十是向省（市）人民委员会提请协同财政厅、计划投资厅制定权限范围内的教育财政预算，决定其所属教育机构预算拨付事项。十一是指导和调动各类资源力量发展教育，确保直属教育机构的自主权和权责自负；依法管理按规交付的财务、资产和基础设施。十二是依法检查、审查、受理投诉，以及依法处理违法行为。

三、县及以下行政管理部门对教育的管理

县级人民委员会在教育方面的管理职责包括以下几点。一是向县级人大委员会提出符合地区教育发展战略和地方经济社会发展的学前、小学和初中教育的发展规划、方案和项目，并组织执行教育方面的法律文件。二是结合当地实际情况，部署和规划当地的学前、小学和初中教育机构。三是根据政府规定、教育和培训部的指导，明确教育和培训局的职能、任务和权限，指导和检查教育机构的工作，开展普及教育、扫除文盲。四是确保教育管理公务员配备充足，保证就业人数充足，保证教育质量，对教育活动和教育质量负责，指导公务员、公职人员、劳动者和学习者队伍的选拔、任用、测评、培训，将其管理范围内的教师队伍和教育行政人员队伍的信息，及时更新到国家教育数据库中。五是确保财务、资产、设施和土地资金状况均符合规定，落实社会化教育政策，调动资源以发展教育，确保各教育机构有自主权。六是指导开展教育领域内的定期统计、信息与汇报工作，在县级人民委员会权限内依法检查教育机构遵守法律的情况。

县级人民委员会主席在教育方面的管理职责包括以下几点。一是依照法律法规，有权对包括托儿所、幼儿园、学前班、小学、多年级的初中、少数民族半寄宿制高中、社会学习中心等公立、民办、私人教育机构以及

县级人民委员会所管辖的其他教育机构做出准许设立、撤销、合并、分立、解散、更名或者变更学校类别的决定。二是有权对教育和培训局正、副局长进行任免、调动、表彰和奖惩，有权设立公立、民办和私立教育机构的校理事会和董事会，有权对校理事会主席、校理事会成员、董事长、副董事长、校长和副校长进行公示、任免、增补、调动、更换工作岗位和奖惩，有权招聘或授权招聘教育职员。三是有权报请上级主管部门决定对为本地区教育发展事业做出重大贡献的组织和个人给予奖励。四是根据法律规定，对管理范围内的教育机构进行清查，处理投诉、检举问题，并对违法教育行为进行处理。

地方教育和培训局的职责包括以下几点。一是向县级人民委员会提出符合本地教育发展战略和地方经济社会发展的学前、小学和初中教育发展的规划、方案、项目。二是根据教育和培训厅与当地政府的指导，明确地方教育和培训局的职能、任务和权限。三是提请县级人民委员会主席依法在权限范围内审定教育机构的设立、合并、分立、解散、更名，和内部管理组织的设立与主要负责人的人事任免、调动和奖惩，以及对在本地区教育实践中取得优异成绩的组织和个人进行表彰。四是指导、组织开展、检查专业业务；招生、考试、学历证书颁发；管理教师和学生；负责开展教育活动，普及教育、扫除文盲，保证教育质量。五是有权批准或暂停县级少数民族寄宿制高中开展的教育活动。六是制定教育和培训局、公立教育机构在岗人数的年度计划，报主管部门批准。指导和检查县级人民委员会管理下各教育机构的公务员、机关人员和从业者的工作、考核、培训、进修和政策落实情况。七是制定教育领域的财政年度预算方案，报请财政计划局审核，提交县人民委员会主席批准，并传达至县级人民委员会所辖范围内的各教育机构；按照规定配合财政计划局指导、检查全县教育机构国家预算和其他合法财源的拨付和使用情况。

乡（镇）人民委员会在教育方面的管理职责包括以下几点。一是制定当地教育发展规划，并报请乡（镇）人民委员会批准，经批准后组织实施。二是依据县人民委员会规定，投资或参与投资建设相关的教育机构，对地区教育机构用地进行规划。三是配合教育和培训局管理职权范围内的教育机构，管理公共学习中心；调动资源发展当地教育，营造健康教育环境，动员群众关注教育，配合学校关注子女教育，践行新文化生活方式，保护和尊重历史遗迹、风景名胜、文化设施以及学生学习和娱乐设施。四是对当地幼儿团体、独立幼儿园的教育质量及儿童照管情况进行检查。

乡（镇）人民委员会主席在教育方面的管理职责包括以下几点。一是有权按照法律规定决定幼儿团体及独立幼儿园的成立、合并、分立、解散或终止其教育活动。二是指导当地教育机构做好入学适龄人口登记工作，调动一切社会资源确保普及教育、扫除文盲，为每一个人的终身学习创造条件。三是按照县人民委员会、教育和培训局的要求，在其职责范围内，对教育领域的工作进行定期统计与汇报。四是依法对其职权范围内的违法违规教育行为进行处理。

四、教育机构的自我管理

越南《教育法》规定了理事会是学校的自我管理机构。公立教育机构理事会的组成包括：党委书记、校长、工会主席、胡志明共产主义青年团书记、专业小组代表、地方机关代表、社会团体代表、学生家长委员会、学生代表。民办学前教育机构理事会的组成包括：居民社区代表、乡政府代表和捐助建设、维护学校运作的人员。私立教育机构学校理事会的组成包括：国内投资者代表、国外投资者代表、由投资者会议根据投资占比选出的校内外成员。非营利性私立教育机构理事会的组成包括：投资者会议根据投资占比选出的投资者代表、学校的校内外成员。其中，校内成员包括党委书记、校长、工会主席、胡志明共产主义青年团执行委员会代表（学校的学生，若有）、教职工代表大会选举产生的教职工代表；校外成员包括主管部门领导、教育家、企业家或由全体会议选举产生的毕业生代表。

此外，学校还设置咨询委员会、党组织、社会团体、社会组织，这些组织在宪法和法律规定的范围内对学校的教育工作进行管理和监督。

总体上，越南的各级各类学校应履行以下职责：一是公布教育目标、教育计划、教育质量的保障条件、教育质量评价和认证结果，公布学校的文凭和证书制度；二是在职权范围内组织招生、教育、科研、培训和科研成果转移，认定或颁发相关文凭、证书；三是主动提出需求，参与公立学校师资招聘，管理学习者；四是依法调动、管理和使用资源，建设标准化、现代化的基础设施、设备；五是在教育活动中与家庭、组织、个人相互配合，组织教师、员工和学生参与社会活动，服务社区。

此外，对于公立学校而言，教育机构应遵守学校的民主制度，对社会、学习者和管理机构负责，确保学习者、家庭和社会参与学校管理。而非公立学校自主负责学校发展规划和计划，组织教育活动，建设和发展教师队伍，调动、使用和管理一切社会资源以实现教育目标。

第十二章 中越教育交流

第一节 教育交流历史

中越两国是山水相连的社会主义友好邻邦。在教育领域，双方的交流与合作的历史源远流长。1950 年 1 月 18 日，中华人民共和国与越南民主共和国（1976 年"两越统一"后更名为越南社会主义共和国）正式建立外交关系。建交以来，两国教育主管部门克服重重困难，取得了一系列重要的交流成果。特别是进入 21 世纪以来，两国在教育领域合作形式愈发多样，内容更加丰富，项目推进顺利，成绩较为显著。

一、20 世纪 50—60 年代

中国是世界上第一个承认越南并建立外交关系的国家，越中传统友谊由两党两国老一辈领导人亲手缔造和精心培育，历经 70 年风雨，已经成为两国人民共同的宝贵财富。[1] 20 世纪 60 年代，两国开始缔结起"越中友谊深，同志加兄弟"的良好传统友谊，中越间的教育交流更离不开两党两国

---

[1] 中华人民共和国驻越南社会主义共和国大使馆. 熊波大使出席庆祝中越建交七十周年友好会见活动 [EB/OL].（2020-01-16）[2022-11-16]. http://vn.china-embassy.gov.cn/sgxw/202001/t20200116_1703338.htm.

老一辈领导人的重视和关心。

中越两国现代教育交流始于 20 世纪 50 年代初。彼时，中华人民共和国刚刚成立，百废待兴；而越南民主共和国则处于抗法救国时期，正经历着极为艰难和激烈的军事斗争。在这样艰苦的条件下，中越两国教育合作仍然取得了令人可喜的成绩。在双方的共同努力下，先后培养了近万名越南来华留学生。这些学子学成归国后，不仅成为越南抗法、抗美救国以及社会主义经济建设的骨干，而且还作为中越友谊的历史见证者、现实促进者，成为助推和维系两国"同志加兄弟"关系发展的重要力量。从长远来看，在双方教育交流与合作领域，两国领导人给出了极富前瞻性、同时又颇具时代特色性的重视。

中央档案馆（国家档案局）和广西壮族自治区档案馆所藏文献明确记载了这段尘封的历史。1950 年，印度支那共产党[1] 主席、越南国家主席胡志明向中共中央主席、中央人民政府主席毛泽东等中国党和国家领导人提出在广西开办越南学校的请求。1951 年 5—9 月，应胡志明主席的请求，经毛泽东主席同意，刘少奇、陈云等中央领导同志批示同意越南在广西创办革命干部学校，并在批示中同意所建学校由中国帮助、用越文教学，经费由中方筹措解决。在中国党和政府及地方有关部门的支持配合下，越南学校校址、经费、管理人员等具体事项很快得到落实。

1951 年 10 月，越南中央学舍，即中国广西南宁育才学校，在广西邕宁县心圩镇（今南宁市西乡塘区心圩街道）成立。当时的南宁育才学校由五所学校组成，搭建起从小学、普通中学到中级师范学校、高级师范学校及中文学校的一体化完整教学体系。尽管这所学校于 1958 年 8 月停止办学，但在 7 年时间里，先后为越南培养了 4 000 多名干部和教员以及 3 000 多

---

[1] 1930 年 2 月 3 日，越南共产党成立。同年 10 月，越南共产党第一次中央全会把党的名称改为印度支那共产党。1951 年，印度支那共产党二大决定把党的名称改为越南劳动党。1976 年，越南劳动党四大决定把越南劳动党改为越南共产党，并沿用至今。

名学生。除南宁育才学校外，同一时期还有桂林育才学校（越南少年学生军学校搬迁到桂林，称为广西南宁育才学校桂林分校，亦称广西桂林育才学校，今桂林三中）。1953 年，中国政府又拨款为南宁育才学校新建校舍。1954 年 5 月建成后，桂林育才学校的中、高年级学生也搬迁到新校址，并入南宁育才学校。除南宁育才学校和桂林育才学校外，中方还于 1953 年 5 月在越南援建了一所少年儿童学校，后来搬迁至中国江西省庐山。1953 年 8 月，学校正式组建成立，时称江西庐山育才学校。在自然与气候方面，庐山与桂林、南宁存在一定差异，特别是冬天气温不高，在学习和生活上给常年生活在亚热带地区的越南学生带来一定困难。因此，1954 年 4 月，庐山育才学校迁往桂林甲山，在原越南少年学生军学校曾用过的校址上办学，直至 1957 年 2 月迁回越南，原少年学生军学校部分低年级学生同步并入，越南方面称其为庐山—桂林少年儿童学校，中国仍然称之为桂林育才学校。

在隶属及管理上，南宁育才学校和桂林育才学校由越南教育部主管，以越方为主，中方配合。1955 年以前，两所学校的一切经费开支由中方承担；1956 年后，除学校基本建设和大型设备的采购由中方承担外，两校教员的工资、行政开支、伙食费等则由越方承担。在教学方面，学校完全执行和贯彻越南的学制、课程、教材、教学大纲。作为东道国和驻地国，中方不仅负责学校用地和建设，还从北京、上海、天津、广西等地，选派了数十名具有较高思想觉悟和专业水平的工作人员，担任学校顾问并组织汉语教学，同时还配备有 100 多人的警卫连和后勤服务人员。[1] 当时的中国，在自己尚不富足的情况下，仍以实际行动支援越南革命运动，书写了中越友好交往永载史册的壮美教育篇章。此外，中国政府还在 1953—1958 年，在广西师范学院（1983 年改为广西师范大学）开办了专门培养越南青年人才的中国语言专修班。

---

[1] 农立夫. 中国与越南现代教育合作回顾与展望[J]. 学术论坛，2012，35（2）：206-210.

中越在这一时期的联合办学，为越南在政治、经济、外交、军事、教育等方面的发展培养了一批优秀人才，他们中的许多人在学成归国后，逐渐走上了重要岗位，成为越南党和国家以及有关部门的领导，其中就包括：武宽（曾任越南政府副总理）、陈庭欢（曾任越共中央政治局委员、书记处书记、中央组织部部长）、武卯（曾任越南国会对外委员会主任）、范国英（曾任越南国家主席助理）、段孟蛟（曾任越南政府办公厅主任）。曾任越共中央政治局委员、越南政府副总理兼教育和培训部部长、越南祖国阵线中央委员会主席、胡志明市市委书记的阮善仁，也曾在桂林阮文追少年军校读书。[1]

二、20 世纪 60 年代末至 90 年代初

1967—1975 年，越南诸多学校陆续迁至中国广西桂林继续办学，如阮文追少年军校、越南南方学生教育区阮文贝学校、民族学校和武氏六学校。因越南国庆是 9 月 2 日，所以越南在桂林的这些学校后来通称为"九二"学校。而在越南，河内综合大学（现为河内国家大学人文社科大学）也为中国培养了诸多越南语人才，不仅为中国越南语专业的学科建设、教学发展和人才培养奠定了重要基础，也为中越关系的进一步发展做出了积极贡献。同时，北京大学、中国人民大学、清华大学、武汉大学、中山大学、南京大学等中国多所高等学府，也为越南培养了大批优秀的留学生，这些学生毕业回国后为越南的全面解放、祖国的统一和经济建设等做出了重要贡献。

值得一提的是，早在 1942 年 7 月，在云南昆明的呈贡县水月庵（今呈

---

[1] 资料来源于中华人民共和国外交部档案资料和广西壮族自治区档案馆资料。

贡区斗南村），就成立了国立东方语专科院校（简称"东方语专"）。东方语专下设四个语科，包括印度语科（今印地语专业）、越南语科、暹罗语科（今泰国语专业）和缅甸语科。东方语专于 1949 年 8 月迁到北平（今北京），成为今北京大学东语系的一部分。20 世纪 60 年代初到 70 年代中期，中国开设越南语专业的学校迅速增多，主要有北京外国语学院（今北京外国语大学）、北京对外贸易学院（今对外经济贸易大学）、中国人民解放军洛阳外国语学院（今中国人民解放军战略支援部队信息工程大学）、广州外国语学院（今广东外语外贸大学）、广西民族学院（今广西民族大学）、云南民族学院（今云南民族大学）等。

20 世纪 70 年代末到 90 年代初，因为中越关系处于非正常的对立状态，两国之间的教育合作被迫中断。

三、20 世纪 90 年代初至 2000 年

1990 年 9 月，中共中央总书记江泽民、国务院总理李鹏同越共中央总书记阮文灵、越南部长会议主席杜梅、越共中央顾问范文同在成都举行秘密会晤，这成为中越关系正常化的转折点。1991 年 11 月，越共中央总书记杜梅和越南部长会议主席武文杰正式访华，双方宣布关系实现正常化。中越教育交流与合作的形式也日趋多样化，双方开始恢复互派留学生。

这一时期，两国教育领域开启了密切的高层互访活动。1993 年 2 月 2 日，中国国家教委副主任滕藤与越南教育和培训部部长陈红军签署了《中越教育交流与合作会谈纪要》；2 月 3 日，中国国务委员兼国家教委主任李铁映在北京会见了由越南教育和培训部部长陈红军率领的越南教育代表团一行；12 月 6—12 日，中国国家教委副主任张天保率团访越，并签订了《中越教育交流合作备忘录》，确定了中越两国 1994—1996 年教育合作计划。

1996 年 9 月 21—27 日，中国国家教委主任朱开轩率中国教育代表团一行 6 人访问越南，双方签订了《1997—2000 年中越教育交流协议》。1998 年 9 月 15—24 日，越南教育和培训部副部长武玉海率越南教育代表团访华，中国教育部副部长韦钰在北京会见了越南代表团成员；9 月 17—25 日，中国国家教委中国汉语水平考试（HSK）监考组访问越南，并首次在越南组织开展了中国汉语水平考试。2000 年 4 月 18—26 日，越南教育和培训部部长阮明显率团访华，同中国教育部部长陈至立在北京签署了《2001—2004 年中越教育交流与合作备忘录》。[1]

从两国校际合作来看，中越不断开展新模式、新路径探索。1992 年，广西民族学院以民间交流的方式派代表团赴越进行访问，与河内外语师范大学（今河内国家大学所属外国语大学）就教育合作进行洽谈，并达成了互派教师和留学生的合作协议。1993 年，河内外语师范大学的 40 名学生，赴广西民族学院进行了为期一年的学习。与此同时，广西民族学院也选派越南语专业同学及汉语教师赴越留学和任教。

四、2001—2010 年

进入 21 世纪以来，中越教育合作在两国各自推进改革开放和革新开放、社会主义市场经济蓬勃发展的基础上得到进一步完善，合作内容更加丰富、形式愈发多样。根据中国驻越南大使馆越南留学服务网的汇编资料，可以将 2001—2010 年中越高层教育合作的大事件及相关协议整理如下。

2001 年 11 月 12—23 日，越南教育和培训部副部长阮文旺率 6 人代表团访问中国昆明、成都与北京等地。2002 年 5 月 20 日，越南政府副总理阮

---

[1] 资料来源于越南留学服务网。

功丹在河内会见了由中国教育部副部长张天保率领的中国教育代表团，越南教育和培训部副部长陈文戎参加会见。2003年3月21日—4月4日，越南教育和培训部副部长邓黄梅率团访华；同年11月10—17日，越南教育和培训部副部长兼胡志明市国家大学校长阮晋发率团访华。2004年4月28日—5月7日，胡志明市国家大学校长潘氏鲜率团访华；同年11月2日，越南政府副总理范家谦访问广西民族学院。2005年7月，越南国家主席陈德良访问广西民族学院；同年11月10—15日，中国教育部副部长袁贵仁率团访越，与越南教育和培训部副部长陈文戎在河内签署了《中越2005—2009年教育交流协议》，双方确定在中文教师、教材编写等方面展开合作，并大幅增加奖学金数量。其中，中方向越方提供的奖学金名额从37个增加到130个，越方向中方提供15个进修生名额。2006年6月6—9日，中国教育部副部长章新胜率团访越；同年10月22—24日，清华大学党委书记陈希率团访越。2007年1月8—19日，越南教育和培训部副部长彭进龙率团访华；同年4月16—28日，中国国家留学基金管理委员会副秘书长李建民率中国教育代表团访越，与越南教育和培训部在河内讲武展览中心联合举办了"第四届中国教育展"。2008年7月26日—8月1日，"首届中国—东盟教育交流周"在中国贵阳举办。2009年4月30日，中国国务委员刘延东会见越南副总理兼教育和培训部部长阮善仁；同日，中国教育部部长周济与阮善仁举行会谈，双方签署了《中越关于相互承认高等教育学历和学位的协定》，中方同意在2009—2020年为越南培养1 000名博士；同年5月15日，越南副总理兼教育和培训部部长阮善仁在河内会见了出席"第二届亚欧教育部长会议"的中国教育部副部长郝平，双方就加强中越两国教育领域合作事宜进行了交流。2010年3月27日，"第七届中国教育展暨首届中越大学校长论坛"在河内开幕，共有31所中国知名高校参展，中国国家留学基金管理委员会秘书长刘京辉率团出席；5月14日，越南学校纪念馆在广西师范大学建成开馆，中国教育部党组成员、部长助理吴德刚和越南副总理阮善仁出席开馆仪式，并为纪念馆剪彩；8月3日，由中国外交部、教育部和贵州省政府联合举办的"首届中国—东盟教育部长圆桌会议"在贵阳举行，越南教育和培训部部长范武伦率团参加，中国教育部副部长郝平和范武伦共同主持会议，通过了《中国—东盟教育部长圆桌会议贵阳声明》；8月3日，首批两名汉语教师志愿者到越南河内大学任教；9月11日，广西壮族自治区主席马飚率团访问越南，参加了在河内国家大学人文社科大学举行的广西高校与越南高校签署合作协议暨捐赠电脑、书籍仪式。

第二节 现状、模式与原则

一、教育交流的现状

随着2010年中国—东盟自由贸易区的正式建立、2013年"一带一路"倡议的提出和深化以及两国建设"两廊一圈"的启动，为推动双边关系进一步发展，中越两国签署了一系列重要文件。随着两国间贸易关系取得长足进步，教育交流与合作也更加频繁、愈发紧密，从政府倡导到民间合作交流，双方开展了形式多样的活动。

（一）两国政府教育交流与合作的概况

2011年10月11—15日，越共中央总书记阮富仲对中国进行正式访问，访问期间双方签署了《中华人民共和国教育部与越南社会主义共和国教育和培训部2011—2015年教育交流协议》。2012年9月21日，"首届中国—东盟职业教育联展暨论坛"在南宁举办，中国教育部副部长鲁昕、广西壮族自治区政府副主席李康和越南教育和培训部副部长阮荣显等出席开幕式。2013年10月13—15日，国务院总理李克强访问越南，中越双方签署了《关于合作设立河内大学孔子学院的协议》；同年，中国教育部决定自2014年起，每年提供给河内国家大学人文社科大学10个中国政府奖学金专项名额。2014年12月27日，河内大学孔子学院挂牌成立，中共中央政治局常委、全国政协主席俞正声和越南祖国阵线中央委员会主席阮善仁出席挂牌仪式；同年，越南教育和培训部决定每年给中方提供15个越南政府奖学金名额。2015年9月18日，以"合作培养人才，助推'一带一路'"为主题的2015"中国—东盟职业教育联展暨论坛"在广西南宁开幕，中国教育部副部长鲁昕、越南教育和培训部副部长范孟雄等出席开幕式。同年11月5—6日，应越共中央总书记阮富仲、越南国家主席张晋创邀请，中共中央总书记、国家主席习近平对越南进行了国事访问。两党两国领导人在友好坦诚的气氛中，就进一步深化两党两国关系及共同关心的国际和地区问题深入交换意见，达成了重要共识。习近平还和阮富仲共同会见了参加第十六届中越青年友好会见活动的中越青年代表。2016年4月27日，留学中国（贵州）教育展暨黔越高校合作交流洽谈会和签约仪式在河内举行，中国贵州省委书记陈敏尔出席教育展活动；6月9日，河内国家大学成立中国研究所，越南教育和培训部部长、河内国家大学校长冯春雅参加成立仪式并致辞；7月21日，"留学中国（广西）教育展"在河内举行，来自广西的24所高校参加展览，广西壮族自治区副主席蓝天立和越南教育和培训部副部长范孟雄出席展览开幕式并致辞；9月10—15日，越南总理阮春福对中国进行正式访问；9月12日，中国教育部部长陈宝生同越南教育和培训部部长冯春雅在人民大会堂共同签署了《中华人民共和国教育部与越南社会主义共和国教育和培训部2016—2020年教育交流协议》。根据协议，中方给越方每年提供150个中国政府奖学金名额。9月13日，越南教育和培训部部长冯春雅、河内国家大学人文社科大学校长范光明访问北京外国语大学。越南语专业是北外建设较早、实力最强的非通用语专业之一。长期以来，北外一直非常重视与越南高校和研究机构的交流，开展了多个务实合作项目。冯春雅表示，越南教育部十分支持北外与河内国家大学人文社科大学合作，支持在北外设立越南研究中心。范光明表示，将以成立越南研究中心为契机，在教材、师资、联合科研等方面与北外加强合作，与北外共同探讨落实越南语技能评价体系。2017 年 1 月 12—15 日，越共中央总书记阮富仲对中国进行正式访问，在两国共同发布的《中越联合声明》中明确载明：落实好《中越文化协定 2016—2018 年执行计划》《中国教育部和越南教育和培训部 2016—2020 年教育交流协议》；同年 11 月 12 日，中共中央总书记、国家主席习近平在河内同越共中央总书记阮富仲举行会谈，双方就新形势下深化中越全面战略合作伙伴关系达成重要共识。习近平强调，当前，中越两国均处在改革发展关键阶段，双方要弘扬风雨同舟的优良传统，不断开创中越关系新局面，在前进道路上和衷共济、共谋发展。会谈后，两国领导人共同见证共建"一带一路"和"两廊一圈"合作备忘录，以及能源、跨境经济合作区、电商和边防等领域合作文件签署。2018 年 6 月 15 日，中国教育部副部长田学军在北京会见了越南驻华大使邓明魁，田学军高度评价中越两国在教育交流方面取得的成绩；6 月 17—20 日，清华大学党委书记陈旭率团访问越南，分别会见了越共中央书记处书记、中央理论委员会主席、胡志明国家政治学院院长阮春胜和越南教育和培训部部长冯春雅，以及河内国家大学校长阮金山。2019 年 3 月 6 日，河内国家大学下属外国语大学附中举办汉字书写大赛。在比赛进行的同时，还举办了编中国结、试穿汉服、剪纸、水墨画、书法及中国传统乐器等体验活动；5 月 7—11 日，中国培养和发展高质量人才队伍经验越南研修班在中国人民大学举办，来自越南党政机关、高等院校和科学院所的 36 名官员和专家参加了学习交流；11 月 8 日，由中国驻越南大使馆支持、河内国家大学中文系主办的"全球化背景下优质汉语人才培养"国际学术研讨会在河内大学礼堂举行，越南国内逾10所高校中文系近200名教师和专家及中国北京大学、华东师范大学等高校和科研单位的专家、学者与会。2021年4月17—18日，越南河内大学孔子学院举办"2021年澜沧江—湄公河双城记大型青年文化交流活动"，来自河内、海防、北宁、太原、奠边、广宁6省市的大、中学师生近1 000人到场参加，4万多网友通过网络直播参与了活动。本次活动包括越中青年民歌文化交流、"壮美越南、壮美中国"图片展、"越南中学生中华才艺大赛"决赛、中国文化体验4个板块。2022年1月25日，中共中央总书记、国家主席习近平与越共中央总书记阮富仲互致新春贺信。习近平和阮富仲共同祝愿两国繁荣昌盛、人民幸福安康。2022年8月23日，越南教育和培训部部长阮金山以在线形式，出席了"第三届中国—东盟教育部长圆桌会议"。[1] 2022年10月31日，中共中央总书记、国家主席习近平在北京同越共中央总书记阮富仲举行会谈。双方一致表示，要秉持"十六字"方针和"四好"精神，巩固传统友谊、加强战略沟通、增进政治互信、妥善管控分歧，推动新时代中越全面战略合作伙伴关系不断迈上新台阶。

（二）两国开设对方语言专业的概况

目前，中国开设越南语专业教学的实体机构主要集中在高等院校，约有30所，主要分布在北京、上海、广东、广西、四川和云南等地。此外，还有一些私立培训机构。越南开设汉语专业的学校也逐渐增多，如：河内国家大学人文社科大学、河内外语师范大学、外交学院、河内外贸大学、太原师范大学、海防大学、岘港大学、胡志明国家政治学院等。2014年，

---

[1] 资料来源于越南留学服务网。

河内大学孔子学院成立，由广西师范大学与河内大学合作共建，这是越南第一所孔子学院，也是越南目前唯一一所孔子学院。自成立以来，河内大学孔子学院致力于越中语言文化交流和汉语文化推广，因地制宜地开展了汉语教学和文化交流，成功举办了"汉语桥"比赛、中华才艺大赛、中文歌曲大赛、中越翻译技巧研讨会等交流活动，有效推动了越南汉语教学发展，促进了中越教育文化领域交流合作，为增进两国民间了解和友谊发挥了重要桥梁纽带作用。

目前在越南，除国际学校外，开设汉语课程的高中大约有十多所。河内国家大学下属外国语大学中国语言文化系是目前越南唯一一所拥有中文博士点的高校。值得一提的是，2022 年 10 月 15 日，越南汉语教学与研究协会在越南正式成立，共有 17 名理事。协会的成立为越南汉语教学与研究工作者及世界各地的汉语教学与研究工作者提供了新的沟通、交流和探讨的平台，有助于越南汉语教学界搭建起良好的交流平台，有助于推动在越南的汉语教学与研究以及在此领域的国际合作交流。

据新华社消息，由中国教育部中外语言交流合作中心主办、河内大学孔子学院承办的越南首次《国际中文教师证书》考试笔试部分，于 2022 年 9 月 24 日在河内大学举行，共有来自越南各地的 23 名本土中文教师参加考试。《国际中文教师证书》考试有助于全方位考察和提高中文教师的理论水平、教学能力和综合素养，同时能鼓励更多越南各界友人从事国际中文教育行业，储备更多合格的中文教师，满足越南中文爱好者学习中文的迫切需要。汉语水平考试成绩也是外国学生来华留学、申请奖学金的必备条件之一。从近几年的统计数据来看，参加汉语水平考试的越南学生逐年增加，总体水平不断提高。

就越南来华留学生情况来看，进入 21 世纪以来，越南来华留学生的总体数量在 2012 年之前是稳中有升的，2012 年后有所减少（见表 12.1）。到 2017 年，越南已经跃居"一带一路"沿线国家中来华留学生数量排名前十

的国家行列。与此同时，中国赴越留学人数也在不断增加，目前约有 4 000
多人。[1]

表 12.1 2000—2018 年越南来华留学生数量统计 [2]

年份	2000	2001	2002	2003	2004	2005	2006	2007	2008	2009
人数	647	1 170	2 300	3 487	4 382	5 842	7 310	9 702	10 396	12 247
年份	2010	2011	2012	2013	2014	2015	2016	2017	2018	—
人数	13 018	13 549	13 038	12 799	10 658	10 031	10 639	10 693	11 299	—

（三）教育合作交流的资金保障

近年来，中国政府加大了对教育资金项目上的支持力度，为推进我
国与周边国家和"一带一路"沿线国家的教育交流注入了强劲动力。2013
年 10 月，中国与东南亚国家联盟成员国领导人在文莱斯里巴加湾市发表
了《纪念中国—东盟建立战略伙伴关系 10 周年联合声明》，其中明确载明：
东盟赞赏中国决定自 2014 年起的未来 3—5 年向东盟成员国青年学生提供
15 000 个政府奖学金名额。[3] 2017 年，中国教育部《世界教育信息》杂志
编辑部就中越教育交流合作对越南驻华大使邓明魁进行了采访。邓明魁大
使在接受采访时提及，越南在各国赴华留学生数方面排第 11 位，在"一带
一路"沿线国家中排第 7 位，45% 的留学生享受政府提供的奖学金，其余是
自费的。其中能够享受中国政府、学校提供奖学金的越南留学生数量达到
2 000 名。2020 年，中国政府又在《落实中国—东盟面向和平与繁荣的战略

---

[1] 阳阳，冯林. 中国—越南文化交流的历史与未来 [J]. 广西社会主义学院学报，2022，33（1）：95.

[2] 此表为作者根据中华人民共和国教育部官网数据所制。

[3] 纪念中国—东盟建立战略伙伴关系 10 周年联合声明 [N]. 人民日报，2013-10-10（3）.

伙伴关系联合宣言的行动计划（2021—2025）》中承诺：促进双方学生交流，通过中国—东盟菁英奖学金等渠道对东盟国家提供更多中国政府奖学金。[1]

二、教育交流的模式与原则

2016 年 7 月 13 日，中国教育部印发了《推进共建"一带一路"教育行动》，其中明确指出与"一带一路"沿线国家教育加强合作的四个基本原则，即：育人为本，人文先行；政府引导，民间主体；共商共建，开放合作；和谐包容，互利共赢。[2]中越两国间的教育交流与合作也始终秉承这四个基本原则，教育交流模式从单一的纯语言教学，逐步发展成为师生互派、高校合作、教育展及教育论坛等多方面、多领域、多层次的全方位合作。

（一）育人为本，人文先行

教育交流为"一带一路"沿线各国民心相通架设桥梁，人才培养为沿线各国政策沟通、设施联通、贸易畅通、资金融通提供支撑。[3]中越双方为了架起"民心相通"这座友谊的桥梁，开展了形式多样的活动，其中就包括互派留学生。在互派留学生的交流中，主要有学历生和非学历生两种形式。学历生以培养专科生、本科生和研究生为主。近年来，中国开设越南语专业教学的高等院校已经拓宽了人才培养模式，除培养越南语本专业的

---

[1] 中华人民共和国外交部. 落实中国—东盟面向和平与繁荣的战略伙伴关系联合宣言的行动计划（2021—2025）[EB/OL].（2020-11-12）[2022-11-16]. https://www.fmprc.gov.cn/web/ziliao_674904/1179_674909/202011/t20201112_9869266.shtml.

[2] 中华人民共和国教育部. 教育部关于印发《推进共建"一带一路"教育行动》的通知 [EB/OL].（2016-08-11）[2022-11-16]. http://www.moe.gov.cn/srcsite/A20/s7068/201608/t20160811_274679.html.

[3] 中华人民共和国教育部. 教育部关于印发《推进共建"一带一路"教育行动》的通知 [EB/OL].（2016-08-11）[2022-11-16]. http://www.moe.gov.cn/srcsite/A20/s7068/201608/t20160811_274679.html.

学生外，有些专业还将越南语设置成第二外语选修，在大三赴越南进行一年语言实习。目前，越南语本科专业的人才培养模式主要是"3+1"，即本科四年的学习过程中第三学年赴越南学习，其他三个学年均在中国国内开展教学活动。中越合作培养主要采取"专科 + 本科"的模式，即四年的学习过程中大一、大二在中国国内开展教学活动，大三赴越南学习，达到毕业条件，由中方学校颁发专科毕业证书，若大四愿意继续在越南攻读完两校协议的本科人才培养方案内课程，两校间按照规定互认学分，达到毕业条件，由越方授予本科文凭。研究生主要是赴越南攻读硕士和博士两种学历层次。随着中国高校、科研等单位对学历要求不断提高，很多本科、硕士毕业生也选择赴越继续攻读学位。非学历生主要以语言生、访问学者和短期培训学员为主。语言生主要是越南学生或者学员来华进行培训，以自费为主，学习时间半年到两年不等，有的学习完直接回到越南工作，有的参加 HSK 考试后继续留在中国攻读本科专业。中国访问学者主要是通过国家留学基金委员会申请到越南进行为期 3—12 个月的访问。目前各地高校教师、科研人员根据当年的申报情况都会得到资助。此外，广西民族大学、广西大学、广西师范大学等很多高校，每年都会举办不同形式、不同专题和不同层次的培训班，招收来自越南或者其他东盟国家的学员。例如，从 2006 年起，中国共青团中央每年在广西举办 40 人左右的越南共青团干部培训班，为期 2 个月；持续举办了 8 期的越共中央组织部"165"项目干部培训班；2013—2014 年，广西 3 所高校共为越共中央组织部培训了 255 名学员。此外，广西民族大学还为越方举办了 30 期共 600 人的专题培训班。[1]

中国开设越南语专业的高校基本都会长期聘任至少 1 名越南籍教师担任教学、科研工作，指导学生的专业学习及举办文化活动等，也会临时聘请越南籍专家、教授举办讲座或指导青年教师开展科研工作，都取得了良好

---

[1] 古小松. 越南报告（2013—2014）[M]. 北京：世界知识出版社，2014：58-59.

的效果。同时，中国高校或科研单位的知名教授、专家、学者也会受邀赴越进行交流。此外，中国汉语教师志愿者派驻越南的数量也是逐年递增。

中国高校与越南高校合作比较多的地区主要集中在云南和广西。早在2010年，以广西民族大学为代表的广西地区高等院校就已经与越南的部分高等院校、科研机构签订了合作协议。广西与越南的合作办学不仅在数量上逐年增加，合作范围也随之扩大，合作层次也更高。云南省内的高校随着两国关系的持续发展，也拓宽了与越南高校在职业技术教育、体育教育领域的合作。

在中越两国举办教育展和论坛活动方面，既有政府主导的，也有地方主办的。2004年，广西教育厅组织广西各高等院校在越南成功举办了第五届教育展。2010年3月，中国在河内举办了第七届中国教育展。2010年4月，云南省教育合作推介会在河内举行，充分地向越南人民展示了中国丰富优质的教育资源；5月，"中越教育合作论坛"在广西桂林举行。2012年以来，中越两国每年在南宁市举办一次"发展职业教育"主题论坛。2022年6月，中国驻胡志明市总领事馆以线上线下结合的方式举办了"发展与机遇——中越青年创新创业教育论坛"，为两国青年创新创业的产学研交流合作提供良好平台，有助于促进中越两国青年创新创业交流合作。

此外，中越青年友好会也是中越两国青年交流的重要平台。截至2021年10月，中越青年友好会已经连续举办了21届。2015年4月7日，中共中央总书记、国家主席习近平在出席第十五届中越青年友好会见活动时明确指出："'国之交在于民相亲'，而'民相亲'要从青年做起"，并对中越青年提出了三点希望，一是希望大家做中越传统友谊的传承者，二是希望大家做中越友好合作的推动者，三是希望大家做中越关系未来的建设者。[1]

---

[1] 中华人民共和国中央人民政府. 习近平出席第十五届中越青年友好会见活动时的讲话 [EB/OL].（2015-04-08）[2022-11-16]. http://www.gov.cn/xinwen/2015-04/08/content_2843542.htm.

（二）政府引导，民间主体

从顶层设计来看，"沿线国家政府加强沟通协调，整合多种资源，引导教育融合发展。发挥学校、企业及其他社会力量的主体作用，活跃教育合作局面，丰富教育交流内涵"。[1] 这是"政府主导，民间主体"这一原则的核心要义所在。自中越关系恢复正常化后，尤其是进入 21 世纪以来，中越两国政府签订了一系列助推双方教育发展与合作的协议，如 2000 年 4 月签订的《2001—2004 年中越教育交流与合作备忘录》；2005 年 11 月签订的《2005—2009 年中越教育交流协议》；2009 年 4 月签订的《中越关于相互承认高等教育学历和学位的协定》；2011 年 10 月签订的《2011—2015 年教育交流协议》；2013 年 6 月签订的《中越文化协定 2013—2015 年执行计划》《中越关于互设文化中心的谅解备忘录》，10 月签订的《关于合作设立河内大学孔子学院的协议》；2015 年 11 月签订的《中越关于互设文化中心的协定》；2016 年 9 月签订的《2016—2020 年教育交流协议》；2017 年 11 月签订的《中国社会科学院与越南社会科学翰林院学术交流合作协议》。

此外，以广西和云南为代表的中国地方政府，也利用区域优势积极开展与越方的交流合作。广西分别在 2017、2021 和 2022 年，与越南北方边境四省开展了教育工作磋商会，在教师培训、学习交流、学术合作及奖学金等方面达成了基本共识。其中，特别提出要适时设立专门面向职业院校学生的奖学金，并签署了备忘录。广西教育厅还提出今后与越南北方四省开展更加广泛、务实的合作：积极推动落实双边达成的职业教育合作共识，落实职业教育师资培训交流项目；积极筹备成立中国广西—越南广宁、谅山、河江、高平职业教育发展联盟；推动广西的职业技术院校与越南的职业院校开展试点合作，并以越南校方为依托联合成立"现代技术学院"；推

---

[1] 中华人民共和国教育部. 教育部关于印发《推进共建"一带一路"教育行动》的通知 [EB/OL]. （2016-08-11）[2022-11-16]. http://www.moe.gov.cn/srcsite/A20/s7068/201608/t20160811_274679.html.

动中文、越南语教师培训及学生培养的交流合作，积极做好政府奖学金项目落地实施，高质量做好留学生教育教学工作。

2022 年 11 月，"第五届南亚东南亚教育合作昆明论坛"通过线上线下结合的方式在云南昆明滇池国际会展中心举办。围绕"互学互鉴，互通互融"这一主题，有关各方就教育国际交流合作的新方向、新模式及如何推进云南省教育高水平对外开放等问题开展了交流研讨。此次论坛推动云南省高校与南亚东南亚国家高校签订 10 个教育合作协议，合作领域涉及部省合作、汉语国际教育、医学教育合作、农业教育合作、交通运输领域职业教育合作多个领域，全方位展现了云南省积极推进国际教育交流合作的代表性成果。

除双方政府高层代表团互访之外，中国地方政府和高等院校还积极选派代表团赴越进行交流与合作。与越南有校际合作的广西、云南各高校，每年都会选派代表团赴越访问与交流。

（三）共商共建，开放合作

所谓"共商共建，开放合作"，就是要坚持"一带一路"沿线国家共商、共建、共享，推进各国教育发展规划相互衔接，实现沿线各国教育融通发展、互动发展。[1] 早在 20 世纪 50 年代越南革命时期，中越双方就共同建立了多所学校，为越南培养了一大批中坚力量。2013 年 10 月，中越两国政府签订了《关于合作设立河内大学孔子学院的协议》。同年 12 月 8 日，在孔子学院总部总干事许琳和越南驻华大使馆公使黄玉荣的共同见证下，广西师范大学校长梁宏和河内大学校长阮庭论在北京分别代表两校签署了《越南河内大学与广西师范大学合作共建孔子学院执行协议》。2014 年 12 月

---

[1] 中华人民共和国教育部. 教育部关于印发《推进共建"一带一路"教育行动》的通知 [EB/OL]. （2016-08-11）[2022-11-16]. http://www.moe.gov.cn/srcsite/A20/s7068/201608/t20160811_274679.html.

27 日，河内大学孔子学院正式揭牌。合作共建河内大学孔子学院，是中越两国政府在教育交流合作领域取得阶段性成果的有力见证，将对传播中国传统文化发挥积极推动作用。此外，中国地方院校积极与越方院校开展联合办学、与越方科研单位合作成立越南研究中心等，双边合作领域也从语言教学拓展到了贸易、医疗、化工、艺术等领域。

（四）和谐包容，互利共赢

所谓"和谐包容，互利共赢"，就是要加强不同文明之间的对话，寻求教育发展最佳契合点和教育合作最大公约数，促进沿线各国在教育领域互利互惠。[1] 和平、发展、合作、共赢是 21 世纪时代主题的彰显与追求。"一带一路"建设正是一条和平合作、开放包容、互学互鉴、互利共赢的光明大道。要合作，开放包容是基础，相互尊重、平等相待是前提，互利共赢、互学互鉴是动力。构建人类命运共同体，关键在合作。坚持开放包容、合作共赢的文化立场，核心是坚持相互尊重、平等相待。就是要以相互尊重、开放包容的态度对待彼此，在物质文明方面互通有无、取长补短，在精神文明方面求同存异、互学互鉴。中国每年向包括越南在内的"一带一路"沿线国家提供 1 万个政府奖学金名额，与包括越南在内的"一带一路"沿线国家间互办文化年、艺术节、电影节、电视周和图书展等活动，合作开展广播影视精品创作及翻译。"一带一路"建设，超越国度、跨越时空，有助于加强不同文明之间的对话，实现求同存异、兼容并蓄、和平共处、共生共荣。

---

[1] 中华人民共和国教育部. 教育部关于印发《推进共建"一带一路"教育行动》的通知 [EB/OL].（2016-08-11）[2022-11-16]. http://www.moe.gov.cn/srcsite/A20/s7068/201608/t20160811_274679.html.

第三节 案例与思考

一、"中文热"在越南的兴起及其成因

"民心相通"是"一带一路"倡议"五通"的重要内容之一，从某种意义上来说，为政策沟通、设施联通、贸易畅通、资金融通等其他"四通"保驾护航。抓好"民心相通"工作，不仅对中国外交事业的发展、扩大中国与东盟乃至全世界的"朋友圈"具有重要意义，而且对推进"一带一路"建设、促进沿线国家共同发展、推动构建人类命运共同体影响深远。

语言既是沟通的主要工具，也是"民心相通"的重要载体。2020年1月11日，越南河内大学孔子学院举办当年首次汉语水平考试，考试总人次超过1 250人次。本次考试的人次分别是2018年和2019年同期考试人次的12倍多和2倍多，表明越南汉语热不断升温，汉语需求市场具有广阔的发展空间。[1]目前，越南的中文传播渠道主要有普通高等教育机构、中越共建的孔子学院、汉语（培训）中心、来华留学生以及部分自媒体等。就成因辨析来看，"中文热"在越南的兴起，主要有以下几点原因。

第一，中越贸易的稳健发展激发了学习需求。据中国海关统计数据显示：2019年，中越双边贸易额达1 620亿美元；2020年，攀升至1 922.9亿美元，较2019年增长了18.7%。[2]目前，中国是越南最大的贸易合作伙伴，是越南第二大出口市场；越南是中国在东盟最大的贸易合作伙伴，是中国在世界上的第六大贸易合作伙伴。截至2021年，中国已连续16年成为越南第一大贸易合作伙伴，中越双方经贸合作取得了卓越成绩。中越贸易虽然因

---

[1] 刘刚，周成兰. 越南河内2020年首次汉语水平考试人数创新高 [EB/OL].（2020-01-12）[2022-11-16].
http://world.people.com.cn/n1/2020/0112/c1002-31544445.html.

[2] 中华人民共和国商务部. 2020年1—12月中国—越南经贸合作简况 [EB/OL].（2021-03-03）[2022-11-16].
http://yzs.mofcom.gov.cn/article/t/202103/20210303042847.shtml.

新冠肺炎疫情爆发受到一定的影响，但总体上保持稳中有升的态势。中越双方除了在经贸合作领域以外，还有诸多工程项目在越南得以落地，这极大地提高了越南青年学生学习汉语的热情。

第二，中华文化吸引了大批越南青年。拥有悠久历史的书法、剪纸、绘画等中华传统艺术历来受到越南广大人民的喜爱。近几年来，中国大量优秀的影视作品及歌曲在越南传播，受到了当地观众欢迎并掀起热潮。河内大学孔子学院自成立以来也成功举办了"汉语桥"比赛、中华才艺大赛、中文歌曲大赛、中越翻译技巧研讨会等文化交流活动。五彩斑斓的中华文化深深吸引了越南青年学生，中文这把语言的钥匙为他们开启了了解中国文化和探索中国的大门。

第三，两国政府积极推动了汉语教学发展。2005 年，中越双方签订了《中越 2005—2009 年教育交流协议》。根据协议，双方表示在汉语教学方面，中方将每年向越方提供一定的暑期汉语教师进修班奖学金名额，并在教材编写和在越培训汉语教师方面与越方进行合作。[1] 2006 年 5 月 5 日，越南教育和培训部签发了《普及中学汉语课程的决定》，旨在让越南学生掌握汉语基本知识和了解中国文化。2016 年 4 月 29 日，中共中央办公厅、国务院办公厅印发了《关于做好新时期教育对外开放工作的若干意见》，对新时期教育对外开发工作进行了部署和规划。《意见》首先强调"通过深化与世界各国语言合作交流，加强在汉语推广和非通用语种学习中的互帮互助，推进与世界各国语言互通，拓展政府间语言学习交换项目，联合更多国家开发语言互通共享课程，促进中外语言互通"[2]。其次，从经费上予以大力支持，强调扩大中国政府奖学金资助规模，设立"丝绸之路"中国政府奖学金，每年资助 1 万名"一带一路"沿线国家新生来华学习或研修。

---

[1] 中国侨网. 中越签署教育协议 助越方培训汉语教师 [EB/OL].（2005-11-14）[2022-11-16]. http://www.chinaqw.com/news/2005/1114/68/5428.shtml.

[2] 中华人民共和国中央人民政府. 中共中央办公厅、国务院办公厅印发《关于做好新时期教育对外开放工作的若干意见》[EB/OL].（2016-04-29）[2022-11-16]. http://www.gov.cn/xinwen/2016-04/29/content_5069311.htm.

2016 年 7 月 13 日，中国教育部印发了《推进共建"一带一路"教育行动》，其中特别强调"扩大语言学习国家公派留学人员规模，倡导沿线各国与中国院校合作在华开办本国语言专业。支持更多社会力量助力孔子学院和孔子课堂建设，加强汉语教师和汉语教学志愿者队伍建设，全力满足沿线国家汉语学习需求"[1]。2022 年 11 月 1 日，在越共中央总书记阮富仲访华期间，中越两国共同发表了《关于进一步加强和深化中越全面战略合作伙伴关系的联合声明》，其中明确指出：双方愿加强两国民间友好往来，加强对两国人民开展关于中越友好的教育，增进两国人民尤其是年轻一代相互理解。双方同意，实施好中越文化和旅游合作执行计划，在符合双方防疫政策的前提下，推动文化和旅游各层级人员往来，促进旅游业恢复和健康发展，加强文化产业合作。中方欢迎并支持越方在华设立文化中心，越方积极支持河内中国文化中心活动。双方同意，落实好两国教育合作协定，鼓励互派留学生到对方国家学习。中方重视越南留学生返校工作，欢迎越南留学生在做好防疫工作前提下"愿返尽返"，宣布未来 5 年向越方提供不少于 1 000 个中国政府奖学金名额，以及不少于 1 000 个国际中文教师奖学金名额，帮助越方培养高水平人才和国际中文教师。双方将继续办好中越青年友好会见、中越人民论坛、边民大联欢等友好交往和文化交流活动，鼓励两国地方特别是接壤地区开展友好交流和互利合作。双方愿加强两国媒体交流和记者互访，增进中越友好，为双边关系发展营造良好社会基础和舆论氛围。[2] 中越双方先后颁布的系列政策是推动汉语教学发展的重要保障。

[1] 中华人民共和国教育部. 教育部关于印发《推进共建"一带一路"教育行动》的通知 [EB/OL].（2016-08-11）[2022-11-16]. http://www.moe.gov.cn/srcsite/A20/s7068/201608/t20160811_274679.html.

[2] 中华人民共和国中央人民政府. 关于进一步加强和深化中越全面战略合作伙伴关系的联合声明 [EB/OL].（2022-11-01）[2022-11-16]. http://www.gov.cn/xinwen/2022-11/01/content_5723205.htm.

二、中越教育交流的思考与建议

回顾中越教育交流的发展历程，可以看出，两国教育交流的发展与合作深受两国关系的影响。1991 年中越关系正常化后，两国人民之间尤其是贸易往来日益密切，大量中国优秀影视作品先后传播到越南，深受越南观众好评，两国文化交流得到迅速恢复和发展。在两党和两国各级政府的推动下，中越青年友好会见、互派留学生、互派教师、联合办学等各种形式的交流活动以及研究机构间的合作与交流得以顺利开展，文化交流形式日益多样，活动内容更加丰富，为增进两国民众间的相互理解和友谊提供了多种平台和机制。未来，中越教育交流与合作仍有广阔空间。

（一）政治互信是两国教育交流与合作的基础

中越建交 70 多年的历史经验启示我们，两国关系在不同阶段能够不断向前发展，得益于两党两国领导人的战略性、方向性引领。两国政治关系的稳定，推动了两国各方面关系的全面发展。在革命战争时期，两党领导人和两国人民拥有共同的理想信念，铸就了"同志加兄弟"的亲密关系。1999 年，两党两国领导人提出了"长期稳定、面向未来、睦邻友好、全面合作"的 16 字方针，确定了在新世纪发展中越关系的指导思想和总体框架，标志着中越关系进入一个新的发展阶段。进入 21 世纪以来，在"十六字"方针和"好邻居、好朋友、好同志、好伙伴"四好精神的指引下，中越两党两国领导人保持频繁互访。2008 年，中越关系提升至"全面战略合作伙伴关系"的新高度。2013 年 6 月，两国签署了《中越两国政府落实中越全面战略合作伙伴关系行动计划》，推动了中越关系朝着健康、良好的方向发展。中越两国政治制度相同、发展道路相近、前途命运相关。随着时代的发展，在双方共同努力下，"一带一路"和"两廊一圈"的对接创造了中越关系发展的新契机，为深化两国全面战略合作注入新的强劲动力，双边关系正朝着建设中越命运共同体的方向不断前进。中越人文交流事关两国民心向背，双方应充分发挥两国相同的文化基因和传统友谊，建立更多的教育领域互联互通、互学互鉴的重要机制化平台，推动中越教育交流与合作在互派师生、人才联合培养、青少年友好交流、智库联合科研等方面的务实合作，为深化中越全面战略合作伙伴关系做出积极贡献，让中越教育和文化交流为构建中越命运共同体做出贡献。

（二）合作协议是两国教育交流的行动指南

中越关系恢复正常化以来，两国签署了一系列政府间的教育交流合作协议或学历学位互认协议，各个协议都为双方在未来阶段的教育合作指明了方向。

（三）人才培养是两国教育交流的核心内容

中越关系的维护需要培养高质量的中越双语人才。在全球化快速发展的进程中，中国更加积极主动地参与全球治理体系改革和建设，日益走近全球治理舞台的中央。中国发起成立了亚洲基础设施投资银行、金砖国家新开发银行、丝路基金、南南合作援助基金、国际发展知识中心等，提出了如"一带一路""建设人类命运共同体""绿色发展""合作共赢""可持续发展"等一系列倡议和理念，丰富了全球治理机制。从双方长远的利益出发，培养高质量的语言人才成了当务之急。高质量的语言人才培养模式应从单一到多元、从通用到专门，从而形成专业化和国际化，符合时代发展需求和两国实际国情发展的现实需要。

结　语

　　一直以来，越南党和政府始终高度重视国家教育事业的发展，将"发展教育"视为"头等国策"并明确写入《教育法》。1986 年以前，越南分别在 1950 年、1956 年、1979 年推行了三次教育改革，形成了 12 年学制的基础教育体制。从北方到南方、从中心平原地带到偏远山区、从城市到农村，越南已经在全国范围内建立起一个从学前教育到高等教育的比较完善的国民教育体系。就其组成来看，越南的国民教育体系分为正规教育和非正规教育（终身教育）两类。正规教育由学前教育、基础教育、职业教育和大学教育组成。其中，学前教育包括启蒙教育和幼儿园教育，基础教育包括小学教育、初中教育和高中教育，职业教育包括职业技术教育和职业培训；大学教育包括本科、硕士和博士三个学历层次。在国家教育事业改革过程中，越南也积累了一些宝贵的经验，值得我们检视、审思与借鉴。

　　第一，重视教育的法制化和规范化。1986 年越共六大开启实施革新开放新征程后，越南政府开始意识到对教育进行专门立法的必要性和紧迫性。1991 年 8 月，越南第八届国会颁布实施了《初等教育普及法》。此后，越共历届党代会都对教育做出方向性的指导。随着时代的发展，越南国会、中央政府、劳动、荣军和社会部，教育和培训部，陆续颁布实施或修订了《教育法》《职业培训法》《职业教育法》《高等教育法》《2011—2020 年职业教育发展战略》《2021—2030 年职业教育发展战略及 2045 年远景》《2001—2010 年教育发展战略》《2011—2020 年教育发展战略》等，并在积极组织编制《2021—2030 年教育战略及 2045 年远景》。这一系列教育法律法规的出台，有助于推动越南教育的法制化和规范化，将为越南教育发展提供有力保障。

第二，重视教育的公平性和社会化。首先，越南在《宪法》中明确规定了公民享有学习的权利和义务。其次，越南政府早在 1997 年就提出了"教育社会化"的主张。越南教育发展至今，越南政府提出要发展一个开放型的教育体系，建立一个人人都可以接受各个层次、各种模式、终身学习的学习型社会。国家在越南教育的社会化中占主导地位，同时鼓励、动员有条件的组织或个人参与教育事业发展，鼓励发展民办教育机构以满足社会对高质量教育的需求。

第三，重视教育的国际性和开放性。从与外国达成的国际合作的数量来看，在大学层面，截至 2021 年 12 月 31 日，越南全国共有 408 个与外国的联合培训项目，主要投资国家和地区有：英国（101 个项目）、美国（59 个项目）、法国（53 个项目）、澳大利亚（37 个项目）和韩国（27 个项目）等。[1] 为稳步推进双方的交流与对话，在中越两国的合作中，两国先后达成或签署了《2001—2004 年中越教育交流与合作备忘录》《中越 2005—2009 年教育交流协议》《中越关于相互承认高等教育学历和学位的协定》《2011—2015 年教育交流协议》《中越文化协定 2013—2015 年执行计划》《中越关于互设文化中心的谅解备忘录》《中越关于合作设立河内大学孔子学院的协议》《中越关于互设文化中心的协定》《2016—2020 年教育交流协议》等。越南教育的日趋国际化及开放性发展，有助于在互动交往中积极吸收借鉴国外的先进成果。

越南教育在取得不少积极进展的同时，也在发展和改革过程中面临着诸多现实挑战与掣肘。主要体现在以下几个方面：教育基础设施较为薄弱，

---

[1] 数据来源于越南《人民军队报》和越南通讯社网站。

教育资源分布不均，各类教育机构师资力量短缺，教育经费不足，配套政策落实不充分，教育监管不到位，人才培养模式缺乏创新性等。站在新的历史起点上，越南教育和培训部颁布了一系列关于教育改革的政策和措施。未来，越南教育工作将围绕以下十个任务展开：加强建设党，提高党的基层组织的领导力和战斗力，提高教育部门党员素质；完善体制，有效提高教育和培训的国家管理，为革新和发展注入动力；规划和布局教育与培训机构网络；继续大力革新教学的计划和方法，满足高素质人才培训和人才培养的需求；发展教师队伍和教育管理干部；加强保障教育与培训活动的物质基础；加强教育中的信息技术应用和数字化转型；提高科学研究的质量和有效性，在高等教育机构中要进行技术转型和创新；加强教育与培训的国际化；保证教育参与者的公平。此外，越南的教育发展还将优先发展以下五个领域：重点关注和保护学习者的心理健康；加大环保和气候变化宣教力度；确保学习者，特别是弱势群体获得公平优质的教育；促进全面数字化转型，为学习者提供安全的网络环境；促进高等教育创新以满足经济社会发展的要求。

中国和越南是搬不走的邻居、是山水相连的社会主义友好邻邦。中越传统友谊由毛泽东和胡志明等两党两国老一辈领导人亲手缔造、精心培育，源远流长，历史深厚，基础坚实。2022 年 11 月，阮富仲总书记应邀访华期间，双方共同发表的《关于进一步加强和深化中越全面战略合作伙伴关系的联合声明》继续申明：中国和越南是山水相连的好邻居、好朋友，是志同道合、命运与共的好同志、好伙伴，都致力于人民幸福与国家富强，致力于人类和平与发展的崇高事业。2023 年 1 月 14 日，在中越两国人民共同的传统节日春节到来之际，中共中央总书记、国家主席习近平与越共中央总书记阮富仲互致新春贺信。习近平表示，两党两国相关部门和地方正抓紧落实达成的广泛共识，相信这将巩固双方政治互信和传统友谊，切实增进两国人民福祉。中方视越南为具有战略意义的命运共同体和周边外交的优先方向，愿同越方加强发展战略对接，深化各领域务实合作，增强在国际和地区事务中的沟通协调，为推进人类和平与发展的崇高事业做出积极贡献。阮富仲表示，在系列共识引领下，越中关系保持积极发展势头，取得重要进展。希望双方贯彻落实好达成的协议和共识，就两国各自社会主义建设理论和实践进行战略沟通，为两党两国关系不断发展并迈上新台阶指明前进方向、做出战略规划。[1] 中越双方始终坚定维护"同志加兄弟"的传统友谊，坚持"长期稳定、面向未来、睦邻友好、全面合作"十六字方针和"好邻居、好朋友、好同志、好伙伴"四好精神的精神指引，在中越教育交流与合作中秉承"育人为本、人文先行，政府引导、民间主体，共商共建、开放合作，和谐包容、互利共赢"的原则。两国互学互鉴先进教育经验，共享优质教育资源，全面推动两国教育事业提质发展。未来，中越两国教育交流与合作空间巨大、前景广阔。

第一，加强双方在教育领域的政策沟通。有效落实两国政府间签订的合作协议，积极签署符合双方教育实际发展情况的协议。两国政府要加强对各自地方政府的引导，鼓励地方政府"走出去"，加大对地方政府对外教育交流的扶持力度。

第二，加强推进中越民心相通，优先促进语言互通。语言互通是民心相通的基础和前提。中越双方要坚定不移地坚持共产党的领导，加强团结合作、交流互鉴。双方应该继续加强中文和越南语的推广工作。继续推动越南孔子学院的建设，扩大孔子学院的规模，增设孔子课堂或汉语学习中心等。继续加强两国高校和科研机构的合作，积极推动中国越南语专业的高质量建设与发展。继续办好中越青年友好会见、中越人民论坛等友好交往活动，进一步推进民心相通。

第三，开展人才培养与培训合作。加强中越两国间高水平的人才培养，

[1] 新华社. 习近平与越共中央总书记阮富仲互致新春贺信 [N]. 人民日报，2023-01-15（1）.

尤其是符合第四次工业革命需求的国际化人才培养。加强双方在职业教育方面的合作，尤其是"双师型"的人才培养。随着"一带一路"建设的加快推进和"两廊一圈"规划的深度对接，中越两国的教育交流与合作的巨大潜力将得到充分释放。中越两国的教育交流与合作将在两党和两国政府的引领下，不断结出累累硕果，为两国社会主义事业全面发展注入源源不断的强劲动力。

参考文献

一、中文文献

蔡昌卓. 东盟高等教育 [M]. 桂林：广西师范大学出版社，2015.

蔡昌卓. 东盟基础教育 [M]. 桂林：广西师范大学出版社，2014.

蔡昌卓. 东盟教育概论 [M]. 桂林：广西师范大学出版社，2015.

陈继章，兰强，徐方宇. 越南研究 [M]. 北京：军事谊文出版社，2003.

陈立. 越南高等教育发展研究 [M]. 杭州：浙江大学出版社，2011.

范宏贵，刘志强. 越南语言文化探究 [M]. 北京：民族出版社，2008.

冯增俊，陈时见，项贤明. 当代比较教育学 [M]. 2 版. 北京：人民教育出版社，2015.

古小松. 2005 年越南国情报告 [M]. 北京：社会科学文献出版社，2005.

古小松. 2006 年越南国情报告 [M]. 北京：社会科学文献出版社，2006.

古小松. 2007 年越南国情报告 [M]. 北京：社会科学文献出版社，2007.

古小松. 越南：历史 国情 前瞻 [M]. 北京：中国社会科学出版社，2016.

古小松. 越南报告（2013—2014）[M]. 北京：世界知识出版社，2014.

古小松. 越南国情报告（2009）[M]. 北京：社会科学文献出版社，2009.

古小松. 越南国情报告（2010）[M]. 北京：社会科学文献出版社，2010.

顾明远. 顾明远教育演讲录 [M]. 北京：人民教育出版社，2014.

贺国庆，朱文富，等. 外国职业教育通史 [M]. 北京：人民教育出版社，2014.

黄雅婷. 塔吉克斯坦文化教育研究 [M]. 北京：外语教学与研究出版社，2021.

久毛措. 尼泊尔文化教育研究 [M]. 北京：外语教学与研究出版社，2022.

兰强，徐方宇，李华杰. 越南概论 [M]. 广州：世界图书出版公司，2012.

雷航，李宝红. 现代越汉词典 [M]. 2 版. 北京：外语教学与研究出版社，2011.

李枭鹰，韦洁璨. 越南高等教育政策法规 [M]. 桂林：广西师范大学出版社，2012.

利国，徐绍丽，张训常. 越南 [M]. 3 版. 北京：社会科学文献出版社，2015.

刘辰，孟炳君. 阿联酋文化教育研究 [M]. 北京：外语教学与研究出版社，2021.

刘迪南，黄莹. 蒙古国文化教育研究 [M]. 北京：外语教学与研究出版社，2021.

刘捷，谢维和. 栅栏内外：中国高等师范教育百年省思 [M]. 北京：北京师范大学出版社，2002.

刘捷. 高中新课程与教师专业发展 [M]. 天津：天津教育出版社，2005.

刘捷. 教育的追问与求索 [M]. 北京：人民出版社，2021.

刘捷. 专业化：挑战 21 世纪的教师 [M]. 北京：教育科学出版社，2002.

刘进，张志强，孔繁盛. "一带一路"高等教育研究（2019）：国际化展望 [M]. 北京：北京理工大学出版社，2020.

刘生全. 教育成层研究 [M]. 北京：教育科学出版社，2011.

刘欣路，董琦. 约旦文化教育研究 [M]. 北京：外语教学与研究出版社，2021.

卢晓中．比较教育学 [M]．北京：人民教育出版社，2020．

陆有铨．教育的哲思与审视 [M]．北京：人民教育出版社，2016．

吕余生．越南国情报告（2011）[M]．北京：社会科学文献出版社，2011．

米良．东盟国家宪政制度研究 [M]．昆明：云南大学出版社，2011．

米良．越南重要法律文本（2005—2014）[M]．北京：社会科学文献出版社，2016．

秦惠民，王名扬．高等教育与家庭流动 [M]．北京：科学出版社，2019．

秦惠民．教育法治与大学治理 [M]．北京：人民出版社，2021．

任钟印．东西方教育的覃思 [M]．北京：人民教育出版社，2017．

阮志坚，郑晓云．越南的传统文化与民俗 [M]．昆明：云南人民出版社，2012．

石筠弢，等．泰国文化教育研究 [M]．北京：外语教学与研究出版社，2023．

石筠弢．学前教育课程论 [M]．2 版．北京：北京师范大学出版社，2014．

孙有中．跨文化研究论丛 [M]．北京：外语教学与研究出版社，2019．

檀慧玲，等．新加坡文化教育研究 [M]．北京：外语教学与研究出版社，2022．

滕成达，潘艳勤．越南 [M]．大连：大连海事大学出版社，2019．

滕大春．教育史研究与教育规律探索 [M]．北京：人民教育出版社，2019．

田山俊，齐方萍．印度文化教育研究 [M]．北京：外语教学与研究出版社，2022．

万作芳，等．韩国文化教育研究 [M]．北京：外语教学与研究出版社，2023．

王承绪，顾明远．比较教育 [M]．5 版．北京：人民教育出版社，2015．

王丹，等．马来西亚文化教育研究 [M]．北京：外语教学与研究出版社，2023．

王定华，秦惠民．北外教育评论：第 2 辑 [M]．北京：外语教学与研究出版社，2021．

王定华，杨丹．人类命运的回响——中国共产党外语教育 100 年 [M]．北京：外语教学与研究出版社，2021．

王定华．教育路上行与思 [M]．北京：人民出版社，2020．

王定华．美国高等教育：观察与研究 [M]．2 版．北京：人民教育出版社，2021．

王定华．美国基础教育：观察与研究 [M]．2 版．北京：人民教育出版社，2021．

王定华．新时代高品质学校建设方略 [M]．长春：东北师范大学出版社，2019．

王定华．中国基础教育：观察与研究 [M]．北京：人民教育出版社，2021．

王定华．中国教师教育：观察与研究 [M]．北京：人民教育出版社，2020．

王名扬．美国公立研究型大学内部质量改进的实证研究 [M]．北京：中国社会科学出版社，2020．

王喜娟，蒋珍莲，刘前程．东盟高等教育研究概说 [M]．桂林：广西师范大学出版社，2012．

吴式颖，李明德．外国教育史教程 [M]．3 版．北京：人民教育出版社，2015．

武明江，等．河内国家大学一个世纪以来的成长与发展 [M]．李枭鹰，韦洁璨，译．桂林：广西师范大学出版社，2012．

习近平．论坚持推动构建人类命运共同体 [M]．北京：中央文献出版社，2018．

习近平．习近平谈"一带一路" [M]．北京：中央文献出版社，2018．

谢林城．越南国情报告（2018）[M]．北京：社会科学文献出版社，2018．

谢林城．越南国情报告（2019）[M]．北京：社会科学文献出版社，2020．

谢维和．我的教育觉悟 [M]．北京：人民教育出版社，2016．

解桂海．越南国情报告（2020）[M]．北京：社会科学文献出版社，2021．

徐辉，楚琳. 伊朗文化教育研究 [M]. 北京：外语教学与研究出版社，2022.

徐墨，高雅茹. 巴基斯坦文化教育研究 [M]. 北京：外语教学与研究出版社，2022.

杨汉清. 比较教育学 [M]. 3 版. 北京：人民教育出版社，2015.

杨林. 东盟教育 [M]. 桂林：广西师范大学出版社，2009.

余定邦. 东南亚近代史 [M]. 贵阳：贵州人民出版社，1996.

苑大勇. 国际高等教育协同创新与人才培养比较研究 [M]. 北京：知识产权出版社，2020.

张德祥，李枭鹰. 越南、老挝、泰国、柬埔寨、缅甸教育政策法规 [M]. 大连：大连理工大学出版社，2019.

张加祥，俞培玲. 越南文化 [M]. 北京：文化艺术出版社，2001.

张建新. 东南亚高等教育 [M]. 昆明：云南人民出版社，2008.

郑通涛，方环海，陈荣岚. "一带一路" 视角下的教育发展研究 [M]. 广州：世界图书出版公司，2017.

二、外文文献

GAIL P K. French colonial education: essays on Vietnam and West Africa[M]. New York: AMS Press, 1998.

GRANT H, MARTIN H. Reforming higher education in Vietnam: challenges and priorities[M]. New York: Springer Publishers, 2009.

JOIN D. Colonialism and language policy in Vietnam[M]. New York: Mouton Publisher, 1977.

KIM N B N. A world transformed: the politics of culture in revolutionary Vietnam: 1945—1965[M]. Ann Arbor: University of Michigan Press, 2002.

PHAM M H. Vietnam's education: the current position and future prospects[M]. Hanoi: The Gioi Publishers, 1998.

PLUVIER J M. Southeast Asia from colonialism to independence[M]. Kuala Lumpur: Oxford University Press, 1974.

TRAN L, MARGINSON S. Internationalisation in Vietnamese higher education[M]. Cham: Springer, 2018.

Bùi Minh Hiền, Nguyễn Quốc Trị. Lịch sử giáo dục Việt Nam[M]. Hà Nội: Nxb. Đại học Sư phạm, 2019.

Cao Văn Phường. Xây dựng nền giáo dục mở[M]. Hà Nội: Nxb. Chính trị Quốc gia-Sự thật, 2019.

Đặng Bá Lãm. Giáo dục Việt Nam những thập niên đầu thế kỷ XXI chiến lược và phát triển[M]. Hà Nội: Nxb. Giáo dục, 2003.

Đặng Quốc Bảo, Phạm Minh Giản. Dòng chảy giáo dục Việt Nam từ truyền thống đến hiện đại: ghi chép-liên tưởng-thu hoạch[M]. Hà Nội: Nxb. Thông tin và Truyền thông, 2019.

Đặng Quốc Bảo. Phát triển giáo dục trong bối cảnh hiện nay-nhận thức và thu hoạch, sưu tầm và liên tưởng[M]. Hà Nội: Nxb. Thông tin và Truyền thông, 2020.

Đặng Tự Ân. Mô hình trường học mới ở Việt Nam-nhìn từ góc độ thực tiễn và lý luận[M]. Hà Nội: Nxb. Giáo dục Việt Nam, 2015.

Đặng Ứng Vận. Đổi mới giáo dục đại học: từ ý tưởng đến thực tiễn[M]. Hà Nội: Nxb. Đại học Quốc gia Hà Nội, 2021.

Đặng Ứng Vận. Phát triển giáo dục đại học trong nền kinh tế thị trường[M]. Hà Nội: Nxb. Đại học Quốc gia Hà Nội, 2007.

Đoàn Huy Oánh. Sơ lược lịch sử giáo dục[M].TP. Hồ Chí Minh: Nxb. Đại học Quốc gia TP. Hồ Chí Minh, 2004.

Mai Ngọc Anh. Quản lý nhà nước đối với giáo dục đại học: kinh nghiệm Trung

Quốc và khuyến nghị đối với Việt Nam[M]. Hà Nội: Nxb. Lao động-Xã hội, 2019.

Nguyễn Duy Bắc. Văn hóa giáo dục Việt Nam thời kỳ đổi mới[M]. Hà Nội: Nxb. Thời đại, 2012.

Nguyễn Hữu Châu, Đỗ Thị Bích Loan, Vũ Trọng Rỹ. Giáo dục Việt Nam những năm đầu thế kỉ XXI[M]. Hà Nội: Nxb. Giáo dục, 2007.

Nguyễn Ngọc Quỳnh. Hệ thống giáo dục và khoa cử nho giáo triều Nguyễn[M]. Hà Nội: Nxb. Chính trị Quốc gia, 2011.

Nguyễn Xuân Thanh. Hệ thống giáo dục quốc dân và bộ máy quản lí giáo dục[M]. Hà Nội: Nxb. Đại học Sư phạm, 2012.

Phạm Tất Dong. Đổi mới tư duy giáo dục xây dựng xã hội học tập[M]. Hà Nội: Nxb. Dân trí, 2017.

Phạm Tất Dong. Thuật ngữ về giáo dục người lớn và xã hội học tập[M]. Hà Nội: Nxb. Dân trí, 2014.

Phạm Thành Nghị. Quản lí chiến lược, kế hoạch trong các trường đại học và cao đẳng[M]. Hà Nội: Nxb. Đại học Quốc gia Hà Nội, 2000.

Phạm Văn Linh. Định hướng chiến lược, giải pháp đột phá nhằm đổi mới căn bản toàn diện giáo dục và đào tạo Việt Nam.[M]. Hà Nội: Nxb. Chính trị Quốc gia, 2015.

Phan Trọng Báu. Giáo dục Việt Nam thời cận đại[M]. Hà Nội: Nxb. Giáo dục, 2006.

Quí Lâm, Kim Phượng. Đổi mới căn bản toàn diện chính sách phát triển ngành giáo dục, tiêu chuẩn công nhận trường học đạt chuẩn quốc gia[M]. Hà Nội: Nxb. Lao động-Xã hội, 2014.

Quối hội. Luật Giáo dục [M]. Hà Nội: Nxb. Lao động, 2019.

Quối hội. Luật Giáo dục nghề nghiệp[M]. Hà Nội: Nxb. Lao động, 2015.

Thái Duy Tiên. Những vấn đề chung của giáo dục học[M]. Hà Nội: Nxb. Đại học

Sư phạm, 2012.

Trần Phước Lĩnh. Sơ lược lịch sử giáo dục Việt Nam và một số nước trên thế giới[M]. Hà Nội: Nxb. Hà Nội, 2009.

Trần Văn Chánh. Bàn về giáo dục Việt Nam trước và sau năm 1975[M]. Hà Nội: Nxb. Hà Nội, 2019.